JN101032

永遠の最強王者 ジャンボ鶴田

元『週刊ゴング』編集長
小佐野景浩

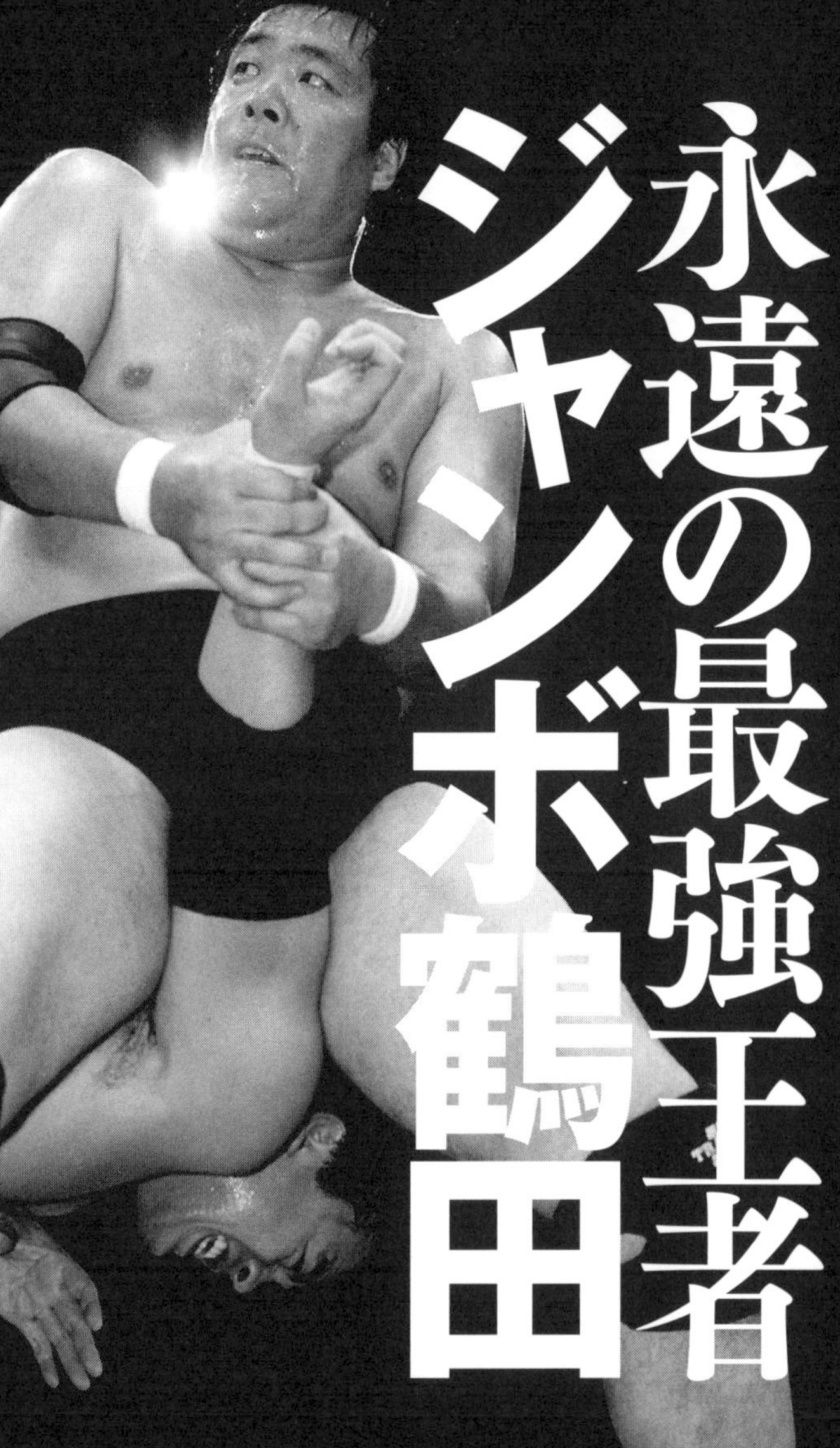

ワニブックス

はじめに

私はプロレス専門誌『月刊ゴング』が週刊化された1984年5月から90年7月までの6年2か月間、全日本プロレス担当記者を務めた。

ジャンボ鶴田が日本人初のAWA世界ヘビー級王者に君臨(くんりん)し、ジャイアント馬場に代わって全日本のエースの道を歩き始めた時から、長州力らジャパン・プロレスとの日本人抗争、天龍源一郎との鶴龍対決を経て、三沢光晴ら超世代軍の壁になった時代である。

幼少の頃からプロレスファンだった私は、もちろん鶴田が73年10月に鮮烈な日本デビューを果たした時からテレビで観ていた。

怖くて、強いという従来のプロレスラーのイメージとは違い、鶴田は爽やかで明るく、当時の日本の子どもが憧れていたアメリカの自由な空気感をまとっていた。

デビュー早々に4種類のスープレックスを華麗に操り、196cmの長身を生かしたダイナミックなドロップキックは驚きだった。アントニオ猪木が好きだった私でも「若くてカッコいいな！」と理屈抜きに鶴田ファンになった。

父親の故郷が同じ山梨県（父は南都留郡、鶴田は国中の東山梨郡牧丘町＝現在の山梨市と地域は離れているが……）ということも鶴田に親近感を抱いた大きなポイントだ。

私は大学に入学した80年4月からゴングでアルバイトを始め、すぐに取材スタッフとして仕事をするようになったが、鶴田は10代の新米記者にも先輩記者と分け隔てなく接してくれた。特に年配のレスラーが多かった全日本では取材しやすい人だった。しかし、私が全日本を担当していた時代の誌面における全日本の主役は天龍源一郎。だから古くからのファンの人たちの間では、私は〝天龍番記者〟として認知されているはずだ。

なぜ、鶴田ではなく天龍だったのか？　ファンの心を掴んでいたのは、自分をさらけ出して全身全霊で戦う天龍だったし、誌面的なことを考えれば、当時の全日本で記事になるようなパッションのある発言をするのは天龍だけだったからである。

もし、あの時代に天龍がいなければ、ゴングの誌面は新日本一色になっていただろう。全日本担当記者の私にとって、天龍は誌面を確保する切り札だったのだ。

天龍に対して鶴田は、パッションのある発言をすることはほとんどなかった。見出しになるような言葉を発してくれない記者泣かせのレスラーだった。

　それは私が記者として力量不足だったから引き出せなかったのかもしれないが、いつも余裕しゃくしゃくでムキにならない、本気で怒らない、必死になる姿を見せない。それを美学にしているようにも思えたし、そうした立ち居振る舞いにプライドの高さ、頑固さを感じたのもたしかだ。

「僕は人間ができているんで、何を言われても、何を書かれても怒らないよ」

「天龍がオフの間に道場で毎日汗を流してるって？　僕はゴルフやテニスで上品な汗を流しているから大丈夫ですよ」

　そんな拍子抜けするような発言も、今の時代なら面白く記事に展開できると思うが、当時のファンは反発した。

　しかし、そうしたクールな発言の裏に「なぜ、俺のことを正当に評価しない⁉」という鶴田の強烈なプライドと苛立ちが感じられた。

　本人は「いやいや、そんなことはありませんよ」と否定するかもしれないが、天龍と相対した時、三沢光晴らの超世代軍と相対した時には明らかに本気で怒り、時にジェラシーの炎を燃やした。それが怪物的な強さを生んだ。

そしていつしかジャンボ鶴田日本最強説が生まれた。

だが、鶴田の何が凄かったのか、その強さはどこにあったのか、最強説が根強いにもかかわらず真のエースになれなかったのはなぜなのか、総合的に見てプロレスラーとしてどう評価すべきなのか——などが解き明かされたことはない。

突然の逝去から今年（２０２０年）の5月13日で早20年……今では鶴田を実際に取材したことがあるマスコミ関係者も少なくなってしまった。

残念ながら20年以上もまえの私の取材経験と知識、力量では、とてもではないがジャンボ鶴田を伝えきることはできなかった。天龍源一郎と同じようにジャンボ鶴田を後世に伝えることが、いつしか私の中で課題になっていた。

その機会がないままに月日が流れていたが、２０１７年5月のある日、ワニブックスの書籍編集部の編集長・岩尾雅彦氏から「ジャンボ鶴田さんの本を手掛けてみませんか？」というお話をいただいた。

もう鶴田本人に話を聞くことはできないが、かつての取材の蓄積、さまざまな資料、関係者への取材、そして試合を改めて検証し、今こそ〝ジャンボ鶴田は何者だったのか？〟を解き明かしていこう——。

目次

はじめに ―― 2

第1章 最強の原点 ―― 7

第2章 ミュンヘン五輪 ―― 27

第3章 エリート・レスラー ―― 61

第4章 驚異の新人 ―― 111

第5章 馬場の後継者として ―― 151

第6章 逆風 ―― 205

第7章 真のエースへの階段 ―― 261

第8章 覚醒 ―― 303

第9章 鶴龍対決 ―― 343

第10章 完全無欠の最強王者 ―― 435

第11章 そして伝説へ ―― 547

おわりに ―― 586

第1章

最強の原点

故郷・牧丘町倉科（くらしな）を訪ねて

「自然の日常生活の流れの中で付けた筋肉が理想である。日常生活、労働、スポーツなどを通じて知らず知らずのうちに鍛えられた〝生活筋肉〟は、見かけは弱そうに見えるけれども、実際はしなやかで強い。人工的に筋肉を作るのではなく、生活筋肉を筋力トレーニングで補給するのが理想である」

強靭（きょうじん）な足腰のバネ、ナチュラルなパワー、無尽蔵（むじんぞう）のスタミナで知られたジャンボ鶴田は、その源が〝生活筋肉〟にあると説いていた。では、鶴田の〝生活筋肉〟はどのようにして育まれたのだろうか？

今回の執筆にあたって、私は最初にジャンボの少年時代を知るために故郷を訪れた。

新宿から特急『かいじ』に乗り、89分で塩山駅に到着。まず向かったのは鶴田が眠っている山梨県山梨市（旧・東山梨郡）牧丘町倉科の『祥雲山　慶徳寺（けいとくじ）』だ。

駅の北口から約7㎞。塩山駅から228mも高い標高638mの急斜面を登りきった丘陵地にある慶徳寺までは約15分の道程である。

▲ひときわ存在感がある墓標。高さ197cmはジャンボ鶴田の身長と同じだ

タクシー乗り場で「ジャンボ鶴田さんのお墓までお願いします」と言えば、寺の名前を言わなくても通じる。私が乗ったタクシーのドライバーは「このまえは北海道からお参りに来たという兄弟が乗りましたよ」と言っていた。

慶徳寺は臨済宗妙心寺派の寺で、甲斐武田氏の祖と位置付けられている新羅三郎義光の菩提を弔うために、息子の武田義清が如意輪観音を本尊として安置し、開基した。

鶴田の墓石はすぐにわかる。地球をイメージした高さ１９７㎝の円形の御影石で、墓石というよりもモニュメントのようだ。１９７㎝の高さは鶴田の身長と同じ（公称１９６㎝）。子どもたちが大きくなった時に、鶴田の大きさを実感させたいという夫人の願いからだという。鶴田がフィリピンで亡くなったのは２０００年5月13日（現地時間）、49歳の時。長男は14歳、次男は7歳、三男は5歳と幼かった。

同月17日、ＪＡＬ７４２便で家族と共に無言の帰国をした時には、到着ロビーに4台のテレビカメラと40人近い報道陣が待機し、鶴田ファミリーが姿を見せるや殺到してパニックになった。出迎えにきていた三沢光晴が「こっち！」と、幼い三男に思わず駆け寄って抱き上げ、ガードした姿が忘れられない。

大きな御影石にはＡＷＡ世界ヘビー級のベルトを腰に巻いて右腕を掲げている写真、「人生はチャレンジだ‼」の座右の銘、プロレスのタイトル歴、アマレス時代の戦績が刻まれている。戒名は「大勝院光岳常照居士」。

墓前に線香と花を手向け、次に向かったのは同じ倉科にある実家だ。

慶徳寺からは1㎞ほどの距離。歩いても20分かからないだろうが、105mも下らなければいけない急な坂のため、タクシーを利用した。途中に鶴田が通った牧丘第二小学校（2016年に山梨市立笛川小学校に統合されて現在は廃校）があった。

〝生活筋肉〟を鍛えた少年時代

鶴田の生家は、2歳上の兄・恒良が経営しているぶどう園の『ジャンボ鶴田園』。恒良の優しそうな目元は弟とそっくりだ。おっとりした口調も似ている。

身長も180㎝を越えていて、「叔父さんも相撲取りになるぐらいだし（鶴田勝＝甲斐錦）、子どもの頃は誰が相撲取りかわからないくらい父方の兄弟は大きかったですね」と言うから恵まれた体格は家系のようだ。

山梨県は鶴田姓が多いことで知られている。県全体で約2000人、特に倉科は小地域

▲立派な体躯を誇る兄・恒良。最強のルーツは遺伝にあった!?

順位で鹿児島県南九州市御領に次ぐ全国第2位で、約２００人もいるという。

山梨県の鶴田姓の由来については諸説あるが、かつて倉科に近かった東山梨郡八幡村（現在は山梨市）では、寛元7年1月11日に石川氏の田に白鶴が飛来したことを記念したと伝えられている。しかし寛元年間は１２４７年（寛元5年）までで寛元7年は存在しないので、推定で１２４９年（宝治3年）のことだと言われている。

「ウチの先祖は九州のほうの水軍。武田信玄か何かの関係でこちらに来たって聞いたことがあるんですけどね」と、恒良。

武田水軍につながるまでには複雑な歴史があるが、ジャンボ鶴田家のルーツは、水軍として有名な松浦党に連なる肥前鶴田氏なのかもしれない。

ジャンボ鶴田こと鶴田友美は１９５１年3月25日、鶴田林、常代の次男としてこの世に生を受けた。

林は東京に出て運送業をやっていたが、長男だったために次男に仕事を譲って倉科に戻り、戻ってからも運送の仕事をやりつつ養蚕を営み、米、麦も作っていたという。

常代は一度離婚して林のもとに嫁いできたため、恒良と友美には母が実家に置いてきた義兄と義姉がいる。義姉・年子は鶴田の応援を受けて、東京・墨田区で『ジャンボ鶴田の

店　チャンピオン』を経営していたことがある。

さて、鶴田の名前が友美になったのは、生まれた時に未熟児のように小さく女の子のような赤ん坊だったからと言われているが、恒良はこう言って笑う。

「私もまだ小さかったから、それが本当かどうかはわからないじゃないですか（笑）。小さく生まれて、大きく育ったって聞いたことはあるけど、そんなに小さくはなかったと思いますよ。３０００ｇはあったと思いますよ」

小学校４年生から急激に身長が伸び始めたとも言われているが、これも「いや、最初から大きかったと思うけど（笑）。子ども時代の友美は、この集落のガキ大将たちに引っ張られて遊びに行っていたんじゃないかな。小学校の頃、部活はなかったけど、友達と相撲を取ったりしてましたね」と、やんわり否定されてしまった。

小学校から中学校に上がる頃には、恒良も友美も足が大きくて入る靴がなく、運動会には揃ってゴム草履（ぞうり）で出場していたという。

「小さくて、ひ弱だった男の子が小学生から大きくなって、スポーツ万能になる」というのは、鶴田本人がのちに自分なりに描いたジャンボ鶴田ストーリーなのかもしれないが、日々の生活が〝生活筋肉〟を作ったのは間違いない。

「お寺からここまでもすごい坂だし、今は廃校になっちゃったけど、途中に小学校があったでしょ？　道は今のようにまっすぐじゃなくて、もっとクネクネしていたんですよ。そこを毎日走って通ってたわけだから」と恒良。

牧丘第二小学校の校舎は実家から８００ｍ、徒歩で15分ぐらいの距離。実家との高低差は90ｍもあり、ここを6年間も走って通学していれば、筋力、筋持久力、全身持久力が付くのは当然だ。

毎日の通学だけでなく、家の手伝いも鶴田の〝生活筋肉〟を作ったと恒良は言う。

「昔は養蚕をやっていたから、蚕の餌になる桑の葉を上の畑で刈って背負子（運搬する道具）で上り下りしなきゃならない。水田もあったからウシ（山梨で使われる稲干し具）を作るための木や竹を下から田んぼまで持ってこなければいけない。米にしてもなんにしても、背負子で運ぶ。そういう家業の手伝いでも足腰が強くなったんでしょう」

牧丘第二中学校（１９６８年に山梨市立笛川中学校に統合される）に入学すると、鶴田のスポーツマンとしての才能が徐々に開花する。

1年生の時、牧丘町体育大会の陸上競技に駆り出され、走り高跳びで優勝し、砲丸投げで3位に。普段の生活で身に付けた体力が活きたのである。

朝日山部屋（あさひやまべや）入門事件

64年、鶴田は中学2年生の夏に大相撲の朝日山部屋に入門させられた。本人の意思ではなく、相撲好きの親戚に連れられて東京見物に行った時に体験入門させられ、自覚のないまま新弟子検査に合格してしまったから、「した」ではなく「させられた」なのだ。

結局、鶴田は決心がつかずに夏休みが終わると、故郷に戻った。そのあたりの事情について恒良はこう語る。

「本人は〝ちょっと夏休みに……〟ってことだったんじゃないかなと思うんだけど、新弟子検査に受かっちゃうと、なかなか辞めさせてくれなくて、それで叔父の甲斐錦に頼んで、間に入って話をしてもらって、帰してもらえたんです」

叔父の甲斐錦は父・林の弟で、17歳の時に松ヶ根（まつがね）部屋に入門。38年5月場所で初土俵を踏み、50年1月場所から二所ノ関（にしょのせき）部屋に移って最高位は西前頭12枚目だった。鶴田が生まれた2か月後の51年5月場所後に30歳で引退している。

もし、この時、鶴田が朝日山部屋に入門していたとしたら、のちに全日本プロレスで一緒になるサムソン・クツワダ（四股名は二瀬海）の弟弟子になっていたし、二所ノ関部屋からはこの年の1月場所で天龍源一郎が初土俵を踏んでいるから、相撲で鶴龍対決が実現していたかもしれない。

あるいは鶴田が本当に相撲志望で叔父の甲斐錦を通して入門を希望すれば、二所ノ関部屋所属になっていたはず。そうなると鶴田は天龍の弟弟子になっていたわけだ。

さて、朝日山部屋入門を固辞して牧丘町に戻った鶴田を待っていたのは周囲の冷たい目だった。「相撲の稽古が辛くて逃げ帰ってきたらしい」「身体は大きくても根性なしだ」と、陰口を叩かれて、鶴田は憂鬱な日々を過ごしていた。

そんな鶴田の希望の光になったのは、10月に開催された東京オリンピック。10月10日、テレビに映し出された開会式の赤いブレザーを身に着けた日本代表選手団の入場行進に釘付けになったという。

「オリンピックに出て、陰口を叩いていた人間を見返してやる！」

相撲部屋事件の汚名を返上したかった鶴田に、オリンピック出場という新たな目標が生まれた。それが高校、大学でのバスケットボールにつながり、最終的にプロレスに到達することになるのだ。

日川高校バスケットボール部時代

鶴田の生家とは反対方向の塩山駅南口からタクシーで6~7分、2㎞ほど行ったところに『一歩』という居酒屋がある。大将の池田実は、山梨県立日川高等学校バスケットボール部で鶴田と同期だった。

牧丘第二中学校を卒業した鶴田は66年4月、県下では大学進学率が高く、ラグビーや野球などのスポーツの名門校でもある日川高校に入学した。

まず野球部に入部し、それからバスケットボール部に移ったことになっているが、池田の話によると違う。

「ツルが牧丘、私が塩山（現在の甲州市）……中学の頃から知っていました。ここら辺のバスケットボールの地区大会があって、中学3年の時に試合で戦ったんです。〝えらい大きいのがいるなあ〟と。見上げてビックリしましたけどね。その頃、もう190センチ近かったと思います。足が大きすぎて靴がないんですよ。だからバスケットのシューズじゃなくて万年草履でやってたと思いますよ。下手すると、裸足でやっていたかもしれない。

そこら辺の記憶は定かじゃないです。で、高校で一緒になって。ツルは最初、野球部じゃなくてバスケットボール部でしたよ。でも私たちが1年生の時に甲府出身の堀内恒夫（つねお）がプロに入って。それでツルは野球がやりたくなって、野球部に行っちゃったんですよ」

池田は鶴田を〝ツル〟という愛称で呼ぶ。

「トモミちゃんって呼ぶと怒るわけ。女の子みたいだから（笑）。だから、怒らせようと思う時はトモミちゃんって呼んでましたよ。怒ってもね、私たちのほうがすばしっこいから逃げちゃうんだけど」と、池田は笑う。

堀内は65年～73年の読売ジャイアンツV9時代の大エース。山梨県甲府で鶴田と同じように養蚕業を営む家に生まれ、甲府商業高校でエースとして活躍し、65年の第1回ドラフト会議で1位指名を受けてジャイアンツに入団した。

鶴田の高校進学と同時期にプロデビューして開幕13連勝を含む16勝を挙げ、沢村賞、新人賞などを獲得した堀内は、地元・山梨が生んだヒーロー。鶴田少年が憧れるのは当然だろう。いや、鶴田だけでなく、山梨県の小中高生がみんな憧れたから、どこの野球部にも新入部員が殺到した。

しかし、鶴田の野球は半年も続かなかった。

「野球もやりたかったらしいけど〝目を悪くしたから、小さいボールだと見づらい〟ってことで……本人は〝勉強のしすぎだ〟なんて言ってたけど、本当かどうかはわからないなあ（笑）」と、兄の恒良。

一方、池田は野球をやめた理由をこう語る。

「ツルの動きはゆっくりなようで速いんだけど、やっぱり野球は機敏なことができないとね。あとは……バスケットは上級生の体罰とか、しごきがなかったんですよ。口では言いますけど、殴ったりということはなかったんです。昔は、他の部はそういうことがあったんですけど、でもバスケットだけは暴力がなかったんですよ。そういうことで野球部が嫌になっちゃったんじゃないかと思いますね。それでやっぱり〝バスケットに戻ってこい〟ってことになったんだと思います」

1年生で192㎝の長身だった鶴田をバスケットボール部が放っておくわけがない。〝生活筋肉〟が鍛えられているから、競技に必要な基礎体力もすでに備わっていた。そして日本体育大学、東京教育大学（78年に閉学となり、筑波大学の母体となる）から来ていたコーチに基礎から大学レベルの高度なトレーニングを指導されて頭角を現した。

「1年の時に秋田、2年の時が石川県の兼六園（けんろくえん）、3年の時が広島。インターハイには3年間ずっと出場しました。1年生の時は人数制限がありましたから、ツルと私ともうひとり……3人ぐらいしか行けなかったのかな？　インターハイは8月だから、もしかしたらツルはまだ野球部にいて、出てなかったかもしれないな。その辺の記憶は曖昧ですね」

インターハイに3年連続で出場したかどうかはともかく、鶴田がすぐにバスケットボール部の要になったことは間違いない。

「バスケの選手としては日川高校の大黒柱で、得点の半分以上はツルのシュートですからね。やっぱりタッパ（背の高さ）が全然違いましたからね。それで、少なくとも2年の最初からずっと試合に出っ放しでしたね。抜群に才能があるというわけじゃないですけど、それでも桁違いのものがありましたよ。ダンクシュートも3年生のインターハイの時にはやっていましたよ」

池田は鶴田のバスケットボール選手としての資質をそう語る。

在学していた3年間、日川高校は山梨県で不敗の強さを誇り、鶴田は3年生の時はインターハイで旗手も務めた。

好奇心旺盛でさまざまなスポーツに意欲的に取り組んでいた鶴田は、体育の授業ではラグビーに熱中した。スクラムに加わり、キックオフやラインアウトなどで長身を活かして高いボールをキャッチし、大きな身体で突進するロックとして活躍。

ラグビー部にも何度も勧誘されたそうで、当時のラグビー部の同学年には、のちにサッカー選手になり、ジェフユナイテッド市原、大宮アルディージャの監督を務めた塩山出身の清雲栄純（きよくもえいじゅん）がいた。

その他、３年生の時には山梨県内の相撲大会（高校生の部）に駆り出され、１週間練習しただけで３位になった。中学２年生の夏に朝日山部屋で稽古したことが思わぬところで活きたのである。

「バスケットボールではボディバランス、素早い身のこなし、持久力とジャンプ力を身に付けられた。一瞬の閃（ひらめ）きで試合を構成する力もプロレスラーになってから役立った。ラグビーの経験はレスリングに活かせた。ラグビーのタックルの入り方、相手の動きの読み方がレスリングのタックルにも応用できた」と、鶴田は後年になって複数のスポーツを並行してやることとの重要性を語っている。

小学校の時と同じように日川高校での通学でも〝生活筋肉〟を鍛えた。家から高校までの距離は約11㎞で高低差は実に２３０ｍもある。行きは下りだから１時間だが、帰りは上りのために２時間かかる。それを３年間毎日、３時間かけて往復していたのだ。

▲身長と高い身体能力を活かして豪快にシュートを決める

一緒に自転車通学をしていた池田は言う。

「私は山梨市駅から自転車だから通学にかかったのは20分ぐらいだけど、ツルの場合はそれにプラスして、牧丘から山梨市駅までの距離があったから大変だったと思いますよ。それで日川高校から山梨市駅の中間ぐらいにツルの親戚がやっている食堂があったんですよ。山梨市駅までは一緒だから、そこに寄ってご飯を一緒に食べてました。私もけっこう食べましたけど、ツルはその倍は食べましたよ。弁当にしてもツルのは特注のデカいやつでしたね」

知られざる高校時代の素顔

日川高校は男女共学。長身でバスケットボール部のエースだった鶴田はさぞかしモテたのではないかと思うのだが、どうだったのだろうか？

「いやあ、それはちょっと（苦笑）。モテなかったですよ、規格外の大きさだから。ツルがモテ始めたのはプロレスに入ってアメリカに行ってからじゃないですかね。それで、どっちかというと向こうの人にモテちゃったんじゃないですかね。それで自信を付けちゃったんですよ、きっと（笑）」

プロレスラーにとって長身は大きな武器だが、思春期の鶴田にとっては大きいことがコンプレックスだったようだ。

「やっぱり大きすぎるという劣等感があったんですよ。ホントに嫌がってましたよ。そりゃあ、目立ちますよね。あれだけ目立てば注目の的ですよ。みんな好奇の目で見ますわ、あの頃は。常に人から見られていたらかなわないですよ。それから、ちょっと吃音（きつおん）があるというのもあったんですよ。なかなか上手くしゃべれなかったんですよね。仲良くなってしまえば大丈夫なんですけど、親しくなるまで、ちょっとナイーブというか」

そんな鶴田が、池田と同様に心を許していたのが武井美男（よしお）という同級生だ。武井は日川高校から明治大学に進学すると相撲部のキャプテンを務めた。卒業後は明治大学付属中野中学校・高等学校の教員になって、相撲部の監督として若乃花勝（現・花田虎上（まさる））、貴乃花光司の兄弟横綱など、多くの力士を育てた人物である。

「タケ（武井の愛称）は体重が100キロ以上。背も180ぐらいありました。ツルとタケのふたりは特注のイスと机を学校に作ってもらったんですよ。それでなきゃ座れなかったから。そういう面でね、ツルもタケがいたことで癒されたかもしれないですね（笑）」

スポーツに励み、勉強にも勤しんだという高校時代の鶴田。もうひとつハマっていたのが高校1年の6月に初来日して爆発的人気を呼んだザ・ビートルズだったという。

「高校2年のバスケ部の合宿の時にね、余興なんかやるんだけど、ビートルズの歌なんか歌い出しやがってね。ビックリしましたよね（笑）。私なんかはツルの影響を受けてビートルズを知ったぐらいだから。どっちかというと塩山より田舎の牧丘の奴がビートルズの英語の歌を歌ったらビックリしますよ（笑）」

池田の話を聞いていると、スポーツ万能で、繊細な心の持ち主で……その一方では堀内ブームになれば野球を始め、ビートルズが来日すればハマってしまうミーハーの面もある微笑ましい高校生・鶴田友美の姿が浮かんでくる。

68年10月、3年生の秋に心に留まることがあった。メキシコ五輪に同学年の習志野高校の磯貝頼秀（いそがいよりひで）がレスリング97kg以上級代表として出場したのだ。

「よし、俺も次のミュンヘン五輪に出場するぞ！」

オリンピック出場という中学3年からの夢に再び火がついたのである。そして4年後、鶴田は磯貝と五輪出場を懸けて戦うことになる――。

第2章 ミュンヘン五輪

五輪出場のため個人競技へ

１９６９年４月、鶴田友美は４年後のミュンヘン五輪を目指してバスケットボールの名門・中央大学法学部政治学科に入学した。体育大学に進むことも考えたが、オリンピック後の進路を考えた上での判断だった。

体育大学を卒業した場合には体育教師になるのが一般的だが、それよりも職業の選択肢が広がると考えて、総合大学の法学部を選んだのである。

決して実家が裕福とは言えない鶴田は、建材業を営む親戚の家に住まわせてもらうことにした。部屋代と食費は掛からないが、その代わりに授業、バスケットボールの練習がない時は仕事の手伝いをすることになった。

大正13年（24年）に創部された中央大学バスケットボール部は、全日本大学バスケットボール選手権大会で67年に優勝。鶴田が入学する前年の68年には準優勝している強豪だ。そうした中、鶴田は１年生ながら全日本候補に選ばれて合宿に参加できた。しかし外国のチームとの対戦で世界の壁は想像より厚いことを痛感する。

「もしかしたら、日本はアジア地区予選を突破できないのではないか？」

そんな疑問が頭をもたげ、目標のミュンヘン五輪に出場するために方向転換する。それはバスケットボールをやめて、個人競技に転向することだった。

団体競技はチームプレーに左右されてしまう。それよりも個人の力で勝敗が決まる個人競技のほうが結果に納得がいくし、個人競技ならばアジア地区予選がなく、国内でいい成績を挙げればオリンピックに出場できる。

最初に考えたのは柔道だ。当時、柔道部には鶴田と同じ1年生に関川哲夫がいた。のちに大仁田厚のライバルとして悪名を轟かせるミスター・ポーゴである。ポーゴの話によると鶴田は「柔道部に入部したい」と連日のように押しかけたが、許されなかったという。ただ、鶴田自身は後年、「選手層の厚い柔道は大学1年生から始めても間に合うものではないだろう」と選択肢から外したと言っている。

次に考えたボクシングは、ミュンヘン五輪には選手層の薄い重量級はエントリーされず、ミドル級までしか枠がないことで、これも選択肢から外れた。

そして最後に残ったのがレスリングである。46年に創部された中大レスリング部もバスケ部同様に名門だ。

中大レスリング部は、52年のヘルシンキ五輪フリー57kg級で戦後初の日本人金メダリストになった石井庄八をはじめ、56年メルボルン五輪フリー62kg級の笹原正三、フリー73kg級の池田三男、64年東京五輪フリー63kg級の渡辺長武、68年メキシコ五輪フリー52kg級の中田茂男（出場時は卒業して自衛隊）と5人の金メダリストを輩出している。

柔術のグレイシー一族に4度も勝って〝グレイシー・ハンター〟として総合格闘技ブームの頂点に立った桜庭和志は91年に同部の主将を務めているし、全日本プロレスの諏訪魔（諏訪間幸平）も同部出身だ。

レスリング部に拒絶された本当の理由

鶴田はバスケ部を退部した後、この名門の門を叩いたが「バスケットボールの練習についていけなくてやめた人間に、もっときついレスリングができるはずがない」と再三にわたって断られ、入部を断念せざるを得なくなったという。

それでもレスリングを諦めきれず、埼玉県朝霞の自衛隊体育学校でレスリングを始めて実績を作り、やがて中大レスリング部に勧誘されて、晴れて入部。そして72年のミュンへン五輪に出場したというのが、本人が語っていたジャンボ鶴田のサクセス・ストーリーである。しかし、当時の関係者を取材してみると、新たな事実が浮かび上がった。

北海道岩見沢に鶴田の中大レスリング部時代の同期生が住んでいる。鶴田が4年で入部した時の主将・鎌田誠だ。鎌田は北海道美唄工業高校で創部されたばかりのレスリング部に入部。3年生の時には、全国選抜高校生チームの主将としてアメリカ・オレゴン州ポートランドに遠征した。卒業後は中大に進み、2年生の70年にはカナダ・エドモントンで開催された世界選手権でフリー90kg級に出場して銅メダルを獲得。そして4年生の時のミュンヘン五輪にはフリー90kg級代表として鶴田と一緒に出場している。

鎌田は市議会議員を3期務めた岩見沢市の名士で、現在は市内でそば・うどん・ラーメンの店を4店舗展開する『かまだ屋』の代表取締役社長として手腕を振るう一方、日本レスリング協会理事、北海道レスリング協会会長としてレスリングの発展に尽力。180cm近い長身で、未だに90kgはあろうという立派な身体をしている。

「私も鶴田も昭和44年（69年）に中央大学に入学しましたけど、2年間は学園闘争がありまして、常にバリケードを作られて、学校の中にも入れなかったような状況で、ほとんど学校に行ってないんですよ。試験がなくてリポートばっかり書いてました。そういう意味

▲現在はアマレスの指導とビジネスマンの二刀流として活躍中の鎌田氏

では楽だったですけどね」と、鎌田は笑う。

鶴田と鎌田が出会ったのは1年生の夏休み前。東京・富坂（とみさか）の中央大学理工学部キャンパスにあったレスリング道場だ。当時、鶴田はまだバスケットボール部に在籍していたが、体育の授業でレスリングを選択していたのだ。

「それまで鶴田の存在は知らなくて〝ずいぶん、デカい奴がいるなあ〟と思って見たのが初めてですね。〝バスケ部なの？〟って、会話したことを憶えてますよ」

鶴田はレスリング部への入部を希望したものの、3回にわたって門前払いを食らったというのが定説になっているが、鎌田はこう明かす。

「実際はちょっと違って、バスケットボール部が反対したんですね。バスケ経由で大学に入ってきたものだから、勝手に部を移ったらバスケ部の面子（メンツ）が潰れるじゃないですか。でも鶴田は〝レスリング部に入りたい〟と言い、我々も〝入れたい〟というのがありました。我々の監督の関二郎さんも入れたかったんですよ。やっぱり重量級は欲しいですからね。それで、たまにはレスリング部に顔を出していたんですけど、やはり部を移ることはできなかったんです」

レスリングの道を閉ざされた鶴田は、雑誌でメキシコ五輪のレスリング代表の記事を読んでいた時にあることに気付いた。出場選手16人中7人が自衛隊所属だったのだ。

自衛隊体育学校で磨かれた最強の礎

鶴田はさっそく、埼玉県朝霞の陸上自衛隊駐屯地にある自衛隊体育学校を訪ねた。そして社会人を対象としたクラスに通うようになった。しかし、それはオリンピックを目指すようなプログラムでなく、あくまでもトレーニングの範疇（はんちゅう）だったという。

本気でレスリングに取り組みたい鶴田は、コーチの佐々木龍雄（たつお）に直訴した。すると「これを2か月やってから来なさい」とトレーニングメニューを手渡された。それは筋力トレーニングを中心にしたハードな内容で、鶴田の本気度を試すものだったようだ。

鶴田は東京・神田のトレーニングジムのＹＭＣＡにも通ってトレーニングに励んだ。そこは、66年10月にアントニオ猪木が東京プロレス旗揚げ前に公開練習を行い、コブラツイストとアントニオ・ドライバーを初公開した場所でもある。

課せられたメニューをクリアし、ＹＭＣＡでのトレーニングでバスケットボール選手の身体からレスリング向きに肉体改造した鶴田を見た佐々木は、本腰を入れてレスリングを教えることを決意したという。

佐々木は鶴田を教えていた当時も現役バリバリの選手。64年の東京五輪にフリー87kg級、68年メキシコ五輪にフリー78kg級で出場し、その後のミュンヘン五輪にもフリー82kg級で出場することになる。

つまり、佐々木は東京五輪にはマサ斎藤（斎藤昌典＝フリー97kg以上級）、サンダー杉山（杉山恒治＝グレコローマン97kg以上級）、ミュンヘン五輪には鶴田（グレコローマン100kg以上級）、長州力（吉田光雄＝フリー90kg級韓国代表）と、4人のプロレスラーと一緒にオリンピックに出場しているのだ。

世界選手権では67年インド・ニューデリー大会フリー78kg級で銅メダル、70年カナダ・エドモントン大会フリー82kg級銀メダルに輝いた実力者である。

鶴田はそんな佐々木の指導を1日6時間受けた。

カナダ・エドモントンの世界選手権に一緒に出場した鎌田は佐々木についてこう言う。

「強い選手でしたよ。重量級で上手な人でした。私も全日本の合宿とかで一緒になりましたけど、兄貴肌で面倒見のいい人でしたね。エドモントンの世界選手権の時には佐々木さんと同室になりましたよ。試合前には〝爪を切るな。あまり短くしちゃうと力が完全に出ない。何ミリか、残すほうがいいんだ〟とか細かいことを教わりました。だから鶴田もいろんなことを教わったと思いますよ」

佐々木の指導を受けながら、鶴田は沼袋スポーツセンターに週３回通ってボディビルにも取り組む。バスケットボールで鍛えた足腰の強さには自信があったが、上半身の筋肉が他のレスリング選手に比べると、まだまだ貧弱だったからだ。

レスリングは掴む力、引く力、持ち上げる力を必要とする。鶴田はベンチプレスで胸筋、デッドリフトで背筋を鍛え、さらにスクワットで臀部(でんぶ)と大腿部(だいたいぶ)を鍛えた。

そして、70年11月１日〜３日に九州学院大体育館で開催された全日本選手権のフリー１００kg級に出場する。中大レスリング部所属ではなく、社会人でもない鶴田は、自衛隊体育学校が創設した『朝霞クラブ』の所属として、社会人扱いで出場したのだ。

鶴田のレスリング公式試合デビュー戦の相手は前年の全日本選手権フリー１００kg級優勝者で、のちに92年バルセロナ五輪グレコのコーチ、96年アトランタ五輪のレスリング競技総監督にもなった現・日本レスリング協会副会長の下田正二郎(しもだしょうじろう)。この強豪相手に４分39秒、見事にフォール勝ちを飾った。

続く試合で、前年の全日本選手権でフリーとグレコの両スタイルで１００kg以上級優勝を飾り、2年後のミュンヘン五輪にはフリー１００kg以上級代表になる矢田静雄（やだしずお）に2分17秒でフォール負けしてしまったが、結果は3位。レスリングを始めて1年足らずということを考えれば上出来である。

翌71年、3年生になった鶴田は、いよいよ頭角を現す。

フリー１００kg級で出場した社会人選手権（6月4日〜6日＝東京・青山レスリング会館）では優勝した一戸隆男に０―４の判定負けを喫してしまったが、6月21日〜23日に日大講堂で開催された全日本選手権ではフリー&グレコの両スタイルで１００kg以上級優勝（グレコは出場1選手のため認定王者）。10月24日〜27日に和歌山県粉河町（こかわちょう）立体育館で開催された国体ではグレコ１００kg以上級でも優勝を果たす。

鶴田が頭角を現したグレコは、全身のどこを攻防に用いてもいいフリースタイルと違って、下半身を攻防に用いることはできない。足を取ったり、刈ったりできないために豪快な投げ技が多い。プロレス流に言えば、反（そ）り投げはフロント・スープレックス、バック投げはジャーマン・スープレックス、俵返（たわらがえ）しはサイド・スープレックス、首投げへの反撃はバックドロップになる。すべて鶴田がプロになってから得意にしていた技だ。

さらに世界にも進出して、8月27日〜9月5日にブルガリアのソフィアで開催された世界選手権大会にフリー、グレコ共に100kg以上級で出場。共に2回戦失格になってしまったが、鶴田はレスリング界の大型新人として注目されるようになった。そして、そんな鶴田を中大レスリング部が放っておくわけがなかった。

中大レスリング部主将・鎌田誠の証言

「3年生の後半には、私はもうキャプテンになることが決まっていたので、監督と一緒にまず自衛隊の佐々木さんのところに行って〝ウチの部に入れたいので、そういう動きをするから了解してほしい〟と。それから大学のほうに根回しをして〝今のレスリング部は選手層が薄くてギリギリでやっているけど、鶴田が入ってきたら優勝する可能性があるから、なんとか頼む〟と。そういうお願いをしていました。いろんなところから了解をもらって、正式に部員として迎えました」

鎌田の尽力で、鶴田は3年生の終わりに晴れて中大レスリング部の一員になった。

実際、レスリングの選手としての鶴田の力量はどうだったのか？　鶴田は100kg以上級、鎌田は90kgで階級は違ったが、よく練習はやったという。

「最初の頃はね、やっぱり線が細かったっていうか、フリースタイルでやったらすぐにひっくり返っちゃったりしてましたけどね。でも、レスリングっていうのは力だけじゃなくてフェイントかけたりしてスパッと入ったりしますから、そういうところはやっぱりバスケの選手だなっていう。普段はのろい感じだけれども、瞬間的にフェイントをかけて入るあたりは〝おっ！〟と思うところはありましたね。彼はボディビルなんかもやっていて、鍛えてからは技がかからなくなりましたよ」

鶴田はフリーとグレコの両方をやっていたが、主にしていたのはグレコだった。

「フリーの場合、相手の下半身にバーンとぶつかってタックルで入り、それで倒すっていうのが基本中の基本なんですよね。でも、正直、鶴田はタックルがそんなに上手じゃなかったんです。グレコの場合は差しですね。相手の脇の下に手を入れてねじり倒すっていうのが基本です。鶴田はグレコを意識するようになってから差し技とかね、すかして腕を取って後ろに回るとかの立ち技が中心になりましたね」

そして鎌田は、鶴田にグレコを勧めたのは佐々木ではないかと言う。

「グレコを勧めたのは佐々木さんでしょう。当時、グレコの重量級の選手は、そんなに多くなかったんですよ。１００キロ以上の人は、せいぜい各大学にひとりいるぐらいですね。

ウチは90キロが３人ぐらいいたのかな。だからライバルは10人ぐらいだったと思いますよ。それをマークしていけば優勝できるっていう頭があったんじゃないですか」

１００kg以上級だから体重制限がない。私生活の鶴田は高校時代と同じように食べまくっていたようだ。

「１００キロ以上級になると、外国人選手では１２０、１３０がザラにいましたよ。鶴田は１００ちょっと越えたぐらいだと思いますけどね。そんなに減量とかはしないで、計量するまで２〜３日間、３食のうちの１食抜くぐらいの調整でしたよ。そんなに体重が増えなかったと思います。もうちょっと増やしてもいい感じがしましたけどね。でも大食いでしたよ。ライスのお代わり自由の店を見つけてくるんですね。そういうのに付き合わされました。酒は弱かったですよ、たぶん。ちょっと飲んだら真っ赤になってましたからね。我々はビール飲んで焼き鳥食ってたけど、鶴田はちゃんと飯を食ってた。〝酒飲まないでよく食えるな？〟って。練習以外ではワイワイやるよりも本を読んでいたり、音楽を聴いてましたね」

鶴田が中大レスリング部に貢献したのは、４年生になってすぐの72年5月16日〜19日に東京・世田谷区立体育館で開催された東日本学生リーグ戦だ。

Aブロック＝中大、日本体育大学、早稲田大学、日本大学、慶應義塾大学、拓殖大学、Bブロック＝専修大学、国士舘大学、明治大学、大東文化大学、東洋大学、青山学院大学で、それぞれのブロック1位同士が優勝を争う。ちなみにBブロックの専大の3年生には吉田光雄……長州力がいた。

この大会で、中大は初戦で拓大にまさかの1敗を喫してしまったが、その後は全勝でAブロックで優勝。Bブロックで優勝した国士大と雌雄を決することになった。中大は7年ぶり10度目、国士大は初優勝をかけての総力戦である。

ここまでの鶴田は、フリー90kg以上級で早大の磯貝頼秀と引き分けた以外は全勝で、中大の優勝に貢献してきた。

そして国士大との優勝決定戦。軽量級から順番に9階級試合が進められ、8番目の鎌田、9番目の鶴田を残した時点で、両試合共に判定勝ちでは総合ポイントが足りず、ふたり揃ってフォール勝ちしなければ優勝できないという状況に追い込まれてしまった。

鎌田は相手が1年生だったこともあって、すぐにフォール勝ちできたが、鶴田の相手は4年生の主将。当時のレスリングは逃げてもあまりコーション（反則や消極的な戦い方への警告）を取られなかったため、相手が逃げる展開になった。

▲鎌田と鶴田の活躍もあり大逆転で東日本学生リーグ戦を制した

「相手が逃げるようにマットの上をグルグルしたりするから〝逃げるな、戦え！〟って野次を飛ばしましたけど、最後は鶴田がトーホールドをかけていったんですよね。本来は瞬間的な技でスパッと投げるところを、鶴田はゆっくりかけていったんですよ。そうしたら審判がフォールを取ったからビックリしたんですよ。〝ああ、フォールだ！〟って。普通はあの技はフォール取らないんですよね。どっちかっていうと2ポイントとか3ポイントをもらう技ですから。でも、相手は逃げていたから審判にフォールを取られても仕方なかったんじゃないですかね。あれは感動しましたね。鶴田と抱き合って喜びましたよ」（鎌田）

この時、Bブロックの専大が勝ち上がってきていたら、長州もフリー90kg以上級に出場していたため、鶴田と長州の一騎討ちがアマチュアで実現していたことになる。

ふたりがプロのリングで相まみえるのは13年後のことだ。

鶴田が勝てなかった男・磯貝頼秀の証言

その後、鶴田は6月28日～7月3日の茨城・笠間市体育館における全日本選手権のフリー100kg以上級で早大の磯貝頼秀と同点優勝（直接対決は両者警告）、7月5日～7日の千葉・佐倉高校における全日本選手権のグレコ１００kg以上級で優勝を果たす。ただし、この大会でも磯貝との対戦は引き分けに終わっている。

高校3年生の時、同じ高校3年生でメキシコ五輪にレスリング97kg以上級代表として出場しているのを見て、「よし、俺も次のミュンヘン五輪に出場するぞ！」と、目標を持つきっかけを作ってくれた磯貝とは東日本リーグ戦から3回連続引き分けになったわけだ。

磯貝は、中学生の柔道大会で注目され、習志野高校の山口久太校長に直々にスカウトされて同校に進学してレスリングを始めた。

当時、千葉県の高校でレスリング部があったのは佐倉高校と習志野高校の2校だけで、習志野高校は野球の強豪校として有名だったが、東京オリンピック翌年の65年度に創部したレスリング部にも力を入れていた。日本レスリング協会の八田一朗会長が、「レスリングを高校体育の正科目に」と尽力していた時代である。

磯貝が習志野高レスリング部に入部した1年生の時には、中大レスリング部出身で66年の全日本選手権フリー70kg級優勝の飛田義治が毎週1回コーチとして教えに来て、毎週土曜日には中大レスリング部に練習のために通っていた。2年生からは鶴田を教えた自衛隊の佐々木龍雄の同級生がコーチをやっていたというから、磯貝と鶴田には不思議な縁があったのかもしれない。

67年8月のインターハイ（全国高校選手権）のフリー73kg以上級で優勝、翌68年3月の全日本選手権のフリー・ヘビー級で2位（優勝は日大の滝沢信也）という成績を挙げて、高校生ながらメキシコ五輪の最終選考会に参加。五輪候補は3人ぐらいいて、1勝1敗という成績が続いたが、8月の最終選考会において八田会長の「高校生に勝てない奴を連れて行ったってしょうがない。勝てないだろうけど、将来がある磯貝をフリー、グレコの両方に出して経験させよう」の鶴の一声で代表に決まった。

磯貝はメキシコ五輪でフリー、グレコ共に97kg以上級に出場。その後、72年のミュンヘン五輪ではフリー100kg以上級に出場した。

鶴田のプロ入り後もレスリングを続けて、74年にトルコのイスタンブールで開催された世界選手権のフリー100kg以上級で6位入賞、最後の五輪出場となった76年モントリオールでもフリー100kg以上級で6位に入賞した。

磯貝は意外にプロレス界との関わりも深い。藤田和之(かずゆき)、高橋義生(よしき)が卒業した八千代松陰高校は山口久太が創立した学校で、磯貝は山口の要請でレスリング部に教えに行ってふたりを指導。早大では石澤常光(ときみつ)（ケンドー・カシン）を指導している。

また2004年4月から1年間、新日本プロレスの代表取締役社長を務めた草間政一（せいいち）は習志野高レスリング部の同期生。草間の社長就任以前にある関係者から「新日本の社長に推薦したい」という話があったが断ったという。

現在、磯貝は千葉県レスリング協会会長及び早稲田大学レスリング部常任委員を務めている。早稲田の事務所に彼を訪ねてみた。現役時代は182㎝、106〜117kgあったというが、中大レスリング部主将だった鎌田と同じく、今もがっしりとした立派な体格をしている。

「大学も違えば、鶴田はミュンヘン後にすぐにプロレスラーになって、僕は石油会社のサラリーマンになって、生きている道も違ったから、彼がプロレスラーになってからは会うことはなかったんですけど、筑波大学の修士論文を書いているということで、僕の会社を訪ねてきてインタビューされたんです。もう二十数年前になるんでしょうかね。大学を出てから鶴田と会ったのは、それが最初で最後でしたね」

鶴田がフリー100kg級でデビューした70年11月の全日本選手権では、磯貝は同階級で優勝。鶴田は3位になったものの、磯貝と対戦する位置までは行けなかった。

翌71年、鶴田は全日本選手権のフリー、グレコ共に100kg以上級で優勝、国体でもグ

▲アマレスの猛者(もさ)としての面影が今なお色濃く漂う磯貝氏

レコの100kg以上級で優勝するが、鶴田と磯貝の対戦記録はない。磯貝は70年12月のアジア大会に出場してフリー100kg以上級で2位になったが、帰国後に肝炎を発症。長期欠場を余儀なくされていたのだ。

大学4年の72年、ミュンヘン五輪の年に鶴田と磯貝はついに顔を合わせる。五輪に向けた候補選手の合宿が東京・新宿区百人町（ひゃくにんちょう）のスポーツ会館で行われて、そこにふたりとも招集されたのである。

「僕が鶴田を認識したのは、その合宿あたりですかね。格闘競技の人はけっこう激しいですけど、鶴田はそんなに激しい性格ではなかったと思いますね。合宿ではメキシコ五輪の時にお世話になった佐々木龍雄さんがコーチとして参加したんですけど、佐々木さんは自衛隊で鶴田を教えていたから、私の弱点をチェックして、それを全部、鶴田に教えてしまうんで、対戦した時にはやりにくかったですね（苦笑）」

両者の初対戦は、5月16日〜19日に世田谷区体育館で開催された東日本学生リーグ戦の中大VS早大のフリー90kg以上級。1―1の判定で引き分けに終わった。

「鶴田は力が強かったですね。特に印象に残っているのは握力。掴まれると、爪でえぐられた痕（あと）が残るんですよ。そのぐらい強かった。第1ディフェンスは手を握るわけですよね。

そうやって握られると、入れないから組むしかないわけですよね」

興味深いのは「掴まれると、爪でえぐられた痕が残るんですよ」という証言。鎌田はエドモントンの世界選手権の時、佐々木に「爪を切るな。あまり短くしちゃうと力が完全に出ない。何ミリか、残すほうがいいんだ」とアドバイスされたと言っていたが、鶴田にも同じアドバイスを送っていたのだろう。

当時の日本のレスリング重量級はズングリムックリした体形の選手が多かっただけに、スラリとした長身も鶴田にとっては武器だったようだ。

「僕はグレコにも出ているけど、グレコは得意じゃなくて、反り投げがそんなにはできなかったから、攻める技はタックルだけ。でも鶴田は足が長いからタックルに入っても今までの選手と違うんですよ（苦笑）。僕らは肥満型だけど、鶴田はバスケのユニバーシアード候補選手から来てるから、そんなに贅肉がないし。だからタックルを取れてないですね。足が取れないし、持ち上げようとするんですけど、身長が10㎝以上違うからまだ足が着いているんです（苦笑）」

そして磯貝が注目したのは鶴田の足腰の強さだ。

「やっぱり足腰の強さはバスケですかね。オリンピックに行く時の体力検査で、鶴田は脚力が馬並みだって言われていましたね。握力も１００近くあったけど、脚力はオリンピック選手の中でピカ一じゃないかっていうのを聞いてましたね」

バスケットボールをやっていた強みは脚力だけではないと言う。

「僕も習志野高校の時にバスケの選手を勧誘しましたけど、レスリングの動きとバスケのディフェンスの動きは足を揃えないんですね。レスリングはタックルに入られないように、バスケもどっちに振られてもいいように構えるんです。だからバスケの構えが鶴田の足腰のバランスの良さを作ったんだと思います。鶴田の強みっていうのはバスケで鍛えられた左右のバランスの取り方と、どうして強くなったのかはわからないですけど、握力ですね」

ミュンヘン五輪出場の栄光と挫折

東日本学生リーグ戦から１か月後の全日本選手権で、両者はフリーとグレコの１００kg以上級で再び対戦。グレコは引き分けに終わり、総合成績としては鶴田が優勝。フリーは両者共にポイントが入らずに、両者警告の引き分けで同時優勝という形になった。

この結果、ミュンヘン五輪はフリー１００kg以上級に実績のある磯貝、グレコ１００kg

以上級は全日本選手権優勝の鶴田が選ばれた。

　１９７２年８月26日、ミュンヘン五輪開会式。鶴田は高校３年生の時に憧れた日本代表の赤いブレザーを着てミュンヘン・オリンピアシュタディオンに立った。最前列でバレーボールの大古誠司、森田淳悟、横田忠義のビッグスリー、バスケットボールの沼田宏文と談笑しながらの行進である。

　日本のレスリング代表は鶴田、磯貝の他に鎌田（フリー90kg級）、鶴田の師匠の佐々木（フリー82kg級）、山本美憂・聖子姉妹と山本〝ＫＩＤ〟徳郁の父親の山本郁栄（グレコ57kg級）、フリー57kg級金の柳田英明、フリー52kg金の加藤喜代美、フリー68kg級銀の和田喜久夫、グレコ52kg銀の平山紘一郎ら、総勢20人という大所帯だった。

　ミュンヘン五輪のレスリングは３分３ラウンド。勝敗はフォール、判定による決着、警告失格などによる引き分け。大会はバッドマーク（減点）システムで行われ、バッドマークはフォール勝ち＝０点、判定勝ち＝１点、判定負け＝３点、フォール負け＝４点としてバッドマークが６点に達した選手は失格になるというものだった。

　鶴田がエントリーしたグレコ１００kg以上級は12選手が参加した。その中で鶴田は１勝もできなかった。１回戦はハンガリー代表のヨセフ・チャタハリに警告負け、２回戦もユ

▲わずか３年でオリンピックの舞台に立つ鶴田の表情は誇らしげだ

ーゴスラビアのイストバン・セメレディィに警告負けで持ち点が0になってしまった。レスリングを始めてまだ3年の鶴田には技がなく、ただ前に出るだけだったために警告を取られてしまったのだ。また、国際大会は71年の世界選手権しか経験がなかっただけに、外国人選手相手の戦術が備わってなかった。

「鶴田は、日本で勝つには十分だったと思います。でも世界となるとまったく別です。今、グレコだと上限が130キロ、フリーが125キロ。それ以上はレスリング界では人間とみなされなくて出場できないんだけど、僕らの時の重量級は100キロ以上級ですから何キロあってもいいんですね。だから僕らの時のヘビー級はレスリングの種類が全然違うんですよ。僕が112キロぐらいで出てたんですね。計量するとみんなパスなんだけど、100キロ以上ないと駄目だから僕は何回も計量させられて。やっぱり日本人選手は世界に出ると小さかったんですよ。僕は身長が182センチぐらいで、一番重い時で117キロ、軽い時は106キロぐらいでしたから」と磯貝。

その磯貝は、フリー100kg以上級で銅メダルに輝いたクリス・テイラー（AWAのバーン・ガニアにスカウトされて73年12月にプロレス・デビュー）に3回戦でフォール負けを喫して失格になった。

「結局、日本のレスリングはフリーなんだけど、世界に出ていくとフリーでもグレコみたいな試合になるんです。一本背負いと首投げでは勝てないですよ。反り投げができないと。あの200キロ前後のクリス・テイラーがミュンヘンでは西ドイツの奴（のちにアントニオ猪木と格闘技戦をやったウィルフレッド・ディートリッヒ＝グレコ100kg以上級）に反り投げをやられて、金メダルのアレキサンダー・メドベジ（フリー100kg以上級）に二枚蹴りでバーンと倒されたけど、日本人にはそんな力ないですよ。まず手が回らない（苦笑）。170キロの選手には勝ちましたけど、それは立ち上がりが遅いからであって、タックルなんかで行っても倒れないですよ」

その4年後の76年モントリオール五輪のフリー100kg以上級で磯貝は6位に入賞したが、当時のレスリング重量級は世界で戦うレベルには達していなかった。それを鶴田も痛感したはずだ。

五輪代表・鶴田、長州、谷津の比較

プロレスで鶴田と同時代に活躍したのは、同じ72年ミュンヘン五輪に韓国のフリー90kg

級代表（3回戦失格）として出場した吉田光雄こと長州力、76年モントリオール五輪フリー90kg代表（4回戦失格）、80年モスクワ五輪フリー100kg級代表（日本の出場ボイコットにより不参加）の谷津嘉章だ。

長州は鶴田の1学年下だが、前述のように対戦する可能性があったのは72年の東日本学生リーグ戦だけで、基本的には長州の階級が下だったために対戦は実現していない。谷津の場合は、鶴田と長州がプロに転向後の大学進学だったために、アマチュア時代には接点がなかった。

この3人が同じ時期にアマチュアで戦っていたら、一番強かったのは誰だったのだろうか？　鎌田、磯貝のふたりに聞いてみた。

鎌田の長州との対戦成績は、70年9月の全日本学生選手権フリー90kg級で判定勝ち、71年6月の全日本選手権フリー90kg級で判定負け、72年6月の全日本選手権90kg級ではお互いにポイントが入らずに1勝1敗1引き分けの五分の星。

谷津とは、75年10月の三重国体フリー90kg級で判定勝ち、76年2月のモントリオール五輪第2次選考会フリー90kg級でフォール勝ち、76年4月の全日本選手権フリー90kg級でフォール負け、モントリオール五輪最終選考をかけたプレーオフで判定負け。対戦成績は2

勝2敗の五分だが、最後のプレーオフで敗れたことにより、鎌田のミュンヘンに続く五輪出場の夢は絶たれ、レスリングの現役から退いた。

「長州は攻めないで、相手が来たら潰すことばかりを考えていた。中途半端にタックルを仕掛けたら潰されちゃいますよ。あと、長州は岩みたいに身体が硬いんですよ。だから他の選手とやるよりも倍疲れるんです。同じ動きをしていても疲れる度合いが高いですよ」

そう長州を評する鎌田は谷津を絶賛する。

「谷津は手足も長いから、ホントに攻めづらい選手でしたよ。ガードが固くなっちゃったらもう中に入って行けないんですよね。それでいて、攻めてくるから。長州みたいに待ってないですから。私が負けたのはタックルで何回か入られたんです。タックルは上手でしたよ。重量級でタックルはなかなかやらないんですよね。普通は、すかしタックルで後ろになんとか回ろうとするんですけど、ちゃんと普通のタックルをやられてポイントを取られました。けっこう投げ技も持ってますしね。鶴田、長州、谷津の3人を並べたら、谷津が一番強かったんじゃないかな。アマチュアのルールで試合をやったらね」

一方、磯貝は70年5月、専大1年生になったばかりの長州と東日本学生リーグ戦のフリー90kg級で一度だけ対戦して2―1の判定勝ちしている。

「当時、一番強かったのは90キロ級……長州力ぐらいのところですよ。だから、その人たちに重量級が負けちゃうんですよ。彼は高校の時、73キロ級で出ていて、それから身体を大きくしてきましたから。強いのは僕や鶴田より1階級下にいたんです。僕が長州に勝てたのはギリギリですよ。ホントにタックルを1回か、2回取れただけじゃないですかね。動きはあの時代の少年レスリングだと思うんですよ。全国チャンピオンをたくさん出している道場で学んでいるから、基本の構えがいい。正攻法の構えなんです。平行に構えて脇を締めてドーンと来る。めちゃくちゃ腰が強いです。普通だったら吹っ飛ぶんだけど、長州は飛ばないです。だから物凄く腰が強かったです。得意技は……山口の少年レスリング出身だから片足タックルだったと思うんですけどね」

谷津とは対戦経験はないものの、「谷津は足利工大から日大に進んだけど、その頃、足利工大は東京とメキシコのオリンピックに出た上武洋次郎さん（フリー57kg級）が面倒を見ていて、あの人も基本に厳しい人ですから、谷津もしっかりしていましたね」と、磯貝も高評価だ。

そして鎌田と同じく、鶴田、長州、谷津の3人の中では谷津を一番に推す。

「時代が違うけど、やっぱり強かったのは谷津ですよね。鶴田は経験が2～3年だから比較したら可哀相だけど。谷津はスタミナもあったし、いい片足タックルも持っていたし、凄く強かった。長州に勝った鎌田さんとか、その時代の人にも勝ち抜いていますから、やっぱり谷津が強かったんじゃないですか？　アジア大会も僕と谷津の後は優勝できなくなっていますから、やっぱり彼が強かったんじゃないですかね」

国体でアマチュア生活に幕

ミュンヘン五輪前に3引き分けの鶴田と磯貝は、五輪終了後の10月23日〜26日に鹿児島県立の枕崎(まくらざき)高校で行われた国体で戦った。全日本プロレス入団記者会見を行ったのは10月31日だから、これが鶴田にとってアマチュア最後の大会となった。

鶴田が出場したフリー100kg以上級には、鶴田と磯貝の他にも、ミュンヘン五輪にフリー100kg級で出場した矢田静雄がエントリー。ここに当時の重量級の五輪代表が勢揃いしたわけだ。

結果は優勝＝磯貝、2位＝矢田、3位＝鶴田。鶴田は磯貝、矢田に判定負けを喫して、アマチュア・レスリングにピリオドを打った。

磯貝はアマチュア時代の鶴田をこう述懐する。

「鶴田はまだ経験がなかったから、そこまでの技術がなかったんです。足腰は強かったけど身体が大きいから、相手に乗っけられて簡単にポーンと投げられちゃう。鶴田の1階級下のグレコ100kg級でミュンヘンに出た斎藤真にも反り投げ1発で持っていかれたことがありますからね。あと、彼は膝を突いてからの立ち上がり、四つん這いになってからの立ち上がりが遅いんです。だからゆっくり立ってきたところで足を取ればよかったんですよ。いくら佐々木さんに教わったといっても3年ぐらいでは、そんなにレスリングは浅くはないですよね」

国体での最後の対戦の勝利についてはこう語る。

「取ったのは片足タックルです。普通は左足……僕からすると右側に動く片足タックルで取るんですけど、ずっと一緒に練習してきて取りづらいから、右に3回か4回フェイントかけたんです。そうすると〝磯貝はこっちにしか来ない〟と思うわけですよ。それで癖をつけさせて〝行くぞ、行くぞ〟で、反対側に行ったんです。そうしたら鶴田は付いてこれなくて倒れたんです。その1ポイント差だけですね」

最後に磯貝はこう言った。

「これまでも鶴田に関する取材を受けてきました。たしかに当時の日本レスリングの重量級は選手層が薄かったし、鶴田は経験が浅かった。正直、日本では代表選手になれても、まだ世界に通用するような選手ではなかったと思います。でも、強いとか弱い、巧いとか下手とかっていうことではなく、大学1年からレスリングを始めた鶴田がオリンピックに出場できるまで物凄く努力したということに、彼のアスリートとしての価値があると思います」

高校3年生の時にミュンヘン五輪に出ることを目標に掲げた鶴田は、バスケットボールからレスリングに転向し、紆余曲折の末にそれを達成した。

そして、今度はその過程で生まれた新たな夢に突き進むことになる。

第3章 エリート・レスラー

相撲界とプロレス界の争奪戦

鶴田友美の全日本プロレス入団は、大学卒業前の１９７２年10月31日、赤坂プリンスホテル『桂の間』で発表された。

レスリングの五輪代表選手がプロレスラーになるのは、64年の東京五輪フリー97kg以上級の斎藤昌典（マサ斎藤）、グレコ97kg以上級の杉山恒治（サンダー杉山）以来とあって、大きな話題になった。

２回戦失格とはいえ、ミュンヘン五輪代表の肩書き、１９６㎝、１００kg超えの恵まれた体格が相撲界、プロレス界から注目されるのは当然のこと。言うまでもなく、水面下で激しい争奪戦があった上での全日本入団である。

相撲界からは、高砂部屋がミュンヘン五輪のまえから動いていた。同郷・山梨甲府出身の元小結・富士錦が部屋付親方（第14代尾上親方）を務めていたからだ。

その他にも時津風部屋、二子山部屋、さらにふたつの小部屋が勧誘していた。実家の生活費と親方株を保証するという、破格の条件を提示してきた部屋もあったという。

▲赤坂プリンスホテルで開かれた入団会見。馬場の期待の大きさが表れている

「4年生の頃、まだオリンピックに行くまえの時期に〝枡席の招待状が来たから付き合ってくれ〟って言われて相撲を観に行ったことがありますよ。どこの部屋だったかは憶えていませんけど」と言うのは中央大学レスリング部の同期の鎌田誠だ。

プロレス界では新日本プロレスのアントニオ猪木がいち早く目を付けていた。

さらに相撲関係者から誘いの手が伸びていると聞きつけた日本プロレスの芳の里（長谷川淳三）社長は、相撲界に強いコネを持つ九州山（元出羽海部屋の力士で、当時は日プロ役員）に命じて獲得に向けて動いていた。

鶴田はミュンヘン五輪終了後に九州山に誘われて日プロの後楽園ホール大会を視察に訪れたが、そこで鶴田に声を掛けたのが当時ベースボール・マガジン社の編集顧問を務めていた森岡理右だ。

森岡は『スポーツタイムズ』のプロレス担当記者時代にジャイアント馬場と親しくなり、当時は馬場のブレーンのひとりだった。また、スポーツタイムズ以前には東京タイムズの相撲担当記者として二所ノ関部屋の大鵬と仲良くなり、後年には天龍源一郎を全日本に入れている。つまり鶴龍のふたりをスカウトした人物なのだ。

鶴田の獲得に関しては、森岡夫人の実兄が日本アマチュア・レスリング協会強化委員の野島明生だったことが大きかった。

野島は早稲田大学レスリング部のグレコ重量級で活躍した人物で、当時はレスリング・マットやレスリング用品を扱う『オリンピック・プロダクツ』という会社の社長を務め、全日本が旗揚げしてからは、全日本の選手のトレーニングウェアなどを手掛けるようになる。そんな関係もあって野島も鶴田の背中を押した。

「鶴田に〝これから野島の家に行って飯を食うんだけど、一緒に行かないか？〟と誘って、すき焼きを食べさせながら〝日プロに行っても先が見えているぞ〟とか、猪木の悪口を吹きまくってやったんだよ（苦笑）。2回ぐらい飯を食わせたと思うけど、方向性を〝猪木じゃないよ、こっちだよ〟と全日本に向かせたわけだ（笑）」

森岡は2017年8月11日、老衰のため83歳で亡くなったが、生前、鶴田が全日本入団を決めた舞台裏をそう話してくれた。

「自分のような大きい身体の人間を育ててくれるのは馬場さん以外にいないだろうし、人間的にも頼り甲斐がありそうだ」

森岡、野島に口説かれる中でそう感じた鶴田は、日本アマチュア・レスリング協会の八田会長の仲介で馬場と会う。野島は八田会長の秘書的存在でもあった。

鶴田が全日本入りを決めたのは、八田会長の自宅で馬場と初めて会った時、大きな靴の中で寝ていた小さな猫を、「この猫は鶴田君みたいな顔をしているな」と抱き上げた時の馬場の笑顔に心を動かされたからだという有名なエピソードがある。

「猫だか何かが馬場さんの靴の中で寝ていたっていう話はちょっと聞いたことがあるし、〝マワシより、パンツのほうがいいよな〟って話はしていましたよ」と、兄・恒良は笑う。

当時のプロレス界は日本プロレス、国際プロレス、新日本プロレス、全日本プロレスの4団体時代に突入して熾烈な興行合戦が繰り広げられていた。

栄華(えいが)を誇っていた老舗(しにせ)の日プロは、71年暮れに会社の改革に動いていた猪木を「会社乗っ取りのクーデターを企てた」として追放したあたりから翳(かげ)りが見え始め、さらにこの72年夏に馬場が去ったことで大きなダメージを受けた。

馬場をエースにした日本テレビ、猪木をエースにしたNET（現・テレビ朝日）の2局放映で我が世の春を謳(うた)っていた日プロだったが、「猪木がいなくなったから」という理由で72年4月3日の放映から「後発のNETには馬場を放映させない」という日プロとの約束を破って馬場をNETの『ワールド・プロレスリング』に登場させた。

これに激怒した日本テレビは5月12日放映を最後に、18年間続いた日プロ中継打ち切り

●この本をどこでお知りになりましたか?(複数回答可)

1. 書店で実物を見て　　2. 知人にすすめられて
3. テレビで観た(番組名:　　)
4. ラジオで聴いた(番組名:　　)
5. 新聞・雑誌の書評や記事(紙・誌名:　　)
6. インターネットで(具体的に:　　)
7. 新聞広告(　　新聞)　　8. その他(　　)

●購入された動機は何ですか?(複数回答可)

1. タイトルにひかれた　　2. テーマに興味をもった
3. 装丁・デザインにひかれた　　4. 広告や書評にひかれた
5. その他(　　)

●この本で特に良かったページはありますか?

[　　]

●最近気になる人や話題はありますか?

[　　]

●この本についてのご意見・ご感想をお書きください。

[　　]

以上となります。ご協力ありがとうございました。

郵便はがき

お手数ですが
切手を
お貼りください

150-8482

東京都渋谷区恵比寿4-4-9
えびす大黒ビル
ワニブックス 書籍編集部

お買い求めいただいた本のタイトル

本書をお買い上げいただきまして、誠にありがとうございます。
本アンケートにお答えいただけたら幸いです。
ご返信いただいた方の中から、
抽選で毎月５名様に図書カード（1000円分）をプレゼントします。

ご住所 〒

TEL（ - - ）

（ふりがな）
お名前

ご職業

年齢 歳

性別 男・女

いただいたご感想を、新聞広告などに匿名で
使用してもよろしいですか？ （はい・いいえ）

※ご記入いただいた「個人情報」は、許可なく他の目的で使用することはありません。
※いただいたご感想は、一部内容を改変させていただく可能性があります。

を決定。猪木、馬場という2大エースを相次いで失い、さらに日本テレビも失った日プロにとって、鶴田獲得は起死回生策だったが、すでに経営難に陥っていた。

日プロを追われた猪木は72年3月6日に新日本を旗揚げしたものの、テレビ局がバックに付いていないため赤字続きという状態だったし、社長の吉原功が早稲田大学レスリング部出身だった国際に関しては、鶴田獲得レースに参加していなかったという説と、最後まで熱心にコンタクトを取っていたという説のふたつがあり、どちらが本当かはわからない。

当時、国際はＴＢＳテレビが付いていて、経営的には安定していたが、1年4か月後の74年2月にはエースのストロング小林が退団し、ＴＢＳの中継が打ち切りになる。そこからイバラの道を進むことになり、81年夏には崩壊してしまった。

そうした流れを考えると、結果論になってしまうが、10月22日に旗揚げしたばかりだったとはいえ、鶴田が全日本を選択したのは賢明だった。

「プロレス中継は初代社長・正力松太郎氏の遺産だから続けなければいけない。そのためには力道山の本流を受け継ぐ馬場でなくてはいけない」

全日本は当時の日本テレビの小林與三次社長が全面バックアップを約束して直々に馬場を口説いて誕生しただけに、経営的に最も安定したプロレス団体だったのだ。

五輪出場は就職のための学歴

「プロレスは僕に最も適した就職だと思い、監督と相談の上、尊敬する馬場さんの会社を選びました」

全日本プロレス入団記者会見における鶴田の挨拶は名言として知られている。

それまでのプロレス入りは「団体への入門」だったが、鶴田は「会社への就職」と言った。徒弟制度的だった日本プロレス界に一石を投じる言葉で、当時のプロレス・マスコミを感心させる一方で、これがのちには「鶴田＝サラリーマンレスラー」というマイナスイメージを生むことになってしまう。

実際、鶴田にとって全日本入りは就職以外の何物でもなかった。バスケットボールをやめてレスリングを始めた時点で、「五輪に出場してからプロレスラーへ」という未来図を描いていたというのだ。

「将来、プロレスをやるためにバスケットボールに見切りをつけてレスリングに転向したんですけど、幸いにもオリンピックに行けたから箔が付きました」

鶴田の口からそう聞いたのは佐藤昭雄（あきお）である。

佐藤は69年7月に16歳で馬場の弟子になり、70年5月に日プロに入門した馬場の秘蔵っ子。デビュー前から馬場の付け人を務め、当時はキャリア2年の新鋭だった。

鶴田にとってはすぐ上の先輩に当たるが、年齢的には2歳下ということもあって、心を許せる存在だったのだろう。

「鶴田は〝レスリングでオリンピックに出て、箔を付けてプロレスラーになるんだ〟ってことを言っていましたね。それは本音だったと思いますよ。重量級の選手が少ないグレコに絞ったのも、佐々木（龍雄）さんの勧めもあったと思いますけど、どこに行ったらオリンピックの代表になれるかというのを自分なりに考えたんじゃないですか？　賢い奴ですから（笑）。プロレスラーになることを意識してか、後輩を捕まえて中大のレスリング道場でスープレックスの練習をしていましたよ（笑）」と、鎌田は振り返る。

鶴田のライバルだった磯貝頼秀もこう証言する。

「僕らの時は青田買いの時代ですから、今より早くて大学3年生の3月までに内定をもらわないと就職先がなかったんです。それに僕らの時はニクソン・ショックで就職難だったんですよ。だから僕はオリンピックに出る時点で、試験も受けて就職が決まってました。

石油会社に入ったんですけど、採用人数は前年の3分の1という状況でしたね。あと教員になる道もあったんですけど、オリンピックのために教員採用の実習に行けなかったんですよ。鶴田はオリンピックに向けての合宿の時に〝将来、どうするの?〟って聞いたら、その時点で〝プロレスに行く〟って言ってましたよ。逆に鶴田に〝お前のほうがゼスチャーが上手いからプロレスに向いてるんじゃないの?〟って言われたりして(苦笑)」

馬場が日本プロレスからの独立を宣言したのはミュンヘン五輪開幕前の7月29日。全日本プロレスの設立を発表したのが五輪終了直前の9月9日である。

そして八田会長の仲介によって、馬場と鶴田が初めて会ったのは10月7日。それは日本テレビが全日本中継開始の前煽りとして、夜の8時から過去の名勝負のVTRと9月20日にハワイのホノルル・インターナショナル・センター(現在のニール・ブレイズデル・センター)で収録した、馬場VSザ・シークを『ジャイアント馬場熱戦譜』という番組名で放映した日でもある。

農家の次男ということもあって、バスケットボールからレスリングに転向してミュンヘン五輪を目指した時点から「この大きな身体を活かして生活していく職業はプロレスしかない」と考えていた鶴田は、躊躇(ちゅうちょ)することなく全日本入団を決意した。鶴田にとってミュンヘン五輪への出場は、プロレスに就職する上での最高の学歴になったのである。

全日本を選択したのは、所属選手が馬場、サンダー杉山、マシオ駒、大熊元司、サムソン・クツワダ、佐藤昭雄、百田光雄、藤井誠之の8選手しかいなかったというのも大きい。バスケットボールからレスリングを選び、さらにグレコローマンに絞ったように、競争相手が少なく、すぐに上に行けるチャンスが大きかったからだ。

就職という見方をすれば、より出世のチャンスがある会社だったというわけだ。

また、旗揚げしたばかりの団体だけに、日プロのように相撲界をベースにした厳しい縦社会的な体質もなかったというのも大きかった。

さらに、全日本には五輪出身の杉山がいたことも心強かった。杉山は東京五輪を経て鳴り物入りで日プロに入門したものの、叩き上げの先輩たちに練習や試合でいじめられて、デビュー2年弱で国際に転じた過去がある。それだけに鶴田を可愛がった。

「たとえばバックドロップは難易度の高い、危険を伴う技だが、アマレスの一流選手なら誰でもできる。しかし東京五輪アマレス代表のサンダー杉山やマサ斎藤は、日本プロレスの新人時代、先輩レスラーの目が怖くてバックドロップを使うことができなかった。全日本プロレスはそのような古い体質を脱したところで生まれた団体だった。私は伸び伸びとバックドロップを放った。それまで誰もやったことのなかったスープレックスも使った。誰も文句など言わなかった。私はレスリングで就職したのだから、アマレスで鍛えた腕をプロの世界で発揮したかったのだ」

これは、後年に鶴田がさまざまな場面で力説していたことだ。

入団発表から2週間後の11月14日、鶴田は公開トレーニングでダブルアーム、サイドの2大スープレックスを鮮やかに決めて報道陣を驚かせた。

ダブルアームはアマレスにない技だが、鎌田の証言によれば大学時代からレスリング部のマットで練習していたし、サイドの原型はグレコローマンの俵返しの応用だから難なくやれたのだろう。

そしてレスリング五輪代表をアピールする鶴田の大技を、先輩たちが咎(とが)めることはなかった。練習パートナーになった佐藤は、馬場に「元オリンピック選手なのにスープレックスが下手ってわけにはいかないから、ちゃんと受けてやれよ」と耳打ちされたという。

鶴田は大学の卒業を待って、テキサス州アマリロを拠点に『ウェスタン・ステーツ・スポーツ・プロモーション』を主宰するドリー・ファンク・シニアに預けられることになっていた。その息子はNWA世界ヘビー級王者のドリー・ファンク・ジュニアであり、鶴田

▲公開練習で披露した見事なダブルアームスープレックス。ブリッジも美しい

がプロレスを習得する環境は完全に整っていたのである。

幻に終わったアマレス四銃士

日本で下積みをせずに、アメリカに送られて現地でデビューするというのは、柔道日本一から67年2月にプロレスに転向した坂口征二以来のことだった。

老舗の日プロは相撲出身者がほとんどだったが、全日本を設立した馬場は、相撲色に染まらないフレッシュなイメージのプロレス団体を目指していた。だからこそ、レスリング界からスカウトしようとしていたのは実は鶴田だけではなかった。

「鶴田に〝馬場さんが呼んでいるから来いよ。飯ぐらいご馳走してくれるぞ〟って言われて、赤坂プリンスホテルに連れて行かれたんです。そうしたら馬場さんに〝プロレスをやってみないか〟と言われました。ボディビルダーとか、相撲崩れとかが来るらしいんですけど、ほとんど使い物にならないらしくて、〝君みたいにレスリングで日本チャンピオンクラスになった人じゃないと務まらない〟というような話をしていましたね。〝アメリカに半年行ってくれれば、それなりの扱いができるから〟と。僕は北海道に帰って家業を継がなければいけなかったのでお断りしましたけど、鶴田とふたりでミュンヘン五輪コンビみたいな形にしたかったようです」

そう打ち明けてくれたのは、鶴田の同期の鎌田だ。

さらに磯貝には八田会長ルートで馬場から声が掛かった。

「僕も鶴田と同じ時期に馬場さんに引っ張られたんです。八田先生に〝馬場に会え〟と言われて。六本木に会いに行きました。でも、プロレスは僕の人生の選択肢にまったくなかったですね。僕らが子どもの頃、力道山全盛時代だったからプロレスは嫌いではないけど、特に興味があったわけではないです。具体的な金額は言えませんが、馬場さんからは準備金、1試合いくらで年間250試合、それから海外に100日修行に行くという条件を提示されました。あとは〝磯貝、プロレスラーの食費は経費で落ちるから〟と。それから〝俺の後が鶴田だから、お前はデストロイヤーの後かな〟って言われたんで、覆面被るのかなって思ったりして（苦笑）。2年前に肝炎をやっていることも話したんですけど〝いい医者を紹介するから、大丈夫だ〟って。でも就職が決まっていたし、その後も続けることになりましたけど、その時点ではレスリングをやめるつもりでいたので、お断りしました」

鶴田の入団にあたっての条件は明らかにされていないが、馬場は鎌田にも、磯貝にも、海外での修行を提示して日本での下積みなしのエリートコースを用意していた。

当時の馬場は34歳。今のレスラーを考えれば十分に若いが、すでに一時代を築き、本来ならば「38歳で日本のプロレス界から引退してハワイに住み、たまにアメリカ本土でファイトする」という人生設計を立てていただけに、自分の後継となるレスラーの育成が急務と考えていたのだろう。

そのためには、「2~3年下積みをさせてから」という従来のやり方ではなく、エース候補には先輩の目を気にすることなくアメリカで伸び伸びとやらせるという、新しいシステムの導入を考えていたに違いない。

もうひとつ注目すべきことは、八田会長が磯貝に馬場と会うことを働きかけていたことだ。そのあたりの事情を磯貝はこう話す。

「日本アマチュア・レスリング協会は金がなかったので、八田先生はレスリングの普及のために私財をたくさん失っていますけど、〝毎年1００万円入ってくるんだから、お前、プロレスをやってくれ〟と(苦笑)。あの頃の1００万は大金ですからね。当時の大卒の初任給が4万円ぐらいでしたから。八田先生も熱心でしたし、重量級にみんな声を掛けたかもしれないですね」

はっきりしたことはわからないが、協会の仲介で選手が全日本に入団した場合には、全日本から協会に寄付があったに違いない。

「プロが栄えれば、アマも栄える」とは、八田会長の有名な言葉。そこにはレスリングがポピュラーではない時代に鶴田がプロで成功を収めれば、レスリング人口の裾野が広がるという意味の他に、金銭的な意味も含まれていたのだろう。

また、鶴田の全日本入りに大きな影響を与えた野島は、鶴田より1学年下の長州を専修大学卒業後に全日本に入れたいと考えていたという。

もし鶴田だけでなく鎌田、磯貝、長州の五輪代表選手が入団して〝アマレス四銃士〟が誕生していたら、全日本プロレスはレスリング色の強い団体になっていたはずだ。

「プロレスは受け身から」という全日本プロレスの伝統

まだ旗揚げしたばかりの全日本には合宿所も道場もなく、馬場が借りた目白のマンションが合宿所代わりで、練習は恵比寿のキックボクシングジムの山田ジム。キックボクシングを練習する人たちが来るのは仕事が終わった夕方以降なので、そのまえの時間を全日本の選手が使っていたのだ。

鶴田は73年3月の卒業までは大学に通いつつ、山田ジムにも通い、目白のマンションに専用の部屋を用意されていたが、基本的には親戚の下宿先に住んでいた。

東京近郊の試合では、ミュンヘン五輪日本代表の赤いブレザー姿でリングに上がり、全日本入団の挨拶をした。観客に慣れるというのもプロには重要なことだった。

渡米までに鶴田が教わったのは、アマレスにはないプロレスの基本技術。主に受け身とロープワークである。

「攻めることは誰にでもできるが、相手のどんな技でもきっちりと受けとめられるのがプロのレスラーであり、自分自身の身体を守るためにはどんな体勢から落とされても対処できる技術を身に付けなければいけない」というのが馬場の持論だ。

「プロレスは受け身から」は、全日本プロレスの伝統になった。

そしてプロレス特有の動きであるロープワークも馬場は重視した。ロープを使ってリング内を自由自在に動けるようになれば、ダイナミックな試合ができるからだ。

「ロープに走らされるんじゃなく、自分でロープに走れるようになれば一人前」とは、馬場が若手レスラーたちに口を酸っぱくして言っていた言葉である。

▲栄光のミュンヘン五輪日本代表のブレザー姿。新人離れした威風堂々ぶりだ

単純そうにみえるロープワークにも、ロープへの当たり方、足の踏み切り、綺麗に見える歩数、タックルで当たったあとの走る方向など、細々した技術とセオリーがあるのだ。

そうした技術を鶴田に教えたのはマシオ駒である。

駒は、力道山が健在だった61年6月に日プロに入門したベテランで、70年にメキシコでエル・ソリタリオを撃破して日本人初のNWA世界ミドル級王者になったテクニシャン。馬場の初代付き人でもあり、全日本旗揚げ直前には、鶴田の修行先の『ウェスタン・ステーツ・スポーツ・プロモーション』でファイトしていた。

ドリー・ファンク・シニアが駒の人間性に惚れ込んで、まだ外国人招聘ルートが決まっていなかった全日本の外国人ブッカーを引き受けてくれたという経緯があり、全日本設立時の最大の功労者でもあった。

馬場は全幅の信頼を寄せる駒に「鶴田は自分たちが食っていくための将来のスターだから」と、鶴田のコーチを任せた。

道場での教育を駒に任せる一方で、馬場は折に触れて鶴田を同行させて、スターとしての生活はどうあるべきかを教えた。

若き日の秋山準は「シャツはズボンの中に入れろ」と怒られたことがあるというが、馬場は服装や礼儀、食事のマナーにうるさかった。

一緒に食事をしながら鶴田にテーブルマナーを教え、さらにどういう場所で食事をするべきなのかを教え、ホテルのテーラーで身体が大きい鶴田にスーツやシャツを仕立ててあげて、どういう服を着たらいいのかというのも教えたという。

まだ大学生で決して裕福ではなかった鶴田は、馬場と行動を共にすることでプロレスのスターはどういう生活をしているのかを体験し、スターとしての立ち居振る舞いを教えられたのである。

渕正信(ふちまさのぶ)が語る練習生時代の鶴田

入団から大学を卒業して渡米するまでの5か月間の練習生生活を知っているのは、今も全日本で現役を続けている渕正信だ。

入団ではなく、一介の新弟子という形での全日本生え抜き第1号は73年10月に入門した大仁田厚だが、渕は大仁田より7か月早く、同年3月に全日本の門を叩いている。少年時代から馬場のファンだった渕は八幡(やはた)大学（現・九州国際大学）のレスリング部に在籍して

▲馬場から直々に指導を受ける練習生の鶴田。その期間はわずか5か月だった

いたが、馬場が日プロから独立して新団体を旗揚げするというニュースを聞き、大学を中退して72年夏に上京。約半年、自主トレーニングで鍛えてから全日本に入門したのだ。

当時、六本木のインターナショナルビルにあった事務所で入門手続きをした渕は、大峡（おおば）正男営業部長に言われて山田ジムに見学へ。その時、道場にいたのが鶴田だった。

時刻は午前11時。他の選手はまだ来ておらず、鶴田はホウキで道場の掃除をしていたという。鳴り物入りで入団したとはいっても、デビューしていない練習生の身分。雑用をするのは当たり前のことである。

「アマレスをやっていたんだ。練習道具持ってきたの？　じゃあ、着替えて」

鶴田にそう言われた渕は、体力テストをさせられるのかと思ったが、やらされたのはアマレスだった。実は鶴田がグレコ１００kg以上級で優勝した71年夏の和歌山国体に、八幡大学附属高校3年生だった渕も出場していたという縁があった。

「やっとの思いで国体に行った選手と、オリンピックに行った選手は違ったよ（苦笑）。いきなり〝タックル来い！〟って言われて、久々にやったんだけど、ビクともしない。当時、鶴田さんは１１０キロぐらいで俺は80キロなかったから、簡単に担ぎ上げられてリングに投げられて。アマレスのマットは柔らかいけど、キックボクシングのリングは硬いから痛くてね。そうしたら〝大丈夫か⁉　じゃあ、寝技だけにしよう〟って。俺もバックを取ったりとかしたんだけど、体力が違うからすぐにやられちゃう。でも鶴田さんは〝やっぱりアマレスを知っているからいいなあ！〟って。当時の全日本にはアマレスを知っている選手がいなかったから、よっぽどレスリングに飢えていた感じだったね」（渕）

翌日の練習後、渕は恵比寿駅前のラーメン屋で鶴田にご馳走になったという。

「俺はもうすぐアメリカに行っちゃうんだよ。たぶん、半年ぐらい行っていると思うけど、戻ってくるまで絶対に全日本にいてくれよ。今まで何人も入ってきたけど、すぐにやめちゃったから」

鶴田は自分と同じレスリング経験者で、３歳下の初めての後輩を気に入ったのだろう。

73年3月15日、中央大学を卒業した鶴田は『チャンピオン・カーニバル』の最中の同月22日、中央大学レスリング部の関二郎監督以下全部員の万歳三唱を背に、羽田空港21時40分発のＪＡＬロサンゼルス行き最終便でアメリカ武者修行に出発。

現地時間22日にロサンゼルスに到着した鶴田は、ダウンタウンのサウスグランド・アベニューにあるオリンピック・オーデトリアムなどを見学してアメリカの空気を味わい、23日夕刻に修行地テキサス州アマリロに到着した。

伝授された名選手たちの技術

ドリー・ファンク・シニア、テリー・ファンク、そして前年11～12月の『ジャイアント・シリーズ』にNWA公認レフェリーとして参加したケン・ファーバー（日本ではハーバーと呼ばれた）の出迎えを受けた鶴田は、シニアの家に1泊して翌24日に修行の生活拠点となるホリデーイン・イーストへ。旅装を解く間もなく、テリーにアマリロのTVスタジオに連れて行かれ、デビュー戦をやることになった。

対戦相手はエル・タピア。鶴田がまだ日本で練習していた同年2月の『ジャイアント・シリーズ結集戦』に来日したテキサス州エルパソ出身のメキシカン・レスラーで、これといった特徴もなく、身体も小さかったために扱いは前座止まりだった。

当時のアメリカのTVマッチは、日本と違って完全にプロモーション用。売り出すレスラーに引き立て役として明らかに格下のレスラーをあてて、その強さをアピールするというもので、タピアは引き立て役のTVマッチ要員だ。

鶴田は、言われるがままにTVマッチの第3試合でタピアと対戦し、日本で身に付けた基本的なプロレスで勝負。最後は6分52秒にサイド・スープレックスからの体固めでデビュー戦を白星で飾った。

2日後の26日には、テキサス州エルパソでデビュー2か月半の新人だったスタン・ハンセンに勝利して2勝目を挙げたが、それから試合が組まれず、第3戦は4月4日のテキサス州ラボックにおけるレス・ソントン戦となった。

それまでの8日間はサーキットを回るものの、ただ試合を観るだけ。レフェリーのファーバーの車に同乗していたから会場に到着するのは他のレスラーより早いし、すべての試合が終わるまで帰ることができない。必然的に全試合を観ることになった。

「プロフェッショナル・レスラーは、対戦相手と戦っているだけでなく、観ているファンとも戦っている。ファンを楽しませるエンターテインメント性も重要。他のレスラーの試合を観て、観客の歓声を聞くことも大切だ」

シニアの長男のドリー・ファンク・ジュニアは、試合を観ることでエンターテインメントとしてのプロレスの空気を鶴田に学ばせ、開場前のアリーナで弟のテリーと共にプロレスのイロハを教えた。

「俺たちのファミリーは他のアメリカのレスリング・スクールのように入会金、授業料を取って教えるのではなく、素質のある若者をスカウトして日本のドージョー（道場）のようなスタイルで育てた。シュート・ファイティングがない時代だったから、当時のレスリング・ビジネスは非常にシリアスで、真のタフガイじゃないと成功できない世界だったんだ。アマリロでは本当にタフガイしか使わなかったよ」

鶴田以外にもハンセン、テッド・デビアス、ティト・サンタナらを輩出したファンク道場についてテリーはそう語る。

日本でひととおりの基礎を学んでいた鶴田だが、改めてグレコローマン・スタイルのテイクダウン、ヘッドロックといったベーシックなレスリング・ムーブをひとつひとつ正しいやり方で、確実にできるまで徹底的に教え込まれた。

そしてレスリングやサブミッションのスパーリングはもちろん、観客に見せるためのプロレス形式の練習試合をドリー、テリー相手に5分間やらされた。

最終試験はアマリロ・スポーツ・アリーナでのテリーとの練習試合。

「父（シニア）はジャンボのムーブを観たあと、ジャンボの肩を叩いて、握手して……それから数々のチャンスを与えるようになった。ジャンボは最初からナチュラルにできる数少ない逸材だった。グレコローマンのオリンピック代表だったというバックグラウンドがあるジャンボに教えたのは、WWEでカート・アングル（96年アトランタ五輪フリー100kg級金メダル）を教えたように、アマチュア・レスリングでできたことを、いかにプロレスで使うかという工夫だよ。そのグレコローマン・ムーブを活かしてトップレスラーともドンドン対戦させたんだ。私がジャンボに教えたのはフロント、ダブルアーム、サイドの3つのスープレックスだ。当時、まだビデオはないから8ミリで撮って、あとからスローモーションで再生して見せたりして教えたことを憶えているよ」（ドリー）

鶴田はアマリロに来るまえからスープレックスを公開練習で使っていたし、アマリロでのデビュー戦もサイド・スープレックスで勝利しているが、ドリーは改めてプロレス技としてのスープレックスを教えた。

ドリーのダブルアーム・スープレックスは、71年にNWA世界王者としてカナダ・アルバータ州カルガリーに遠征した際に、ビル・ロビンソンと8日間連続で60分フルタイム・ドローの試合をやってコツを掴み、自分流にアレンジしてテキサス・ブロンコ・スープレックスと名付けたもので、これもきっちりと伝授した。

その他、ドリーが鶴田に伝授したアームドラッグ（当時はサイクロン・ホイップと呼ばれた）は、ジャック・ブリスコの得意技。ドリーはNWA世界王座を巡ってライバル関係にあったブリスコに直接教わったという。

今のアームドラッグは、相手の腕に自分の腕を引っ掛けて投げるメキシコのルチャ・リブレ式が主流になっていて、相手の腕を首に巻くようにして宙に身体を浮かせて投げる本来のアームドラッグの攻防をするのは、全日本とプロレスリング・ノアの生え抜きの選手だけだ。それは馬場が「この技を綺麗にできれば、他の投げ技もだいたいできるし、この技を綺麗に受けられれば、大抵の技を受けられる」と、円の動きのアームドラッグの投げ方と受け身の取り方を重視して、必ずやらせていたからである。

「あれが受け身の基本だから一番やらされました。基本なんですけど、あれが一番難しいんですよ。一番リズムが必要だし、受け身の基本中の基本のステップとかが、全部あそこに入っているんで、あれができればだいたいの受け身が取れますよ。1発投げて、立って、もう1発投げる……あれを今、できる人がいるかといったら、そんなにはいないでしょうね。あの本来のアームドラッグをやるのは、昔の全日本とその流れを汲むノアだけですよ」と証言するのは、馬場に直接手解きを受けた秋山準だ。

「多くのグッド・レスラーと対戦して、試合を観て、いい技術は盗むんだ」と、シニアに教えられていたドリーは、さまざまなレスラーから吸収した技術を惜しみなく鶴田や全日本の選手に伝授した。それが今も受け継がれているのだ。

ドリーがドイツ人レスラーのクルト・フォン・ストロハイムから教わった相手の顎をカチ上げるエルボー・スマッシュ――ヨーロピアン・フォアアーム・スマッシュも鶴田と西村修（おさむ）に伝授されている。

デビュー2か月で異例の世界王座挑戦

アマリロ・テリトリーの『ウェスタン・ステーツ・スポーツ・プロモーション』は、アマレスのバックグラウンドがないと通用しないテリトリーだった。たとえ実績のあるフットボール・プレイヤーだったとしても、まずアマレスを叩き込んでいた。その点、鶴田の技術、ミュンヘン五輪日本代表の肩書きは申し分なかった。

アマリロでのリングネームは本名のトモミ・ツルタ。しかしアメリカ人には「トモミ」が発音しづらく「トミー」と呼ばれるようになった。

ベビーフェースVSヒールが基本のアメリカ・マット界では、日本人はヒールにさせられるのが常識だが、鶴田の場合は新人ということでベビーフェースでもヒールでもなく、経験を積むために両サイドのレスラーとの試合が組まれた。

それでも、オリンピック・レスラーという肩書きがあったからベビーフェース的に見られることが多く、日系ヒールの定番の裸足、田吾作スタイルのタイツではなく、ショートタイツにリングシューズというオーソドックスなスタイルでリングに上がっていた。

1週間のスケジュールは月曜日＝テキサス州エルパソ、火曜日＝テキサス州オデッサ、水曜日＝テキサス州ラボック、木曜日＝テキサス州アマリロで昼にTVスタジオ収録＆夜はアマリロ・スポーツ・アリーナで試合、金曜日＝テキサス州アビリーン、土曜日＝1週おきにテキサス州へレフォード、コロラド州コロラド・スプリングス、日曜日＝ニューメキシコ州アルバカーキまたは同州クロービス、というサイクル。

鶴田はすぐにこのサーキットのレギュラーメンバーになり、テリーの車に同乗して各地区を回った。鶴田が英語を理解していたかはともかくとして、テリーはその移動時間に鶴田にさまざまなことを教えたのである。

「アメリカン・ドージョー（道場）は、サーキット中の車のバックシートだ。何時間も移動する時に先輩レスラーから業界の歴史、試合についてなど、いろいろなことを聞かせてもらう。それによってニューボーイには業界に対するリスペクト、先輩に対するリスペクトが芽生える。俺たちだけでなく、多くの先人のレスラーがそうしてきたからこそ、今のレスリング業界があるんだ」と、テリーは力説する。

そして鶴田は、TVマッチのデビューからわずか1か月の4月24日のオデッサのエクトール・カントリー・コロシアムにおいて、ニック・コザック相手に初めてメインイベントを組まれて引き分けた（試合時間不明）。

さらに翌日のラボックのフェアーパークでは、メインでテリーとタッグを組んでドン＆ジョニーのファーゴ・ブラザーズに勝ったのだから、やはり並みの新人ではなかった。

そして特筆すべきは5月20日、アルバカーキ・オーデトリアムでNWA世界ヘビー級王者ドリーへの初挑戦が実現したことだ。

「偉大なレスラーとの試合経験を積まなければ、プロレスが巧くならないし、トップになれない」というのはシニアの考え方だが、まだグリーンボーイの鶴田のタイトルマッチを組んだということは、馬場から預かった大事なボーイというだけでなく、「メインイベンターとして使える」というプロモーター的な判断があったはずだ。

試合は当時のNWA世界戦ルールの60分3本勝負。鶴田は期待に応えて26分15秒、フロント・スープレックスからの体固めで1本目を先取。2本目は14分18秒、ドリーの伝家の

▲アマリロ武者修行時代の１枚。ヒールではないことがコスチュームから伝わる

宝刀スピニング・トーホールドにギブアップ、3本目は11分27秒、バックスライド（逆さ押さえ込み）で3カウントを奪われて1―2で敗れてしまったが、世界王者相手に52分を戦ったというニュースは日本にも驚きをもって伝えられた。

実は、ドリーはこの年の2月28日、自宅の牧場でトラクターを運転中に転倒して両肩脱臼の怪我を負い、1か月以上の欠場を余儀なくされており、まだ本調子ではなかった。実際、この鶴田戦の4日後の5月24日には、カンザス州カンザスシティのメモリアルホールでハーリー・レイスにNWA世界王座を奪われてしまう。

それでもデビュー2か月足らずで40試合程度の経験しかないことを考えれば、この鶴田の大善戦は評価されるべきことなのだ。

ドリーとはその後、2回対戦する機会があった。5月30日のラボックでは1―1から時間切れ引き分け、6月12日のエルパソでは1―1から50分近い熱闘の末にノーコンテストになり、通算成績は3戦0勝1敗1分け1無効試合だった。

鶴田の躍進は続く。6月19日のオデッサでは、テリーが保持していたウェスタン・ステーツ・ヘビー級王座にも挑戦した。テリーとは7月12日にアマリロ（負け）、8月19日にクロービス（結果不明）でも対戦している。

3年後の76年11月、鶴田と同じように日本でデビューすることなく、同じようにアマリロに修行に出された元大相撲前頭筆頭の天龍源一郎は、ドリーやコーチ役のジェリー・コザックに「3か月もしたらトミーに教えることは何もなくなってしまった。トミーは本当にファンタスティックだったよ」と聞かされてプレッシャーだったという。

ドリーの最上級の褒め言葉は、「ファンタスティック」なのだ。

アマリロ時代の驚異の戦績

アマリロ入りして2か月半にも満たない6月3日、悲しい事故があった。身元引受人のシニアが54歳の若さで急逝したのである。

この日、シニアは自宅でレスラー仲間を招いてパーティを催していた。そこには鶴田もいた。余興のシュート・レスリング……いわゆる極めっこが始まり、シニアはソントンをフロント・フェースロックで落として御機嫌だったというが、その15分後に家の外に出ると「ハートアタック（心臓発作）になったかもしれないからテリーに言っておいてくれ。でも誰にも知られたくないから、他の人には言わないように」と、テリーの妻であるヴィツキーに訴えたという。

ドリーとテリーは自宅から近いキャニオンの病院にシニアを連れて行ったが、そこでは対応できず、救急車でアマリロの病院へ。ドリーとテリーは「あと5分か10分で到着するから大丈夫だ」と励ましたが、シニアは「そこまでは持たない。俺はこのまま逝ってしまうから」と、その車中で帰らぬ人となってしまった。

「人生で最も大切なものを失ってしまった。あの悲しみは一生乗り越えることができないだろう」と、テリーは今もなおシニアの話になると涙を流す。

その後、『ウェスタン・ステーツ・スポーツ・プロモーション』を引き継いだドリーは、馬場との信頼関係のもとで鶴田のことも継続して引き受けた。

鶴田がアマリロ・テリトリーにいたのは、わずか半年だったが、ドリーはシニアの教えどおりにさまざまなタイプのレスラーと対戦させて経験を積ませた。

初期の頃は、TVマッチ要員のマック・クォーリー、国際プロレスにワイルド・アンガスの名前で参加経験のあるイギリスのブラック・アンガス・キャンベル、往年の名レスラーのジョニー・バレンタインの息子で、のちにグレッグ・バレンタインの名前で新日本の常連になり、WWFでもインターコンチネンタル王者になるなど、トップで活躍したジョニー・ファーゴらを相手に鶴田は白星を重ねた。

ドリーのNWA世界王座に挑戦した翌日の5月21日には、エルパソでニック・コザックのTV王座に挑戦して20分時間切れ引き分け。5月29日にはテキサス州ビッグ・スプリングのミュニシパル・オーデトリアムで行われた『レスリング・スーパーボウル』で力道山や馬場と激闘を繰り広げた〝ハワイの巨象〟キング・カーチス・イヤウケア相手にブラスナックルマッチも経験している（試合結果は不明）。

調べた限りでは、鶴田がシングルマッチで黒星を喫しているのはドリー、テリー、カール・フォン・スタイガー、サイクロン・ネグロ、キラー・カール・コックス、キラー・カール・クラップ、ディック・マードック、マスクマンのザ・パトリオット（正体はボビー・ハート）の8選手。前述のとおり、イアウケア戦の勝敗は不明だ。

この中でスタイガー、クラップ、ロブレイには雪辱を果たしている。

マードックとは1回だけの対戦だったのでリベンジできなかったのは仕方ないが、何度か対戦して勝てなかったのがネグロ、コックス、パトリオットの3人だ。

ネグロは、日本ではマスクマンのカリプス・ハリケーンとして知られた名レスラー。64年に日プロ『第6回ワールド・リーグ戦』に初来日し、アメリカでトップレスラーになって凱旋帰国した馬場と、4月3日の東京体育館における開幕戦でいきなり45分フルタイム・ドローをやってのけて注目を浴びた。ジン・キニスキーとのコンビで豊登（とよのぼり）&吉村道明（みちあき）を撃破して第32代アジア・タッグ王者にもなっている。

アマリロではシニア、ドリー、テリーのファンク親子3人と抗争を繰り広げてウェスタン・ステーツ・ヘビー級王座に6度、ブラスナックル王座に2度就くなど、トップヒールとして活躍。鶴田が修行に行った当時はヒールの大御所であると同時に、試合を通して若いレスラーを教える役割も担っていた。

鶴田はネグロとエルパソ、ラボック、クロービスなどで対戦していずれも敗れているが、6月18日のエルパソでの一戦は23分46秒の熱闘だった。

コックスはブレーンバスターの元祖として知られ、白人至上主義の秘密結社ＫＫＫを連想させるドイツ系の大ヒール。観客の心理を操る名人でもあった。

日本では馬場と何度も死闘を繰り広げた実力者で、当時はキャリア19年の大ベテランだけに、鶴田が太刀打ちできるような相手ではなかった。

パトリオットは90年代に小橋健太（現・建太）、ジョニー・エースと組んだ同名のマスクマンとは別人で、米プロレス専門誌『レスリング・マンスリー』に連載されていた漫画のキャラクター。悪徳マネージャーのパーシバル・A・フレンド率いる『マーダー・インコーポレーテッド（殺人請負会社）』なるユニットのメンバーでマスクマン・ヒールだった。8月13日のエルパソにおける初対戦で敗れ、その後に15日のラボック、16日のアマリロ、17日のアビリーンで3回連続引き分け。その後はハンセンやリッキー・ロメロらと組んで、『マーダー・インコーポレーテッド』と何度もタッグで激突して抗争が勃発した。

当時のアメリカのテリトリー制では、毎週同じ曜日に同じ会場で試合をするため、マンネリにならないように連続ドラマのような抗争が不可欠だった。

抗争のストーリーラインができたということは、鶴田がそれだけアマリロ・テリトリーで重要な存在になったということを意味する。

その他、1勝4引き分けとほぼ互角だったのがソントンだ。

ビル・ロビンソンを輩出した、イングランド北西部の炭鉱町マンチェスターにある『スネークピット（蛇の穴）』と呼ばれるビリー・ライレー・ジムでキャッチ・アズ・キャッチ・キャンを学び、のちにNWA世界ジュニア・ヘビー級王者になって初代タイガーマスクと抗争を展開した実力者だ。

関節技以外にも肘や膝を打撃に用いたり、相手の身体の一番弱い部分に押し当てるなど

▲90年代の全日ファンなら「おっ」となる1枚。もちろんあのパトリオットとは別人

の技術もある危険なキャッチ・アズ・キャッチ・キャンをマスターしているソントンは、シュート・レスリング好きのシニアのお気に入りだった。

その他、0勝4引き分けに終わっているのがゴートン・ネルソン。

ネルソンは素顔と白覆面のミスター・レスリングを使い分けてファイトしていて、鶴田は両方と戦っていずれも引き分けている。

ネルソンもシューターとして名を馳せた男で、52年ヘルシンキ五輪、56年メルボルン五輪でレスリング・フリースタイルのカナダ代表に選ばれたが、いずれもカナダ五輪チームの資金が足りずに参加できず、56年にプロに転向。その後、イギリスでロビンソンらと激闘を展開し、70年からアマリロ・テリトリーに定着した。そしてシュートの実力をシニアに買われてポリスマンの役目も果たしていた。

当時のアメリカの各テリトリーには、道場破りのような人間が来た時に撃退する「ポリスマン」と呼ばれる番人的なレスラーがいて、マサ斎藤も70年代後半のフロリダやジョージアでポリスマンを務めていたし、60年と61年の2年連続でレスリングのNCAAディビジョンIトーナメントで1位になったデール・ルイスはAWAのポリスマンだった。

ポリスマンは必ずしもリング上のトップではなかったが、各テリトリーの若手レスラーにとっては教官的な存在だった。鶴田も試合を通してネルソンに鍛えられたに違いない。ネルソンは国際には黒覆面のジ・アウトローと素顔で、日プロには素顔とミスター・レスリングで、全日本には鶴田がアマリロに来るまえの73年1月に素顔で来日している。

面白いのは、鶴田は同年10月6日の後楽園ホールにおける日本デビュー戦の相手となったムース・モロウスキーとは、対戦よりもタッグを組んだ回数が多かったということ。

対戦としては7月11日のラボックで引き分け、8月29日のラボックで勝って1勝1分け。タッグチームとしては5月18日のアビリーンでドン&ジョニーのファーゴ・ブラザーズ、6月10日のアルバカーキでネグロ&ハンク・ジェームス（ボボ・ブラジルの弟）、6月15日のアビリーンでコザック・ブラザーズ、7月5日のアマリロでソントン&マック・クォーリー、7月10日のオデッサでロード・アル・ヘイズ&クォーリーと対戦している。

モロウスキーはかつて怪覆面ドクター・デスとして国際プロレスの常連で、70年10月8日の大阪府立体育会館でラッシャー木村と日本初の金網デスマッチをやって話題になったが、本来は職人肌の試合巧者。アマリロ・テリトリーではネグロやスタイガー、ネルソン同様に若いレスラーたちの教育係的な存在だった。

モロウスキーはドリーの要請によって、時に対戦相手として、時にタッグパートナーとして試合を通じて鶴田を教育していたのだろう。

鶴田と同じ時期にアマリロで新人時代を過ごしたハンセンは言う。

「グレートなプロフェッショナルのカール・フォン・スタイガー、ムース・モロウスキー、サイクロン・ネグロ、ゴードン・ネルソンから学ぶことができたのは、私にとってラッキーだった。彼らは試合の中で、観客の前で、私をしごきながらいろいろなことを教えてくれた。試合の中で〝ああしろ、こうしろ〟とたくさんアドバイスしてくれたが、それよりも肝心な〝これだけは絶対にやるな！〟ということも教えてくれて、それが非常に役に立った。それは暗黙のルール……つまり相手に怪我をさせてはいけないということを身体で教わった。鍛えられる箇所は思い切り殴る、蹴る。でも鍛えられない急所を攻めてはいけない。攻めてはいけない箇所を間違えてやってしまった時には容赦なく潰された。それによって、〝ああ、あれはやっちゃいけないんだな〟と覚えていったんだ」

鶴田はプロレスラーになってから中大同期の鎌田に「プロレスでは、間違ってやられた時は、試合中に必ずやり返すんだよ。舐められたら困るから」と言っていたというが、ハンセンと同じように先輩たちに揉まれながら〝プロレスの掟〟を学んだのである。

アマリロ時代のハンセンとの青春物語

鶴田にとってアマリロ時代の財産はファンク・ファミリーもそうだが、ハンセンとの出会いがあったことだ。

ハンセンは、ドリー&テリーが卒業したウェスト・テキサス大学の出身。大学卒業後にはNFLのボルティモア・コルツ、サンディエゴ・チャージャーズでプレーしたものの芽が出ず、72年9月の新学期から、ニューメキシコ州ラス・クルーセスでグレード7（7年生=日本では中学1年生）の体育の教師とフットボールのコーチをしていた。

そんなハンセンにプロレスラーになることを勧めたのは大学の7年先輩のテリーだ。

プロフットボーラーには見切りをつけたが、まだ23歳の若さだったハンセンは、新たな可能性と高収入を求めてプロレスラーになることを決意した。

すぐにアマリロに行ってシニア、ドリー、テリー、ベテラン・レスラーのゴードン・ネルソンのコーチを受けて、73年1月1日、エルパソでアレックス・ペレスと組んでニック&ジェリーのコザック・ブラザーズ相手にデビュー。鶴田がアマリロに行った時、ハンセンはデビュー3か月足らずのグリーンボーイだったというわけだ。

前述のように、3月24日にアマリロのTVマッチでエル・タピア相手に白星デビューを飾った鶴田の第2戦の相手はハンセン。同月26日のエルパソで対戦して鶴田が勝ち、4月1日のクロービスでも対戦している（結果不明）。

2回目の対戦後、ハンセンはシニアの指示でフロリダ・テリトリーの『チャンピオンシップ・フロム・フロリダ』に遠征し、8月に再びアマリロへ。ここから鶴田VSハンセンのヤングボーイ対決が頻繁に組まれるようになった。

8月10日のアビリーン＝引き分け、12日のアルバカーキ＝結果不明、14日のオデッサ＝鶴田の勝ち、20日のエルパソ＝引き分け、9月3日のエルパソ＝結果不明、12日のラボック＝引き分け。

キャリア的にはハンセンが先輩になるが、オリンピック・レスラーという肩書きがある鶴田の扱いが上だった。

「当時のジャンボは240ポンドぐらいで、そんなに大きいわけではなかったが、アスリートとして素晴らしかった。特に脚力が凄かったな。アマチュア・レスリングでオリンピックに出場したキャリアもあったし、俺より基本がしっかりしていたから、ジャンボのほうが扱いは少し上だったと思う。ある試合で、俺とジャンボが同時に攻撃をかわそうとしてリープフロッグ（相手のタックルを飛び越えるムーブ）をやって、空中でお互いの顔面をぶつけてしまい、ふたりとも前歯を折ってしまったことがある。それもいい思い出だよ」と、ハンセンは笑う。

そして、一緒にジムで練習をしていた時の印象をハンセンはこう語る。

「ジャンボは、身体は細かったけれども、グレコローマン・レスリングの選手だったからなのか、上半身の力が凄く強くて、ジムに行くと俺よりも重いバーベルを持ち上げることができた。それが凄く印象に残っている」

そしてテリーがいない時は同じ車でサーキットを回ることもあった。

「車中で〝あしたらいいんじゃないか〟〝こうしたらいいだろう〟ってよく話をしていたんだ。もっともジャンボの英語はかなりブロークンだったから、コミュニケーションを成立させるのはお互いに努力が必要だったけどね（苦笑）」

全日本から仕送りのインスタント・ラーメンが届くと、ホリデーイン・イースト308号室の鶴田の部屋で一緒に食べた。

「醤油味、塩味は好評だったんだけど、味噌味は匂いがきついから苦手みたいで、味噌ラ

▲若かりし日の鶴田とハンセン。のちに三冠を巡って激闘を繰り広げることとなる

ーメンは僕が食べてましたよ」とは、かつての鶴田の思い出話だ。

戦うだけでなくタッグを組むこともあった。

8月9日のアマリロで初めて組んだふたりは、ザ・ファンクスのインターナショナル・タッグ王座に挑戦している。

「美味しい料理にするためには、素材となるヤングガイにいろいろ味付けして、調理しなければならないからね。メインイベントで戦うにはまだまだ経験不足だったが、ヤングガイのスタンとジャンボにそういう機会を与えることで、他のレスラーたちにも〝頑張れば上のカードが組まれる〟ということをわからせたかったというのもあったよ」と、ふたりを挑戦者に抜擢（ばってき）したテリーは言う。

さらに8月23日のアマリロでもタッグを組んだふたりは、コックス&ボリス・マレンコのベテラン・ヒールコンビと激突。

9月11日のオデッサでは、テリー&鶴田&ハンセンの師弟トリオが実現して『マーダー・インコーポレーテッド』のネグロ&パトリオット&ドン・ファーゴとイリミネーションマッチで対戦している。

「俺とジャンボは経験を積まなければいけない時期だったからベビーフェースでもヒール

でもなく、いろんなレスラーと戦っていた。だからジャンボと戦うこともあれば、俺とジャンボが組んでトップガイのファンクスと戦うこともあったし、あるいは6人タッグでテリー、俺、ジャンボが組んでトップヒールと戦うこともあったんだよ。当時のアマリロ・テリトリーのヒールはグッドワーカーが揃っていたから、ベビーフェースとして彼らと試合をするのは凄く勉強になった」（ハンセン）

ふたりが最後に組んだのは9月23日のアルバカーキ。この日、ソントン&ラリー・レーンと戦ったのが鶴田のアマリロ修行ラストマッチでもあった。

当時はインターネットもなく、入ってくる海外の情報は限られていたが、全日本プロレスを全面バックアップする日本テレビは、〝未来の全日本のスター〟としてパブリシティするべく、鶴田のアマリロでの活躍をさまざまな方法を使って全日本中継の中で伝えた。渡米から2か月後の5月19日の放送では『鶴田選手紹介第1報』として写真で紹介。5月26日の第2報ではドリー・ファンク・ジュニアとの対戦の模様も写真で紹介している。

映像としては、アマリロのTVスタジオ特設リングで撮影されたザ・ビースト相手のデモンストレーションテープが7月7日に放送された。

鶴田がビースト相手にダブルアーム、サイド、フロント、ジャーマンの4種類のスープレックスを披露し、それをスローで分解して、山田隆(たかし)氏(東京スポーツ)が後付けで解説したものだ。1分29秒の短いフィルムだったが、インパクトは大きかった。

さらにロサンゼルス支局が8月6日のエルパソに出向いて現地取材するなど、日本テレビは10月の凱旋帰国までに〝4種類のスープレックスを使う驚異の新人・鶴田友美〟をファンに印象付けたのである。

第4章 驚異の新人

鶴田友美からジャンボ鶴田へ

73年9月23日、ニューメキシコ州アルバカーキにおけるスタン・ハンセンと組んでのVSレス・ソントン&ラリー・レーンでアマリロ修行を終えた鶴田友美は、ハワイに寄って肌をこんがりと焼き、迎えに来たジャイアント馬場と共に10月1日に日本の土を踏んだ。日本を出発する時は垢抜けない青年だったが、帰国時には当時流行の長髪に変身。アメリカの開放的な空気をまとい、スター性を感じさせた。

日本デビュー戦は10月6日、後楽園ホールにおける『創立一周年記念ジャイアント・シリーズ』開幕戦。セミファイナルでムース・モロウスキーとの30分1本勝負が組まれた。モロウスキーはアマリロにおける鶴田の教育係的存在だったレスラー。対戦経験があれば、タッグを組んだこともあり、手の内も気心も知れている。馬場は「間違いのない相手」としてモロウスキーを鶴田の初戦に起用したのである。

日本マット初お目見えの鶴田はアメリカンな雰囲気ではなく、白地に青い波、背中に鷹があしらわれた和装のガウンで登場した。

▲選ばれしレスラーのためのガウンに袖を通した鶴田はどこか緊張した面持ち

実はこのガウンこそ、馬場がエース候補と認めた選手だけに着用させる特別な物。３年後の76年11月13日には、天龍源一郎がテキサス州へレフォードにおけるデビュー戦で着用したし、さらに10年後の86年11月１日には、元大相撲横綱の輪島大士が七尾総合市民体育館の日本デビュー戦で着用した由緒あるガウンなのだ。

さすがに日本初戦とあって緊張を隠せない鶴田は、序盤は水平チョップやジャンピング脳天チョップなどに頼った単調な試合運びになってしまった。

恐らくアマリロでは日本人レスラーであることをアピールするためにチョップを使っていたのだろうが、日本では新しいタイプのレスラー像を期待されていただけに、あまり評判は良くなかった。その後は力道山や馬場のイメージが強いチョップは次第に使わなくなり、打撃としてはドリー直伝のエルボー・スマッシュを多用するようになる。

さて、日本初戦に話を戻すと、緊張が解けてからは潜在能力を存分に発揮。１９６㎝、１１８kgの恵まれた身体を宙に躍らせてドロップキックをモロウスキーの顔面に叩き込み、ダブルアーム・スープレックスで叩きつけて、12分53秒に体固めで勝利を収めた。

この試合は日本テレビで生中継され、リングネームが公募された。

日本テレビは、当時の日本プロレス中継のプロデューサーだった原章のアイデアで、69

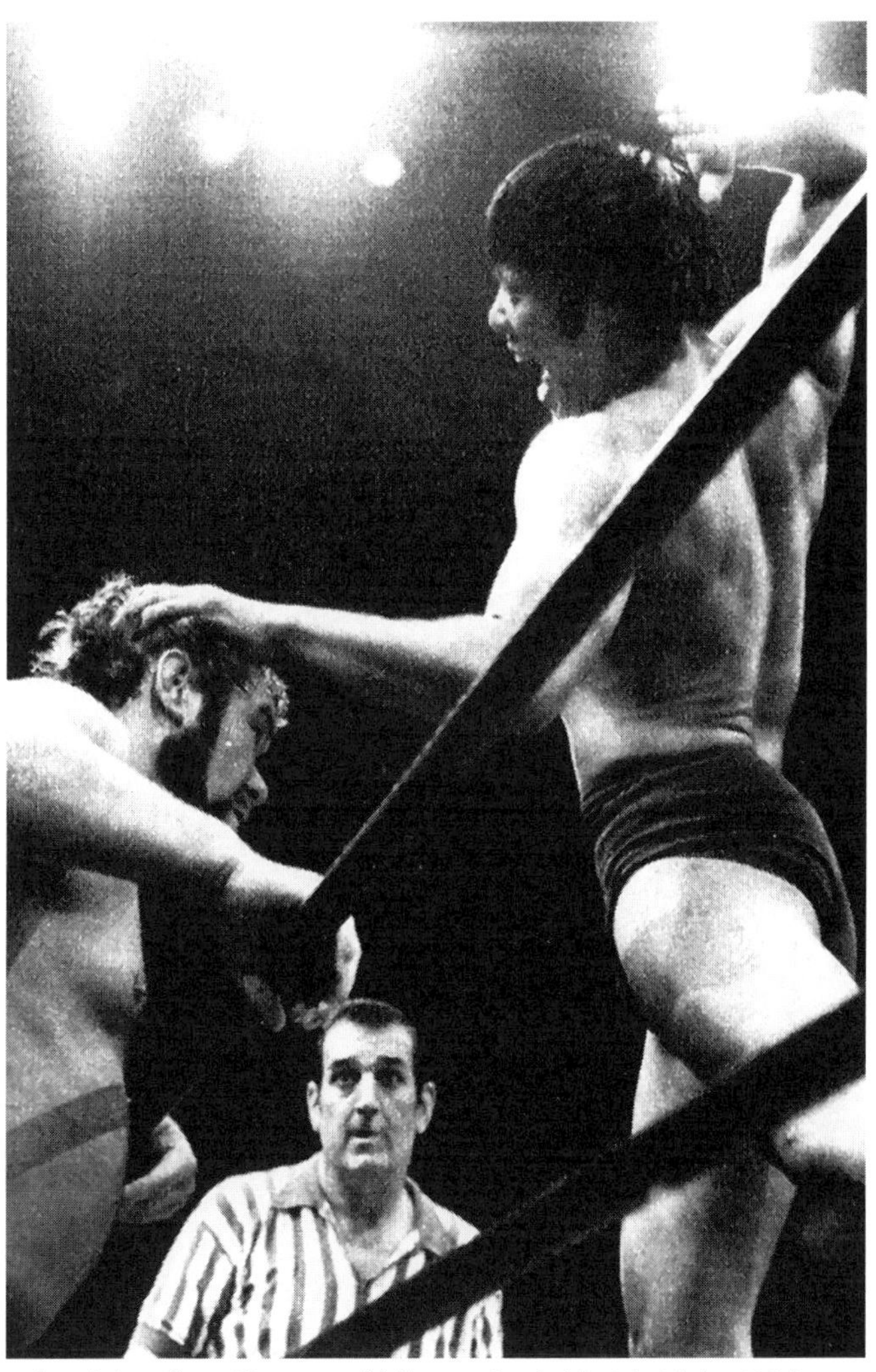

▲実はデビュー戦では脳天チョップを使っていたことを知る人は少ないだろう

年1月にアントニオ猪木の新必殺技の公募をしている。それによって『卍固め』＝アントニオ・スペシャルという名称が生まれた。

卍固めの名前が浸透すると同時に、馬場がジェラシーを抱くほど猪木の人気も急上昇したという経緯があるだけに、馬場と二人三脚で全日本プロレス旗揚げに奔走し、全日本中継のプロデューサーになっていた原は、同じ手法で鶴田を売り出そうと考えたのである。

その反響は大きく、日本テレビには応募ハガキが殺到して段ボールの山がいくつも並んだ。そして決定したのが「ジャンボ鶴田」というリングネームだ。

当時、「ジャンボジェット」と呼ばれた大型旅客機のボーイング747は国際海外路線の花形で庶民の憧れであり、鶴田のスケール感、アメリカ帰りの国際的なイメージからも「ジャンボ」というのはピッタリだった。

また、この73年の『第2回マスターズ・トーナメント』で東洋人として初めて8位入賞を果たしたプロゴルファーのジャンボ尾崎が人気者になっていたことも大きかったようだ。

全日本、日本テレビの思惑とは関係なく、実際に「ジャンボ鶴田」という応募が圧倒的で、10月27日の中継で発表され、11月24日の蔵前国技館における『ジャイアント・シリーズ第2弾』開幕戦から「ジャンボ鶴田」になったのである。

鶴田抜擢の裏で去った選手たち

鶴田の出世試合と言えば、まだ本名だった日本3戦目の10月9日、蔵前国技館で馬場と組んでのドリー・ファンク・ジュニア&テリー・ファンクのザ・ファンクスのインターナショナル・タッグ王座への挑戦だろう。

前日の8日に、高崎市中央体育館で初めて馬場と組んでドリー&ラリー・オーディを下した上でのタイトルマッチだったが、このカード実現には舞台裏で大きな軋轢(あつれき)を生んだ。鶴田の渡米中に全日本の状況は大きく変わった。鶴田が入団した当初は所属選手が8人しかいなかったが、73年4月に崩壊した日プロの選手が合流したからである。

4月14日、日プロの芳の里淳三社長、大木金太郎以下選手全員が力道山の墓所がある東京・大田区の池上本門寺で記者会見を行って、選手全員の身柄を力道山家——力道山夫人の百田敬子に預かってもらうことを発表。敬子は全日本の役員でもあり、事実上、全日本に引き取ってもらうという発表だった。

3月に坂口征二まで新日本プロレスに去り、NETテレビの中継も打ち切られてしまった芳の里社長は、力道山家の後見人・山本正男氏（松竹レンタカー社長）、かつて日本プロレスの理事だった衆議院議員の楢橋渡氏、日本テレビの小林與三次社長、力道山時代から日本テレビのプロレス中継をスポンサーとして支えた三菱電機の大久保謙会長に日プロの選手たちの身の振り方を相談。これらの人たちが出した結論が全日本との合併だった。

そして会見から6日後の4月20日、群馬県吉井体育館における『アイアンクロー・シリーズ』最終戦で日プロは19年間にわたる歴史に幕を閉じ、4月27日に赤坂プリンスホテルで全日本と日プロの合併が発表された。

敬子を中央にして大木と握手した馬場だったが、胸中は複雑だった。当初は「ウチに必要なのは若手選手だけ」と、全員を受け入れることに難色を示していたというが、前述の関係者に押し切られて選手全員を受け入れざるを得なかったからだ。

さらに、合併計画の仲介を務めた人物が大木たちに対して「これは五分と五分の対等な合併で、選手が少ない全日本を助けてやってほしい」というニュアンスで説明していたことで、のちに馬場と合流組の選手たちの間に溝が生まれることになる。

大木、上田馬之助、グレート小鹿、松岡巌鉄、高千穂明久（ザ・グレート・カブキ）、ミツ・ヒライ、桜田一男（ケンドー・ナガサキ）、羽田光男（ロッキー羽田）、伊藤正男の

9選手が、6月30日の行田市総合体育館における『サマー・アクション・シリーズ』開幕戦から出場することになったが、馬場が頭を悩ませたのはマッチメークだ。

日プロが崩壊した時点で大木はインターナショナル・ヘビー級とアジア・ヘビー級の2冠王者、高千穂はUNヘビー級王者、小鹿&松岡はアジア・タッグ王者。いずれも日プロ消滅と同時に王座は消滅したものの、キャリアのある選手たちだけに下手な扱いはできない。一方では旗揚げから付いてきたメンバーをないがしろにすることもできない。

馬場は25歳の若さながらキャリア9年を誇り、実力も確かな高千穂はクツワダと組ませて重用し、合流組の中で発言力を持つ小鹿は「あまりにも人数が増えすぎて、上のほうばかりで使うことはできないから」と、鶴田と入れ替わりにメインイベンター待遇でテキサス州アマリロに1年間送った。

そうした複雑な人間関係の中で馬場は9月半ばに思い切った決断をする。

10月9日、蔵前国技館における旗揚げ1周年記念興行のメインイベントに据えたファンクスが保持するインター・タッグ王座への挑戦チームとして、その時点でまだ日本で一度も試合をしたことがない新人の鶴田友美を自分のパートナーに抜擢すると発表したのだ。

インター・タッグ王座は、日プロの最終シリーズ中の4月18日の焼津市民体育館で大木

&上田からフリッツ・フォン・エリック&キラー・カール・クラップに移動してアメリカに持ち去られていた。エリックとクラップは帰国後にチームを解散し、クラップはサイクロン・ネグロを新パートナーに指名してアマリロ・テリトリーでベルトを保持していたが、それをファンクスが奪ったのである。

こうした経緯があるだけに、日プロ合流組は「馬場さんのパートナーは大木か、上田が起用されるべきだ」と抗議したが、馬場は受け付けなかった。1周年興行で「全日本プロレスの未来」を見せなければいけないと考えたからだ。

「トミーはメインイベントでファンの心を掴めるレスラーに成長した。戦う俺とテリーが保証する。いい試合をしよう」

ドリーの言葉も馬場の背中を押した。そして馬場はファンクスVS馬場&鶴田のインター・タッグ戦を強行した。

10月9日の蔵前国技館の第2試合で、合流組の若手・桜田に勝った松岡は、この試合でプロレスのリングに別れを告げた。

第4試合でラリー・オーディに敗れた上田は、この日で全日本を去って単身でアメリカに渡り、8年後にタイガー・ジェット・シンとのコンビで逆上陸する。

合流組のリーダーの大木も年末に故郷・韓国に帰った。大木が馬場に一騎打ちを迫るのは2年後のことだ。

馬場とファンクスが鶴田を合作

73年10月9日、蔵前国技館におけるファンクスVS馬場&鶴田のインター・タッグ選手権試合は、今も名勝負として語り継がれている。

現在のプロレスとは違い、大技の種類が多いわけでもないし、流れるようなハイスパートの攻防があるわけでもない。

ノンストップの攻防を見慣れている今のファンが映像を観たら、物足りなく映るかもしれないが、「静」があるから「動」が際立つという昔のオーソドックスな試合だ。

「ドリーは基本的な動きの時に必ず〝ハイ、ハイ、ハイ〟って声を出してメトロノームのようにリズムを教えてくれるから、躊躇なくその動きが身体に刻み込まれてマスターできるんだよね」

これは76年11月にアマリロでドリーのコーチを受けた天龍の言葉だが、このインター・

タッグ戦は、まさにドリーのリズムの試合だった。

たとえば1本目の鶴田VSドリーの局面。鶴田がリストロック→ドリーがリバース・スープレックス→ブリッジで身体を起こした鶴田が逆さ押さえ込み……という攻防は、お互いにキチッとした心地いいリズムで切り返すことにより成立しているのだ。

「あの試合は馬場さん、ドリー、テリーの3人でジャンボを作っていたよな」

この試合を振り返っての佐藤昭雄の言葉は、まさに言い得て妙だ。

「試合作りの上で重要な、お客のヒートが来てるとか、来てないとかもわからないだろうし、プロレスは半年でパラパラッと覚えられるものじゃないよ。だから当時のジャンボは、まだ何がいい試合なのかなんてわからなかったと思うけど、あの試合は優秀な合格点だったと思うよ。失敗があるわけがないんだよ。ドリーもテリーもジャンボがリングの中でどんなことができるのか、アマリロで知っているわけだから」（佐藤）

ドリーとテリーが鶴田を引っ張り、馬場は鶴田が持ち味を最大限に発揮できるようにつなぎのファイトに徹した。

1本目は23分57秒、鶴田がジャーマン・スープレックス・ホールドでテリーをフォールしたが、そのまえに馬場は必殺の32文ドロップキックを炸裂させた上で鶴田にタッチした

▲今なお語り継がれる美しいジャーマン。テリーの身体を顎に乗せているのも特徴だ

ばかりか、自らテリーをロープに振って鶴田の躍動感溢れるドロップキックを呼び込んでいる。その上でのジャーマンだった。

馬場が代名詞である32文ドロップキックを鶴田のフィニッシュへのつなぎ、お膳立てに使うというのは本来ならあり得ないことだ。

世界のトップスター3人に囲まれて、無我夢中で1本を奪取した鶴田は感極まって男泣き。その初々しい姿もファンの胸を打った。

2本目は17分24秒にテリーが後方回転エビ固めで鶴田をフォールし、3本目はそのまま時間切れ引き分けに。ベルトこそ奪えなかったが、22歳の鶴田は思う存分、躍動した。

鶴田だけでなく、馬場は35歳、ドリーは32歳、テリーは29歳とみんなが若かったから、61分（通常のメインイベントは60分だが、当時のタイトルマッチはスペシャル感を出すため1分多い61分にすることも少なくなかった）は、あっという間だった。

「鶴田がもうちょっと駆け引きというところを勉強すればね、もう技術的なものは今日ご覧いただいたように申し分ないですよ」

リング上のインタビューで馬場は嬉しそうに語った。

「馬場さんがみんなにハッキリと〝自分の後継者は鶴田だ〟ということを知らしめたタッ

グマッチだったと思います。実際、レスリング・テクニックを十分に駆使(くし)してドリー、テリーと対等に戦い、次のスターに見合った実力を備えているということを証明したわけだから、日本テレビとしても安心しました」

後年になってそう話してくれたのは全日本中継の原プロデューサーだ。

このタイトルマッチを強行したことで去った選手もいたが、馬場は未来への賭けに勝ったのである。

4種類のスープレックスの秘密

かつて日本のプロレスファンにとって、「スープレックスは最高のテクニック」というイメージがあった。

〝プロレスの神様〟カール・ゴッチのジャーマン・スープレックス・ホールドは、「プロレスを芸術の域にまで高めた」と言われた。この芸術品の使い手は、ゴッチに伝授されたヒロ・マツダとアントニオ猪木しか日本にいなかった。

ビル・ロビンソンのダブルアーム・スープレックスは、日本で写真が公開された時に「これはどう仕掛ける技なのか？」と記者たちの想像も及ばない技だった。

ダブルアームは〝人間風車〟として注目を浴び、ロビンソンの人気は大爆発。選手層の薄い国際プロレスで外国人初のエースにまでなった。

昭和の時代は他人の必殺技を使わないのがプロレスの掟だったから、もちろん人間風車の使い手は皆無。国際と敵対する日プロの選手でさえ使わなかった。

日本で披露した外国人は、ロビンソンから極意を盗んで自分流にアレンジしたドリーとその弟のテリーのふたりだけだ。

サイド・スープレックスは、ロビンソンがダブルアーム・スープレックスと同時に日本に持ち込んだが、人間風車のインパクトが強く、決め技としては使わなかった。

サイド・スープレックスが脚光を浴びるようになったのは、72年春の国際『第4回ＩＷＡワールド・シリーズ』で、〝欧州の帝王〟ホースト・ホフマンがフィニッシュ技として使ってから。ホフマンはロープに飛ばして反動で戻ってきた相手を横抱きにし、そのまま身体を捻（ひね）って高速で叩きつけるスタイルのサイド・スープレックスを使っていた。

73年10月に鶴田が凱旋帰国する以前は、このジャーマン、ダブルアーム、サイドの３種類しかスープレックスはなかった。ところが、アマリロから送られてきたフィルムで鶴田が4種類のスープレックスを公開したから関係者もファンも度肝を抜かれた。

相手を正面からクラッチしてそのままブリッジしながら後方に投げるフロント・スープレックスは、初めて見る技だったのだ。だから当時は〝ジャンボ・スープレックス〟と称するマスコミもいた。

「私がジャンボに教えたのは、アマチュア・レスリングでできたことを、いかにプロレスで使うかという工夫だ」

ドリーはそう言っていたが、フロント・スープレックスはグレコローマンの反り投げをプロレス流にアレンジしたものだ。

反り投げは正面タックルで相手の腕と胴を完全にロックして、低い姿勢で相手の体重を自分の身体に乗せて後ろに反り、上半身を捻りながら相手をマットに投げてフォールに持ち込むという技。

しかしプロレスのフロント・スープレックスは、相手にベアハッグの形で組みつく。そして吊り上げてから身体を捻らずに真後ろにブリッジし、組みついたロックを外して相手が背中から落ちるように投げる。

本来の反り投げはフォールを奪うのが目的だから小さく、早く投げるが、フロント・スープレックスは遠い客席からもわかるように大きく、ゆっくりと投げる。そして相手が脳天や首からキャンバスに突っ込まないようにブリッジを利かせ、ロックを外して受け身が取れる状態にしているのだ。

「高度な技は私が見て、ちゃんとコントロールできていると納得しなければ使うことは許可しなかった」と、ドリーは言う。

ドリーが鶴田に伝授したスープレックスは「わかりやすいように大きく、ゆっくりと」が基本だった。ダブルアームも、本家のロビンソンは相手をリバース・フルネルソンに捕らえると同時に後方に身体を反らせて小さな弧で相手を叩きつけていたが、ドリー流を教わった鶴田は、リバース・フルネルソンから１９６㎝の長身を生かすように背伸びをするような大きな弧で、相手を叩きつけるのではなく投げ捨てるスタイルだった。

サイド・スープレックスはグレコローマンのリフトアップからの俵返し。ロビンソンはダブルアームと同じように小さい弧で高速、ホフマンもロープの反動を利した小さい弧の高速で相手が受け身を取れないような危険な投げ方だったが、鶴田のサイド・スープレックスは相手を横抱きにして持ち上げると一度静止し、そこから腰のバネ、背筋を使って豪快に後方に投げるというものだ。

一方で、インター・タッグで1本目を先取したジャーマンだけはドリーに教わったのではなく、完全に自己流。グレコローマンのバッグ投げだからできて当然なのだが、テリーの身体を自分の胸に乗せて完璧に決めた。

ジャーマンだけは大きな弧ではなく、普通にブリッジして易々（やすやす）と決めてしまったために逆にインパクトが薄く、「なぜかジャーマンだけは迫力がない」という声も飛んだが、ベタ足でブリッジして完璧に相手をフォールするのは本家ゴッチとまったく同じだ。

あの大舞台の1本目のフィニッシュとしてドリーに習っていない、しかも猪木のイメージが強いジャーマンを意識してチョイスしていたとしたら、鶴田のプロレス頭もなかなかのものである。

鶴田の凱旋帰国から4年5か月後の78年3月、新日本プロレスの藤波辰巳（現・辰爾（たつみ））がドラゴン・スープレックスを武器に凱旋帰国してドラゴン・ブームを起こし、81年には初代タイガーマスクがタイガー・スープレックスを初公開。83年4月には前田日明（あきら）が12種類のスープレックスを引っ提げてヨーロッパ遠征から帰国するなど、その後のプロレス界はスープレックスが大流行するが、日本人レスラーとして初めて4種類のスープレックスを使い分けた鶴田は〝元祖スープレックス・マシン〟なのだ。

鶴田は日本人特有の根性や気迫ではなく、純粋にテクニックで勝負する新しいタイプの日本人レスラーだった。

現・前・元世界王者たちと互角の戦い

ファンクスとのインター・タッグ戦で馬場の後継者だと認知された鶴田友美は、2シリーズ目の『ジャイアント・シリーズ第2弾』からジャンボ鶴田となり、全15戦中、馬場のパートナーとしてメインイベントのリングに8回立った。

同シリーズは、64年の東京五輪で日本代表の神永昭夫(かみながあきお)を撃破して柔道無差別級金メダルに輝いたアントン・ヘーシンクのプロレス・デビューが話題になったが、鶴田はそのヘーシンク、ザ・デストロイヤー、サンダー杉山より多くメインを務めたのである。

年明け74年1月の『新春NWAチャンピオン・シリーズ』では、鶴田の実力がNWAのトップクラスに通用することが証明された。

このシリーズではドリー、ハーリー・レイス、ジャック・ブリスコの元・前・現のNWA世界ヘビー級王者が揃い踏み。残念ながらレイスとはタッグで当たる機会しかなかったが、師匠のドリー、現役王者ブリスコとは堂々の勝負をやってのけた。

まず、1月22日の熊本市体育館でドリーと30分1本勝負で対戦して時間切れ引き分け。28日の愛知県体育館における45分3本勝負での再戦は、回転エビ固めを切り返されて丸め込まれて先制点を奪われた後、ダブルアーム、フロントの2大スープレックスでラッシュを掛け、コブラツイストに捕らえたものの、そこで45分フルタイムを告げるゴング。スコアとしては0―1の負けだったが、馬場のサポートがないシングルマッチでもドリーと互角に渡り合えることを知らしめた。なお、この敗戦は凱旋帰国以来、シングルでは31戦目にしての初黒星だった。

最終戦の30日、日大講堂ではブリスコのNWA世界王座に挑戦した。前年5月20日のアルバカーキでのドリー戦以来、8か月ぶり2度目の世界挑戦である。

この試合の勝者に2月25日のアマリロでドリーが挑戦することが決定しており、試合前にはアマリロのTV番組の宣伝用インタビューを収録した。

「誰が勝つかは誰も知らない。私は全力で戦うだけです」

簡単なフレーズだが、英語で答える鶴田には日米を股にかける国際的なスターレスラーのムードが備わっていた。今ならWWEで活躍する日本人レスラーのイメージに近い。

▲現役のNWA世界チャンピオンであるブリスコと互角の戦いを披露した

さて、世界王者ブリスコは、オリンピックには出場していないものの、オクラホマ州立大学時代にNCAAディビジョンIトーナメントで64年2位、65年1位、大学時代の通算成績は89戦87勝2敗というレスリングの申し子だ。

もちろんシュートにも強く、世界王者になるまえにはフロリダ・テリトリーの『チャンピオンシップ・フロム・フロリダ』でポリスマンの役割も担っていた。

試合の行方は、1本目はワンハンド・バックブリーカーで先取されたが、2本目はエルボー・スマッシュからのダブルアーム・スープレックスで畳み掛けるドリー流の技のつなぎから、フロント・スープレックスの駄目押しで3カウントを奪取。

3本目は後方回転エビ固めをさらに1回転されての逆転フォール負けを喫し、1―2の負けになったが、グラウンドの攻防で圧倒するなど、ブリスコとの差はインサイドワークだけという好印象を残した。

〝世界の鶴田〟というイメージ戦略

デストロイヤーという実力者が日本陣営としてレギュラー参戦していたものの、馬場に次ぐナンバー2のポジションを着実に自分のものにしつつあった鶴田は、2〜3月シリーズ終了後の3月22日から4月9日まで、アメリカ&カナダのNWA主要テリトリーに遠征する。今度は修行ではなく、〝遠征〟なのだ。

第1戦は23日のオレゴン州ポートランド。NWA太平洋岸北西部の黄金マーケット『ノースウェスト・パシフィック・レスリング』の本拠地での試合だ。

同地区はフリーとして全日本にレギュラー参戦していたマティ鈴木の主戦場であり、2〜3月シリーズに来日したダッチ・サベージは同地区の重鎮。プロモーターのドン・オーエンは鈴木、サベージから鶴田の評判を聞いていたはずだ。

対戦相手は対戦経験があるサベージが務めた。日本で2度対戦していずれも勝っている鶴田は、鈴木をセコンドに付けて回転エビ固めで幸先のいい勝利を挙げた。

翌24日はポートランドから北上して、『NWAオールスター・レスリング』が仕切るカナダ・ブリティッシュコロンビア州バンクーバーへ。2〜3月シリーズに特別参加した元NWA世界王者のジン・キニスキーがプロモーターだ。

ここでは売り出し中の新鋭アル・マドリルとのコンビでマスクマンのミスターX（ガイ・ミッチェル＝ザ・ストンパーの名前で72年1月、日プロにトップ外国人として初来日）&

バック・ラムステッドと対戦。1本目はラムステッドをジャーマン・スープレックスでフォールしたが、2本目はラムステッドにネックブリーカー・ドロップで返され、決勝の3本目はマドリルがミスターXをフォール。マドリル売り出しに一役買った。

25日はバンクーバーのBCTVスタジオでの収録で、フランク・ブッチャーにダブルアーム・スープレックスを炸裂させて6分で一蹴。

翌26日の移動日を経て、27日には懐かしいアマリロ・テリトリーのラボックで現地の人気者リッキー・ロメロとタッグを組んで謎の中国人カンフー・リー&ザ・ビーストと激突した。1本目は反則勝ち、2本目は両軍リングアウトという大荒れの試合になり、翌28日のアマリロではディック・マードックと組んでジム・ディロンにパートナーを代えたカンフー・リーと再戦。これも荒れに荒れての反則勝ちという結果に終わった。

カンフー・リーの正体は、馬場が鶴田と入れ替わりにアマリロに送ったグレート小鹿だ。中国人ヒールに扮してテリーとウェスタン・ステーツ・ヘビー級王座を奪い合うなどの抗争を繰り広げ、トップヒールに君臨していたが、鶴田はこの時が小鹿と初対面。最初はカンフー・リーが小鹿だということも、日本人だということもわからなかったという。

続く29日は、南東部のNWA主要テリトリーの『ジョージア・チャンピオンシップ・レスリング』の本拠地ジョージア州アトランタでボビー・ダンカンと対戦。ダンカンはウェスト・テキサス大学のドリー、テリーの後輩で、ファンク道場出身第1号のラフ・ファイターだが、鶴田はジャーマン・スープレックスで完勝した。

30日はジョージアのTV収録マッチで、ジムとロニーのガービン兄弟とそれぞれシングルマッチをやって2連勝。2日間で3勝して初のジョージア遠征を切り上げた。

そして4月1日は世界の檜舞台ニューヨークのマジソン・スクエア・ガーデン（MSG）に初登場。当時のMSGはWWWF（現在のWWE）が月1回のビッグショーを開催する会場で、NWAの総本山と呼ばれたミズーリ州セントルイスのキール・オーデトリアムと並ぶ、アメリカ中のレスラーにとっての夢舞台。

当時、MSGで試合したことがある日本人レスラーは、61年に修行の形で渡米した馬場、芳の里、鈴木幸雄（マンモス鈴木）の3人だけだった。

この時、ブルーノ・サンマルチノ、アントニオ・ロッカとの抗争でメインイベンターに昇格した馬場は、63年3月の帰国後、同年10月に今度は修行ではなく遠征に行き、年が明けた64年2月17日には、MSGのメインでWWWF世界ヘビー級王者になっていたサンマルチノのベルトに挑戦している。

▲現在もプロレスの檜舞台であるMSGでもスケールの大きなファイトを見せつけた

力道山が上がれず、この時点では猪木も上がっていなかったＭＳＧのリングに鶴田が立つことの意味は大きかった。

超満員札止め２万２０９２人の大観衆が見守る中、鶴田の前に立ったのはプエルトリカンのジョニー・ロッズ。中堅のヒールだったが、どんなタイプのレスラーでも引き立てられる職人肌で、のちにプロレス・スクールを開講して多くのレスラーを輩出し、96年にはＷＷＥ殿堂入りも果たしている。

そのロッズ相手に鶴田は11分26秒、ダブルアーム・スープレックスから片エビ固めで勝利。コブラツイストやドロップキックも炸裂させ、大きな会場にふさわしい伸び伸びとしたファイトを見せた。

２日はＮＷＡの激戦区フロリダに移動して、タンパの名門会場フォートホーマー・ヘスタリー・アーモリーの試合に出場。同地区の『チャンピオンシップ・レスリング・フロム・フロリダ』は、現役レスラーとしてリングに上がるエディ・グラハムがプロモーターの名門テリトリーだ。

グラハムがブッキングするレスラーはレスリングができるのが大前提で、ヒールでもレスリングができなければ駄目。フロリダ・テリトリーはレスリングをバックボーンにして

▲ジョニー・ロッズに勝利して勝ち名乗りを受ける。タイツの色は師匠譲りの赤色だ

いる鶴田にピッタリだった。

そのグラハムが鶴田の相手に用意したのはダニー・ホッジ。オクラホマ州立大学時代にNCAAディビジョンIトーナメントの177ポンド級で55年〜57年の3年連続で1位になったレスリングの強豪で、52年のヘルシンキ五輪で5位、56年のメルボルン五輪で銀メダルに輝いていている。そしてプロでは長くNWA世界ジュニア・ヘビー級王者に君臨した。

2月シリーズに参加して鶴田と4回対戦した（鶴田が4戦全勝）グラハムは、「オリンピック・レスラー同士の試合を組んだら面白い」と、マッチメークしたに違いない。結果は20分のフルタイム・ドローになった。

3日は再びジョージア・テリトリーに行き、コロンバスでダンカンと再戦して快勝、4日はノースカロライナ州グリーンズボロでネルソン・ロイヤルと対戦した。ロイヤルはサベージ、グラハムと同様に2〜3月シリーズに参加し、鶴田と対戦経験があった（3月16日の大田区体育館で鶴田が回転エビ固めで勝利）。

ノースカロライナ州、サウスカロライナ州、バージニア州のミッドアトランティック地区をカバーする『ジム・クロケット・プロモーションズ』は、NWAにとって重要なテリトリーであり、〝ビッグ・ジム〟と呼ばれた初代プロモーターのジム・クロケットは前年

4月1日に亡くなって、息子のジム・クロケット・ジュニアの代になっていたが、実質的に運営していたのは義理の息子のジョン・リグレーだ。

鶴田の対戦相手を引き受けたロイヤルは、のちにシャーロットにプロレス・スクールを開講し、86年には馬場の依頼で輪島大士をスクールで預かって指導した技巧派で、このグリーンズボロでの再戦は時間切れ引き分け（試合時間不明）になったが、ロイヤルと互角に渡り合った鶴田の力量をリグレーは高く評価した。

5日にはNWAの総本山キール・オーデトリアムに初登場。ここはNWA会長で『セントルイス・レスリング・クラブ』のオーナーでもあるサム・マソニックの本拠地である。「あの時代、セントルイスで試合を組まれれば、一流のレスラーだと認められたんだ」とはテリーの言葉。マソニックは1月に日本で鶴田とドリー、ブリスコのNWA世界戦を観ており、その御眼鏡に適（かな）ったというわけだ。

まずベテラン・ヒールのビル・ハワードを一蹴し、さらに12人参加のバトルロイヤルにドリー、アンドレ・ザ・ジャイアント、ボボ・ブラジル、ビル・ミラーらと出場。

ここでの注目は、この年の3月に新日本に上がったアンドレとの初対決だ。223㎝の巨体に乗ってスリーパー・ホールドを仕掛けたり、脳天チョップを叩き込んで積極的にコ

▲鶴田とアンドレの邂逅(かいこう)。全日本のマットで再会するのはずっと先の話だ

ンタクトしたのは貴重な体験だった。なお優勝はドリーがさらった。

遠征の仕上げとして、再び古巣のアマリロ・テリトリーへ。6日は昼にアマリロのTVスタジオでボブ・バックランドに勝ち、夜はヘレフォードでジェリー・コザックと組んでキラー・カール・コックス&ビーストに勝利。7日はアルバカーキでコックスに勝った。

修行時代には一度も勝てなかったコックスに、タッグとシングルで続けて勝つまでのポジションに来たということである。

遠征最終日の8日は、エルパソで20分27秒の激闘の末にバックランドにピンフォール負けしてアマリロのリベンジをされてしまった。

バックランドにとっては、アマリロで負けた試合がテレビで放送されたことでエルパソでの再戦が注目され、そこで勝ったことが大きかった。

当時のバックランドは、ウェスタン・ステーツ・ヘビー級王者として売り出し中。ノースダコタ州立大学時代にNCAAディビジョンⅡの190ポンド級で1位になったレスリングの実力をバックボーンにしていたバックランドにとって、オリンピック・レスラーの鶴田を倒したというのは箔付けになったはずだ。

「お互いにまだキャリアは浅かったが、試合をしていて凄く相性が良かったから、彼が日本に帰ってしまった時は少し寂しかった。その3か月後に初めて日本に行くことになったのは、もしかしたらジャンボがミスター馬場に推薦してくれたのかもしれない」と、バックランドは2018年4月に来日した時に話してくれた。

78年2月にWWWFヘビー級王者になって以降、バックランドの日本での主戦場は新日本になったが、アマリロ・テリトリーにいた75年春まで、全日本に〝若手の有望株〟というポジションで3回来日している。

鶴田のアメリカ遠征に話を戻すと、ラストこそ黒星になってしまったものの、NWAの主要テリトリーを駆け巡って18試合を消化し、14勝1敗2引き分け（残り1試合はバトルロイヤル）という戦績は立派だ。

昔の海外遠征は日本のテレビ中継用も多く、テレビ局が大会の1試合の枠を買って日本用に試合を組んでもらって放送するということもあったが、この鶴田の遠征はテレビには関係ない試合で、現地のプロモーターが組んだものということに意義があった。

NWAで発言力を持つ馬場とドリーならば、こうしたサーキットを組むことも可能だろうが、それなりの対戦相手を用意してくれたということは、アマリロや日本で戦ったレスラーから鶴田の評判が各テリトリーに伝わっていたことも大きかったと思われる。

凱旋帰国から半年もしないうちに今度は遠征に出たのは、馬場が63年3月にアメリカ武者修行から帰国し同年10月に早くも遠征に出たのとイメージが重なる。

その馬場は、64年2月8日にデトロイトでNWA世界王者のルー・テーズ、同月17日にニューヨークのMSGでWWWF世界王者のサンマルチノ、同月28日にロサンゼルスでWWA世界王者のフレッド・ブラッシーに挑戦するという「世界3大王座に連続挑戦」をやってのけて〝世界の馬場〟を強く印象付け、4月に力道山亡き後の日本プロレスのエース候補として凱旋帰国した。

1年2か月にわたるロス、ニューヨーク、シカゴなどでの修行で実績と人脈を作った馬場に比べると、鶴田はアマリロで半年だけの修行だっただけに、さすがに各テリトリーでタイトルマッチをやることはできなかったが〝世界に通用する鶴田〟のイメージを作ることができたNWA主要テリトリーのサーキットは、大成功だったと言えよう。

デビュー2年目の勝率は驚異の90・9％

鶴田には〝2年目のジンクス〟などなかった。NWA主要テリトリーのサーキットを終えて帰国すると、4月には春の本場所『第2回チャンピオン・カーニバル』に参加した。

この時のカーニバルは、総当たりのリーグ戦ではなくトーナメント制が採用され、鶴田と馬場は別ブロックになり、共に決勝に勝ち上がれば師弟対決が実現することになった。

鶴田は1回戦でペルー代表のジョー・ソトと対戦。ソトはインカ・ペルアーノの名前で72年3月の新日本旗揚げシリーズに初来日した中堅のラフ・ファイターだが、鶴田はダブルアーム・スープレックスで快勝。2回戦では、ザ・デストロイヤーVSアブドーラ・ザ・ブッチャーの勝者と戦うことになっていたが、両者失格となり、戦わずして準決勝に駒を進めた。

別ブロックからは馬場が順調に勝ち上がる中、準決勝突破が期待される鶴田にストップをかけたのは〝正義の白覆面〟ミスター・レスリングだ。

このレスリングの正体は、アマリロ修行時代に鶴田が勝てなかったゴードン・ネルソンではなく、ＮＣＡＡディビジョンIトーナメントで58年の１７７ポンド級1位になっている文字どおりのミスター・レスリングのティム・ウッズ。ジョージア、フロリダで正義の白覆面として大人気となり、当時は〝まだ見ぬ強豪〟のひとりで、待望の初来日だった。

鶴田とレスリングの準決勝は、5月4日の苫小牧（とまこまい）市総合体育館で行われて30分時間切れ引き分けに。翌5日の岩見沢市スポーツセンターにおける再戦では、鶴田がリープフロッグでレスリングの攻撃をかわして着地した時に、アルバカーキでのコックス戦で痛めていた左足首を捻挫して戦闘不能になり、無念のレフェリー・ストップ負け。これで馬場VS鶴田はお預けになってしまったが、日本陣営としては優勝した馬場に次ぐ成績だった。

その後も鶴田は上昇気流に乗る。8月の『サマー・アクション・シリーズ第2弾』最終戦の8月29日、後楽園ホールでアメリカの師匠ドリーを相手に、帰国後初めてシングルマッチのメインイベントを組まれたのである。

1本目をドリーが十八番のダブルアーム・スープレックスで取れば、2本目はドロップキックをかわした鶴田がダイナミックなギロチン・ドロップを投下して1―1のタイに。このギロチンはテリー譲りの技だ。

3本目は切り返しの応酬からリバース・スープレックスで叩きつけられて負けてしまったものの、ドリーを相手にレスリングからスタートし、セオリーどおりに試合を展開するNWAスタイルのプロレスでファンを魅了。シングルプレイヤーとしてもメインイベンターを務められる力量を見せつけ〝ジャンボ時代の到来〟と報道した専門誌もあった。

12月5日の東京・日大講堂における年末最後のビッグマッチでは、NWA世界ジュニア・

ヘビー級王者のケン・マンテルに挑戦した。

マンテルは73年12月19日にミシシッピ州ジャクソンで、あのホッジを破ってＮＷＡ世界ジュニア王者になった男。ＮＷＡのジュニアのリミットは１０５kgのため、１１４kgの鶴田は８kgも絞ってベルトに挑んだのだ。

１―１の後、観客の誰もが鶴田の王座奪取を確信する鶴田優勢の展開になったが、鶴田がコブラツイストを仕掛けたところでマンテルが巧みに場外転落に持ち込み、そのまま両者リングアウトに。ファンには「マンテルが逃げた」という印象を与えたはずだ。

挑戦者が勝てそうなところで巧みに引き分けに持ち込んで、観客に「惜しかった！」と思わせてベルトを防衛するのは、各テリトリーに転戦してその土地のトップ選手の挑戦を受ける世界王者の常套手段であり、その意味ではこの試合も王者のマンテルがコントロールしていたと言える。

だが、試合後に鶴田がマンテルをリングに引っ張り上げてダブルアーム・スープレックスを仕掛け、さらにフォールに持ち込んで勝利をアピールしたのは機転の利いたパフォーマンスだった。不本意な結末に消化不良を起こしていた観客の留飲を下げたのである。

その１週間後の12月12日には、川崎市体育館でＮＷＡ世界ヘビー級王者ジャック・ブリスコに挑戦して1―2で敗れたが、この試合も「あるいは……」と観客に期待を持たせる熱闘となり、鶴田のNWA世界2階級連続挑戦はいずれも大好評だった。

いずれの試合も当時の日本のファンには「鶴田がNWAの世界チャンピオンになる日は、そう遠くない」と映ったし、1年9か月という鶴田のキャリアを考えれば十分な内容。こうした形で有望な人材がプッシュされていくのが当時のプロレス界の仕組みだった。

世界のトップレスラーたちは、鶴田が馬場に次ぐ全日本におけるナンバー2のポジションだということを認識しているから、ちゃんと試合が成立するように仕掛けてくる。

そこで相手が受けに回ったり、試合の中でチャンスをもらった時に的確に攻めたり、切り返すことができなければ「こいつは駄目だ」と判断されてしまう。いくらプッシュされても、それに応える力量がなければ通用しないのである。

その意味で、鶴田は当時の一流選手にしっかりと対応できた。デビュー2年目の74年のシングルマッチの戦績は70勝7敗15引き分けで、勝率は実に90・9％。これはキャリア2年のレスラーとしては驚異的な数字と言っていいだろう。

プロレスに限らず、スポーツ界では1年目に大活躍したルーキーが2年目には低迷してしまう〝2年目のジンクス〟があるが、鶴田には無縁だった。

ちなみに74年の7敗はドリーに2敗、ブリスコに2敗、レスリング、バックランド、ペドロ・モラレスに1敗を喫したもので、選手数としては5人だけだ。

モラレスは〝プエルトリカンの英雄〟と呼ばれた元WWWF世界王者で、65年2〜3月にロサンゼルスに遠征した馬場にドロップキックを教えた男としても知られている。

まず蹴ったあとに落下した時の受け身を教え、それがマスターできたら手に持ったバスケットボールを蹴らせ、ボールの位置を徐々に顔の位置まで高くしていくという全日本のドロップキックの指導法は、馬場がモラレスから直接教わったものだ。

さて、話を鶴田とモラレスに戻すと、対戦したのは6月8日、佐世保市体育館におけるMSG杯争奪戦。ダブルアーム・スープレックスを決めたが、最後は回転エビ固めに屈した。NWAスタイルとは違うモラレスとの対戦はいい経験になったに違いない。

この昭和49年度（1974年度）からスポーツ新聞各社、プロレス専門誌から構成された選考委員会による『東京スポーツ制定プロレス大賞』が誕生し、鶴田はMVPの猪木、最高殊勲選手賞の馬場、年間最高試合賞の猪木VSストロング小林、敢闘賞の小林と並ぶ技能賞を受賞。2年目にして日本プロレス界の顔のひとりになった。なお、この年の新人賞は、のちにライバルとして比較されるようになる藤波である。

第5章 馬場の後継者として

自らの手でインター・タッグ王座を戴冠

ジャイアント馬場の後継者として、順調に成長するジャンボ鶴田に必要なのはチャンピオンベルト。ジャック・ブリスコのNWA世界ヘビー級、ケン・マンテルのNWA世界ジュニア・ヘビー級に挑戦したが、これは世界王座奪取を期待するよりも「鶴田は世界王者と互角である」という箔付けの意味のほうが大きかった。

当時の全日本プロレスには、タイトルがシングルの馬場のPWFヘビー級しかなかっただけに、興行的に必要だったのはタッグ王座。それはドリー・ファンク・ジュニア&テリー・ファンクのザ・ファンクスが保持していたインターナショナル・タッグ王座だ。

インター・タッグ王座は、62年に世界各地を転戦して多くのタッグ王座を獲得したオーストラリアのアル・コステロ&ロイ・ヘファーナンのザ・ファビュラス・カンガルーズが初代王者になったベルトとされている。

しかし、そのルーツは59年3月5日にカンガルーズがマイク・デビアス&ダニー・プレッチェスから奪取した『ウェスタン・ステーツ・スポーツ・プロモーション』のインターナショナル・タッグ王座だという説もある。

当時の同プロモーションのオーナーはドリー・ファンク・シニアだということを考えると、回りまわってファンクスの腰に落ち着いたのは不思議な縁を感じる。

インター・タッグはカンガルーズからジョージ&サンデーのスコット・ブラザーズ、カール&クルトのストロハイム・ブラザーズ、ブル&フレッドのカリー親子、フリッツ・フォン・ゲーリング&マイク・パドーシスへと移動した。

66年9月26日、大阪府立体育会館において馬場&吉村道明が第6代王者のゲーリング&パドーシスを撃破して奪取したのち日本に定着。その後、馬場とアントニオ猪木の〝BI砲〟の代名詞になり、さらに馬場と坂口征二の〝東京タワーズ〟が王者になるなど、力道山の遺産であるインターナショナル・ヘビー王座と並ぶ日本プロレス界の至宝になったのだ。

日本プロレス崩壊後、ファンクスが仕切るアマリロ・テリトリーのベルトになっていたが、力道山の直系を看板とする全日本にとって至宝奪回は急務。73年10月9日の蔵前で奪回に失敗している馬場と鶴田は、74年の日本でのスケジュールがすべて終了したあと、12月6日のアマリロにおける『ドリー・ファンク・シニア・メモリアルナイト』で再びファンクスに挑んだものの、1―2で敗れてまたも王座奪取とはいかなかった。

師弟コンビは「3度目の正直！」とばかりに、年明け75年2月5日にテキサス州サンアントニオのミュニシパル・オーデトリアムでファンクスに挑んだ。

この試合のポイントは開催地がサンアントニオになったこと。テキサス州であってもファンクスの地盤ではないのだ。

日本の国土の約1・85倍のテキサス州には、ファンクスがアマリロを拠点に主宰する『ウエスタン・ステーツ・スポーツ・プロモーション』、フリッツ・フォン・エリックがダラスを拠点に主宰する『ビッグタイム・レスリング』、ポール・ボーシュがヒューストンを拠点に主宰する『ヒューストン・レスリング』の3つのプロモーションがあった。

当時のアメリカのプロレスのシステムはテリトリー制。それぞれの土地で、それぞれのストーリーが展開されており、今のような情報社会ではないから、アマリロのファンはダラスやヒューストンで行われているプロレスを知らない時代だった。

もしアマリロで戦ったとしたら、馬場&鶴田がクリーンファイトをやっても地元の英雄ファンクスの敵として大ブーイングを浴びるのは必至だが、馬場&鶴田がブーイングを浴びる姿を日本テレビが放送するわけにはいかない。

今でこそ、当時のアメリカ・マット界では日本人がヒールだったことは常識になっているが、当時としてはタブーだっただけに、アマリロを避けてエリック傘下のサンアントニオを決戦の舞台にチョイスしたのは賢明だった。

当時のエリック傘下で、のちに『サウスウェスト・チャンピオンシップ・レスリング』として独立王国を作るジョー・ブランチャードの地盤のサンアントニオでは、ファンクスはヒールとしてファイトしていたのである。

結果、サンアントニオのファンに馴染みのない日本人の馬場&鶴田はベビーフェースとして特に支持されることもなかったが、日本と変わらないスタイルで戦うことができた。1本目は馬場がテリーをココナッツ・クラッシュ、16文キックのラッシュからバックブリーカーでフォール。2本目はファンクスがダブル・ブレーンバスターで馬場を攻略して1—1のタイに持ち込んだ。

決勝の3本目はドリーが鶴田にブレーンバスターを仕掛けたが、ロープ際だったために鶴田の両足がロープに当たり、ドリーに覆い被さるような形で落下。そのままスリーカウントが入った。

ラッキーな勝利とはいえ、決勝フォールを鶴田が取ったという事実は大きい。そしてサム・マソニックNWA会長が馬場と鶴田の勝利を祝福するという絵も、このインター・タ

▲サンアントニオの死闘を制した鶴田は伝統のタイトルを手にした

ッグ王座が権威あるものだとイメージ付ける効果があった。マソニック会長は、馬場がミズーリ州セントルイスから立会人として招待したのである。

このインター・タッグ獲得は鶴田にとって初戴冠。そして馬場&鶴田が全日本の看板コンビになったことで、鶴田のポジションは揺るぎないものになった。

国際プロレスのエースと互角の戦い

75年暮れ、全日本は一大イベントを開催する。力道山13回忌追悼（ついとう）&アメリカ建国200年&全日本プロレス創立3周年の記念と銘打った『全日本プロレス・オープン選手権』だ。「門戸を開放し、各団体から代表主力選手の参加を求め、広く対戦する機会を提供するもの」と謳った同大会は、前年74年から馬場に執拗に対戦をアピールし、日本選手権開催を迫っていた新日本プロレスの猪木に対する「参加すれば、貴殿が望む馬場戦実現の可能性もありますよ」という返答でもあった。

猪木は「馬場と戦うのは日本選手権であるべき。お祭りには参加できない」と拒絶したが、全日本と友好関係にある国際プロレスからIWA世界ヘビー級王者ラッシャー木村、

IWA世界タッグ王者のグレート草津&マイティ井上のトップ3が参加を表明。この年の10月30日に、馬場に敗れている大木金太郎も雪辱を誓って日本プロレス代表として名乗りを挙げ、フロリダを拠点とするフリーの大物でNWA世界ジュニア・ヘビー級王者のヒロ・マツダも参加。まるで日本選手権のような様相を呈した。

さらに全日本代表として馬場、鶴田、ザ・デストロイヤー、アントン・ヘーシンクが、外国人勢はドリー、アブドーラ・ザ・ブッチャー、ディック・マードック、ホースト・ホフマン、ドン・レオ・ジョナサン、パット・オコーナー、ハーリー・レイス、ダスティ・ローデス、バロン・フォン・ラシク、ミスター・レスリング、マンテルといった、錚々(そうそう)たる顔触れが出揃った。

NWA会長のジャック・アドキッセン(フリッツ・フォン・エリック)が「馬場はアメリカ・マット界を空っぽにする気か⁉」とボヤいたというのも頷ける。

わずか12興行の大会のために「総勢20選手では総当たりリーグ戦は日程的に無理だが、トーナメントにするのはもったいない。ファンの希望を反映したカードを優先的に組みたい」と発表されたが、これは猪木が参加することを想定してのもの。

大会発案者は、鶴田と天龍の全日本入りを手引きした馬場のブレーンの森岡理右だ。

「あれは猪木を黙らせようとしてやったこと。『オープン』という名称にしたのは〝対戦したがっている猪木さんに対してもオープンな姿勢ですよ〟という意味だから。それでガチンコの強い連中を集めてね。僕と馬場、原章の3人で〝一番手はホフマン、次にマードック、そしてレイス、よしんば猪木が勝ち上がってきたとしたら、最後はデストロイヤーをあてて……〟ってカードを全部考えていた。当時でもデストロイヤーは強かったからね。他にオコーナー、レスリング、ジョナサンといった錚々たる連中がいたわけだから、どうやったって猪木は勝てなかったよ」（森岡）

そうした思惑があった大会だが、こうした実力者揃いの中でも、鶴田はきっちりと存在感を示した。まずは、マードックと30分時間切れの引き分け、ホフマンに勝利したあとに迎えた12月10日の岐阜市民センターではマイティ井上戦を迎えた。

外国人のトップ選手ならば、〝馬場の次のボーイ〟と認識して、鶴田の良さを引き出すファイトをしてくれるが、他団体の日本人同士となれば対抗戦。ましてや井上には前年2月まで、ＩＷＡ世界ヘビー級王者として国際のエースに君臨していたプライドがある。

向こうっ気が強いキャリア8年5か月の大先輩に、キャリア3年8か月の鶴田は臆することなくぶつかっていった。井上がサマーソルト・ドロップ、フライング・ショルダーアタックと得意な空中殺法に出れば、鶴田もサイド・スープレックス、コブラツイスト、オクラホマ・スタンピードで応戦する。鶴田が時間切れのゴングが鳴った瞬間にダブルアーム・スープレックスを爆発させて、自分が勝ったという印象を観客に強く植えつけたのが印象的だった。

「俺も看板を背負ってるし、元気だったから顔をバンバン張って〝来るなら、来い！〟って感じでね。〝こんな野郎に負けるか、冗談じゃない！〟ってバチバチ行ったよ。そういう気持ちで行かないと、身体の大きさが違うから」とは、後年の井上の言葉だ。

井上の次は、12日の鈴鹿市立体育館で大ベテランのNWA世界ジュニア王者マツダと30分時間いっぱい戦い、翌13日の福井市体育館では国際のエース、ラッシャー木村戦。

これも井上戦同様に、ゴツゴツの試合になった。スタートから木村のブレーンバスターと鶴田のサイド・スープレックスが炸裂し、木村は挑発するようにロープ・ブレイクの際に平手打ち。怒った鶴田はロープの反動を利したジャンピング・ニーパットという熱い展開に。最後は場外で平手打ちとチョップの乱激戦から両者リングアウトになった。

結果だけみれば不本意だが、木村の「全日本のホープに負けていられない」という意地と鶴田の「国際のエースだろうが関係ない」という反骨心がぶつかり合った好試合だった。

▲木村の表情と鍛え上げられた肉体からゴツゴツした雰囲気が伝わる

ふたりのファイト・スタイルは水と油だが、翌76年3月26日に蔵前国技館で団体対抗戦として実現した再戦（ジャンボ鶴田『試練の十番勝負』第2戦）も評価の高い一戦だ。

試合は60分3本勝負で行われ、1本目は木村がブレーンバスター、2本目は鶴田がダブルアーム・スープレックスで取り、3本目は鶴田のジャーマン・スープレックスが崩れてダブルフォールになって、またも決着はつかなかったものの、鶴田のテクニックと木村のパワーの攻防は、76年度プロレス大賞の年間最高試合賞に輝いている。

師匠ジャイアント馬場との初シングル

『全日本プロレス・オープン選手権』で「ファンが最も観たいカード」に挙げられたのが馬場VS鶴田の師弟対決である。

ふたりは公式戦での一騎打ちに先立って、12月11日の日本武道館における『力道山13回忌追善大試合』のメインで、馬場&デストロイヤーVSドリー&鶴田という形で激突した。

試合は2―1で馬場組が勝利したが、鶴田がジャンピング・ニーパットをぶち込めば、馬場は16文キック。ならばと鶴田が馬場の145kgの巨体をサイド・スープレックスで投げることに成功するなど、本番の一騎打ちに向けて弾(はず)みをつけた。

そして12月15日、仙台・宮城県スポーツセンターにおける公式戦。試合は鶴田が若さに任せて躍動した。いきなりドロップキック、そしてロープに振って、今度はカウンターのドロップキック！

この技は相手と距離を取らないとクリーンヒットさせるのが難しいが、最初の1発は至近距離からズバリと決め、続く一撃は209cmの馬場相手に上から下に向かう形で胸を撃ち抜いた。いずれも鶴田の柔軟な身体とバランスの良さ、跳躍力ならではのもの。196cm、当時114kgの身体から繰り出される飛び技は実にダイナミックだった。

「馬場さんは自分を大きく見せるプロレスを知っていて、自分なりの間を持って動く。だから僕はスピーディーに動くことで馬場さんのプロレスとの違いを出したい」という鶴田の考えどおりの先制攻撃だ。

一方の馬場は動じることなく、ヘッドロック投げでグラウンドに持ち込んで鶴田の動きを封じ、さらにジャンピング・アームブリーカー、ダブル・リストロック投げを見せる。

あまりクローズアップされることはないが、馬場は巨体ながらこうしたオーソドックスな技の組み立てが実に巧い。大技だけでなく基本をキッチリと押さえているのだ。

その後、鶴田は馬場の16文キックや32文ロケット砲を封じるために足への集中攻撃に転じるが、その組み立てはアメリカでの師匠ドリー譲り。

鶴田のレスリング仕込みの片足タックルで倒された馬場はボディシザースで切り返す。馬場のボディシザースは道場でのスパーリングで猪木、大木をギブアップさせていた裏技で、鶴田もスパーリングではこの技で馬場にやられている。

再び鶴田の動きを封じた馬場はフルネルソン、あるいは身体をクルリと回転させてフォールを狙うなど、バリエーション豊かに大きな身体を利してプレッシャーを与えた。

13分すぎ、鶴田は力道山追善試合の時と同じようにサイド・スープレックス！　持ち上げてから一度静止し、タメを作った上で後方に投げ飛ばすさまは、五輪3大会（ソウル、バルセロナ、アトランタ）連続で金メダルを獲得したグレコローマン・レスリングの伝説の強豪アレクサンドル・カレリンの「カレリンズ・リフト」を彷彿(ほうふつ)とさせるものだった。

そして15分すぎに試合は動く。馬場の16文キックがついに火を噴いたのだ。これに対して鶴田はジャンピング・ニーパット、ドロップキックで対抗するが、馬場は退くことなく水平チョップ、再び16文キック……これは鶴田にタイミングを外されたものの、すかさずネックブリーカー・ドロップにつなぐや、河津落としからフォール。

タイムは16分49秒。馬場の「ここぞ！」という勝負どころでの畳み掛けに、鶴田は3カウントを聞くしかなかった。

馬場はディフェンスをしながらドッシリと構え、巧く鶴田を動かしつつ要所では攻めさせず、スタミナ切れを狙って一気に勝負をつけたのだ。

終わってみれば、まさに馬場の王道ファイトだったが、鶴田の躍動感溢れる攻めと運動能力は、他の日本人レスラーにはない非凡な才能を感じさせるものだった。

「ジャンボのベストバウトは、馬場ちゃんとの初めての対戦じゃないかなあ。反動を使わずに腰のバネだけで馬場ちゃんをサイド・スープレックスで投げましたよね。そして、あの大きな馬場ちゃんの頭を飛び越えるようなドロップキック……ジャンボのレスリングの強さが如実に見えた試合でしたよ」（全日本プロレス中継・原プロデューサー）

鶴田はその後、ブッチャーに反則負け（ブッチャーの無法ファイトにドリーが乱入して鶴田に加勢）、最終戦の12月18日の川崎市体育館でドリーと時間切れ。優勝は、最終日にホフマンに勝って最高得点になった馬場がさらった。

鶴田は馬場、ドリー&ブッチャー（同点2位）に次ぐ4位となり、敢闘賞を獲得。この75年度のプロレス大賞では最高殊勲選手賞に輝いた。

兄貴分であるマシオ駒の突然の死

77年に入り、鶴田に悲しい出来事があった。全日本入門後、馬場とは別の意味で師匠として慕っていたマシオ駒が3月10日午前9時21分、腎臓病で亡くなったのだ。

駒は前年12月11日の『力道山13回忌追善大試合』のあとに体調を崩して自宅で療養していたが回復せず、2月下旬から東京・目黒の三宿病院に入院。35歳の若さで急逝した。

入団からアマリロに修行に行くまでの期間、鶴田にプロレスのイロハを叩き込んだのが駒。鶴田が凱旋帰国して馬場に次ぐナンバー2になってからもアドバイスを送り、私生活でも厳しい教育係になっていた。

「駒さんは、馬場さんにとっては清水次郎長の小政的存在。みんなを統率して、試合全体を観ていたし、若手にアドバイスもしていた。〝駒さんの言葉は馬場さんの言葉だ〟っていう暗黙の了解があったよ。馬場さんには〝今後の全日本のためには、ジャンボをガードしながら上に持って行かなきゃいけない〟っていうのがあって、その辺を駒さんが周囲のヒートを取りながらやってたわけよ」（佐藤昭雄）

「馬場さんの信頼が一番厚かったのが駒さん。日本プロレスの人たちが来た時にも駒さんの存在は大きくて、ベテランのミツ・ヒライさんも鶴田さんに何も言わなかったし、高千穂（明久＝ザ・グレート・カブキ）さんも何も言わなかったし。駒さんは馬場さんのアシスタントとして現場を預かってマッチメークもやっていたし、ある面で泥をかぶっていたかもしれないね」（渕正信）

「周りの妬みは凄かったよ。俺はいろんな選手と飯食ったり酒飲んだりしたけど、ジャンボについて、いいことを言う人はあまりいなかった。〝やっていけんのかよ⁉〟みたいな。でも、やっぱり実力があるから徐々に年数を重ねるうちに認め出したよね、みんな。それまでは駒さんが兄貴分だった。馬場さんから〝お前が面倒見ろよ〟って任されていたんだろうね」（和田京平）

　駒が亡くなった時点で、鶴田はようやくキャリア4年を迎えようとしていたところ。まだまだ若手で、後輩は大仁田厚、渕、薗田一治（のちのハル薗田）の3人だけで、ランク的には下から数えたほうが早かった。

　それでもリングに上がれば馬場に次ぐナンバー2だから、電車での移動などでは先輩が普通車でも鶴田は馬場、デストロイヤー、来日外国人選手とグリーン車という好待遇。これには鶴田も居心地が悪かったようで、「鶴田さんはグリーン車に乗っていても気まずいのか〝どうしてる?〟って俺たちの普通車に顔を出していたよ。でも、馬場さんにしたら鶴田さんは大事なスター選手であって〝彼の人気でお客さんが来るんだから仕方がないんだよ〟と、暗黙のうちに他の選手を納得させたというか、個人的な感情は無視したんだろうね」と渕は言う。

当然、面白くない先輩がいるところで鶴田の盾となって睨みを利かせて、また鶴田にも厳しく礼儀を仕込んだのが駒なのだ。

「ジャンボはまだ新人でプロレス業界のことがわからないから、そういうことで勇み足がないように、他の兄弟子にいじめられるような言動や行動がないように駒さんは目を光らせていたね。若いから、やっぱりちょっと有頂天になるところがあるよな。そういう時には駒さんもきつめに注意していた。駒さんは、馬場さんと同じで礼儀や常識にもうるさかったから、馬場さんより先に誰かが飯食ったとか、シャワーに入ったとかっていうことがないようにピシッとしていたよ」(佐藤)

日本プロレス崩壊に伴って全日本に合流した桜田一男(ケンドー・ナガサキ=2020年1月11日に急逝)からは、「ジャンボは上を取っても、俺たちに凄く気を遣っていたよ。

待遇が俺たちと違ってグリーン車に乗っているのは羨ましくも思ったけど、話をする時はもちろん敬語だし、偉そうな態度を取ったことはなかった。そういう振る舞いの影響もあって、先輩たちに疎まれている様子はなかったと俺は思うな」と聞いたことがある。

駒の死によって鶴田はリング上でもリング外でも独り立ちの時を迎えた。この日の夜、鶴田は悲しみの中で『十番勝負』第1戦のリングに立った――。

AWAの帝王との遭遇、ミュンヘン五輪対決実現

ジャンボ鶴田『試練の十番勝負』は、76年早々に「プロレスファンの手によって、鶴田を世界のスーパースターに成長させよう」をコンセプトにスタートした一大プロジェクトである。対戦候補を公募した結果、投票総数はなんと8万通を超え、500人近いレスラーの名前がリストアップされた。

その中で政治的な事情に関係なく、最終的に候補として絞られたのはWWWFヘビー級王者ブルーノ・サンマルチノ、NWA世界ヘビー級王者テリー、ビル・ロビンソン、ドリー、AWAの帝王バーン・ガニア、ブッチャー、レイス、猪木、木村、アンドレ・ザ・ジ

ャイアント、大木、ディック・ザ・ブルーザー、AWA世界ヘビー級王者ニック・ボックウインクル、ザ・シーク、ルー・テーズの15人。

そして3月10日、日大講堂における第1戦の相手に決まったのが、AWAの帝王ガニアだ。全米のトップレスラーを招聘していた全日本だが、ガニアの初来日はサプライズと言ってよかった。当時としては全日本に来るのはあり得ないことだったのだ。

70年代のアメリカのプロレス界は、全米のアメリカのプロレス・テリトリーの約4分の3とカナダ、メキシコ、日本、オーストラリア、ニュージーランドなど各国各地のプロモーター約30名が加盟する世界最大のプロレス組織『NWA』、ミネソタ州ミネアポリスを拠点にシカゴ、ミルウォーキー、オマハ、カナダのウィニペグなどの北部地区をテリトリーにする『AWA』、ニューヨークを拠点にフィラデルフィア、ピッツバーグ、ワシントンDC、デトロイト、カナダのトロントなどの北東部をテリトリーにする『WWWF』の3つの組織に分かれていた。

馬場がNWAの有力メンバーなのに対して、ガニアは60年5月にミネソタ地区のプロモーターたちとNWAを脱退してAWAを設立した男。日本の団体とは国際プロレスと業務提携を結んでいた。

そのガニアの招聘に成功したのは、当時のAWAはNWA、WWWF相手にマルチ外交に方向転換していたことと、75年末で国際との業務提携が終了したことが大きい。

そしてガニア自身が、ミュンヘン五輪レスリングで鶴田がグレコ日本代表だったことに興味を持ったと思われる。ガニアは48年のNCAAディビジョン1トーナメント191ポンド級で優勝し、同年のロンドン五輪の米国フリー代表になったレスリングの実力者だ。

鶴田と同じ72年ミュンヘン五輪にフリー100kg以上級に出場し、銅メダルを獲得したクリス・テイラーをプロレスに転向させるなど、アマチュアの一流アスリートをAWAにスカウトしていただけに鶴田に興味を持っても不思議ではない。

兄貴分であり師匠でもある駒の死という悲報に接しながらも、「駒さんの霊に報いるために」と気丈にリングに立った鶴田は、ガニア相手に互角の勝負を展開。1本目はガニアの必殺スリーパー・ホールドにギブアップしたが、2本目はジャーマン・スープレックスで取り返した。決勝の3本目はバックドロップを仕掛けたガニアがバランスを崩し、両者共に後頭部を強打して両者カウントアウトで1―1の引き分け。

この時、ガニアは49歳。前年11月にAWA世界王座をニック・ボックウインクルに明け渡していたが、まだまだトップ選手であり、この引き分けには価値があった。

▲AWAの帝王バーン・ガニアが相手でも臆することはなかった

「特に身体が大きいわけでもないし、威圧感があるわけでもないのに、実際に戦ってみると、なかなか勝てないレスラーだった」というのが、ガニアと戦った鶴田の感想だ。

そして鶴田は試合を通してガニアからドロップキックを学んだ。それまでの鶴田は、ブリスコのように相手の胸をバーンと蹴るスタイルが多かったが、ガニアのスクリュー式のドロップキックを食らい、その衝撃の強さを身体で覚えてお手本にしたという。

76年に行われた『十番勝負』は7試合。第2戦は前述の同年のプロレス大賞年間最高試合賞に輝いた木村戦（決着つかず）、第3戦は前年12月にブリスコを破ってNWA世界王座に就いたテリーに挑戦して1―2の負け。開放感溢れる鶴田とテリーの試合を観戦した天龍源一郎が、相撲からプロレスに転向を決意したというのは有名な話だ。

第4戦はロビンソンと60分3本勝負で1―1から時間切れ引き分けになったあと、5分間の延長戦。それでも決着はつかなかった。

初勝利は第5戦のボボ・ブラジル戦だったが、かつては馬場のライバルだったブラジルも52歳になって全盛期の実力はなく、鶴田に初白星を献上するための相手という印象は否めなかった。

続くブッチャー戦は1―1からブッチャーが勝負を逃げる形で鶴田の反則勝ちに。

76年最後となった12月3日の川崎市体育館における第7戦の相手は、同じミュンヘン五輪に出場したテイラー。鶴田はグレコ、テイラーはフリーだったから五輪での対戦の可能性はなかったが、〝ミュンヘン五輪対決〟としてファンの関心度は高かった。

試合は2―1で鶴田の勝利。この試合で話題になったのが1本目の鶴田のフィニッシュとなったコーナー最上段からの〝ジャンボ・ミサイルキック〟だ。

ミサイルキックに「ジャンボ」が付いたのは、当時ミサイルキックを使う日本人は鶴田しかいなかったからである。日本人レスラーでミサイルキックを初めて使ったのはジュニア・ヘビー級の選手ではなく、196㎝、118㎏のジャンボ鶴田だったのだ。

なお、日本でミサイルキックを初公開したのはリッキー・ギブソン。75年7月21日、新潟市体育館で初めてミサイルキックを食らった鶴田は「もし大型の選手がやったら必殺技になる」と惚れ込んで練習を開始し、76年1月24日、京都・正武館でのターザン・タイラー戦で初公開した。そして何回かの試運転を経て、テイラー戦で完成させたのである。

『試練の十番勝負』と同じく、76年の鶴田にとって大きな収穫だったのはロビンソンと遭遇したことだ。

ロビンソンは1938年9月18日、英国マンチェスターの生まれ。子どもの頃からレスリングに打ち込んで、15歳の時に『蛇の穴』(スネークピット)と呼ばれたビリー・ライレー・ジムに入門。ここでキャッチ・アズ・キャッチ・キャンを学んだ。『蛇の穴』はグレーター・マンチェスター州の炭鉱町のウィガンにあり、キャッチ・アズ・キャッチ・キャンは元々、炭鉱夫たちのレスリングである。

賭けレスリングを楽しみとする英国北部の労働者階級が好み、実践的で痛みを伴う技術が数多くあるキャッチ・アズ・キャッチ・キャンは、英国南部の上流階級からは「野蛮で危険だ」と嫌われた危険なスタイルだ。

その過酷なスパーリングを乗り越えて、〝シューター〟としてライレーに認められた者だけが『蛇の穴』所属としてプロになることができるのだが、ロビンソンは19歳でプロ・デビューし、ヨーロッパ・ヘビー級、大英帝国ヘビー級王座を獲得して欧州ナンバー1に。

そして68年4月、29歳で国際プロレスに初来日して人間風車ことダブルアーム・スープレックスで爆発的人気を博して、それまでの「日本人は善、外国人は悪」の図式を壊し、外国人ながら国際のエースに君臨したのである。

国際を足掛かりにアメリカのＡＷＡに進出、全日本に初来日する前年の75年12月11日には蔵前国技館で猪木と歴史に残る60分フルタイム引き分けの名勝負をやってのけた。

そうした経緯から、「日本における主戦場は新日本になった」と見られていただけに、全日本への参加はファン、マスコミ関係者にとっては驚きだった。

裏事情を書いてしまえば、新日本プロレスとの契約は長期のものだったが、ギャラダウンの提示にロビンソンは態度を硬化。離婚問題で金銭的な問題を抱えていたロビンソンは全日本の外国人ブッカーのドリーに連絡を入れたというのが真相だ。

馬場は新日本が最初にロビンソンに提示したのと同じ条件で契約することを申し出て、ロビンソンの全日本参戦が決定したのである。

ロビンソンが鶴田に与えた影響

当時は報道されていなかった……というよりも、全日本がマスコミに発表していなかったのだが、鶴田は全日本初登場直前のロビンソンとアマリロで合流している。

鶴田は、6月17日に草加市スケートセンターで『NWAチャンピオン・シリーズ』が終了した翌日に渡米し、フロリダを主戦場にしていたロビンソンは、16日にマイアミでボブ・バックランドと引き分けたあとにアマリロ・テリトリーに移動。19日にコロラド州コロラド・スプリングスでいきなり鶴田VSロビンソンが実現しているのだ（結果は不明）。23日のテキサス州アビリーンでは、タッグを組んでデニス・スタンプ&デイビー・オハノンと対戦（敗戦＝詳細不明）、24日のアマリロで再び一騎打ちを行って20分時間切れ引き分けになっている。

鶴田VSロビンソンは〝夢のスープレックス対決〟として注目されていただけに期待を裏切るわけにはいけない。馬場はふたりにあらかじめ手合わせをさせたのだろう。

このアマリロでの合流を経て、7月1日の名古屋市体育館でロビンソンが全日本に初登場。5回のタッグ対決を経て7月17日、北九州市小倉の三萩野（みはぎの）体育館で『試練の十番勝負』第4戦として待望の一騎打ちが実現した。

三萩野体育館は冷房設備がなく、うだるような暑さ。すべての窓が開放されたが、ジョー樋口レフェリーが「これはふたりとも持たないぞ」と言うほどの熱さだった。

そんな悪条件の中、レスリング出身の鶴田とロビンソンは身体を密着させるファイトを展開。鶴田が徹底したヘッドロックでスタミナを奪う作戦に出れば、これをロビンソンがバックドロップで切り返し、わざと足を取らせてクルッと身体をひっくり返してフォールする、ヨーロピアン・クラッチをズバリ。1本目から29分5秒の長丁場になった。

1本目だけで試合時間の半分。2本目はロビンソンがのらりくらりのスタミナ温存作戦に出た。それでも試合を急ぐ鶴田にワンハンド・バックブリーカー、ショルダー・ネックブリーカー、サイド・スープレックスと得意技をキッチリ決めるところが実力者だ。最後はスタミナと瞬発力で勝る鶴田が、丸め込み合戦から21分52秒にジャックナイフ式エビ固めで3カウント。残り時間9分3秒で試合を振り出しに戻した。

3本目は、若い鶴田がネックブリーカー、サイド・スープレックスを爆発させて優位に進めたが、ロビンソンはその当時はまったく注目されていなかったアキレス腱固めを使うなどの引き出しを開けて、残り2分で代名詞のダブルアーム・スープレックス！　時間切れ引き分けにはなったが、ロビンソンは終盤でインパクトを残した。

このあと、5分の延長戦が行われ、鶴田も延長2分でついにダブルアーム・スープレックスを仕掛けることに成功。もう身体中の汗が出切ったような状態からダブルアームができるのが鶴田なのだ。

もちろん延長5分で決着はつかずに計65分戦って引き分け。当時は、スタミナ切れのロビンソンを鶴田が攻め切れなかった試合という印象が強かったが、改めて映像を観ると、スタミナ切れになりながらも多くの引き出しを持つロビンソンの要所でのテクニック、鶴

▲見事なダブルアーム・スープレックス。ロビンソンから得た学びは大きい

田の無尽蔵のスタミナが確認できる味わいのある試合だ。

「あの試合に関してはロビンソンが鶴田さんに感謝していたっていうのを聞いたことがあるよ。〝俺は息が上がって大変だったけど、若い鶴田が試合を成立させてくれた〟って。鶴田さんは試合を引っ張るようなタイプじゃないけど、若さで持っていったようなところがあるよな。スタミナがなくなってきつくなるっていうのは、相手に伝染しちゃうもんなんだよ。相手の息が上がってくると、こっちの呼吸もそれに合っちゃって疲れるというか。だから最初は余裕に見えた鶴田さんも、途中からきつくなったみたいだよ」（渕）

鶴田はテクニック面でロビンソンから影響を受けた。ファンクスは観客によく見えるように「大きく、ゆっくり」と指導したが、ヨーロッパ式のロビンソンは「速く、強く」を意識して技を使っていた。

ロビンソンと戦うようになってから、鶴田はダブルアーム・スープレックスをドリー式の「大きく、ゆっくり」から、徐々にロビンソン式の「速く、強く」に変えていった。

また、馬場も鶴田に「ロビンソンからいろんな技を学んだらどうだ？」とアドバイスしたという。実現できなかったが、馬場はのちの『世界最強タッグ決定リーグ戦』でロビンソン＆カール・ゴッチの世界最強コンビを考えるなど、確かな技術を持ったレスラーが好きだったのだ。パット・オコーナー、ダニー・ホッジ、若かりし頃に指導を仰いだビル・ミラーも馬場が認めていた実力者である。

極められ役専門でロビンソンと鶴田の練習に参加させられた渕は、「鶴田さんも最初の頃は〝ロビンソンはいろんな技を知ってて、やっぱり凄いな〟ってさまざまなテクニックを覚えていたけど〝しかし危ないよ〟って、途中からやらなくなった。まあ普段は対戦相手でもあるしね」と言う。

一緒に練習をしなくなったものの、「今まで対戦した中で、大技から小技までのテクニックを最も多く持っていた。実際のレスリングの動きに即した筋肉がロビンソンには備わっていた」と、鶴田はロビンソンに一目置いていた。

準エースのシングル王座を奪取

ロビンソンとの65分の死闘から約1か月後の8月10日、全日本はNWAの許可を得てUNヘビー級王座を復活させることを発表した。

UN（ユナイテッド・ナショナル）ヘビー級王座は、70年8月にアメリカ、カナダ、メキシコの3国で通用する準国際タイトルとして新設されたNWA認定のタイトルである。71年3月26日、猪木がロサンゼルス・オリンピック・オーデトリアムでジョン・トロスを撃破して第6代王者になって日本に持ち帰ったものだ。

だが、猪木が王者になるまでのデール・ルイス、パンテラ・ネグラ、ジョン・トロス、レイ・メンドーサ、ジョン・トロスという初代から5代王者までの流れは不明瞭だ。

その当時は、老舗（しにせ）の日本テレビと後発のNET（現・テレビ朝日）が日本プロレスを放映していたが、NETは馬場の試合を映すことができず、馬場のインター・ヘビー級防衛戦は日本テレビが独占していた。そこでNETが日プロとNWAに働きかけて猪木用のシングル王座としてUNヘビー級王座を作ったという説もある。

真偽はともかく、猪木が持ち帰ったことで「UNヘビー級王座は日本プロレスの準エースが巻くベルト」というイメージが定着した。71年12月に猪木が会社乗っ取りのクーデターを企てたとして日プロから追放になったあとは、馬場に次ぐ坂口が王座に就いている。坂口が73年3月に日プロを離脱して新日本に合流後は、大木に次ぐ2番手の高千穂明久（ザ・グレート・カブキ）が王座奪取。高千穂は日プロ最後の王者だ。

73年4月の日プロ崩壊後、同王座は封印されていたが、3年5か月の空白を経て、全日本が復活させたのは「PWF王者・馬場は不動のエースであり、UN王者・鶴田は準エースである」ということを知らしめたかったからに他ならない。

全日本は「8月28日の日大講堂で復活王座決定戦を行う。NWA代表は元NWA世界王者ジャック・ブリスコ、日本代表は最後の王者・高千穂とジャンボ鶴田が8月14日の熊谷市民体育館で決定戦を行う」と発表した。

ところが高千穂は決定戦を辞退して権利を鶴田に譲渡し、8月14日の鶴田VS高千穂は鶴田の王座決定戦への前哨戦という形になり、鶴田が17分41秒、回転エビ固めで勝利。

「これは、ジャンボがタイトル戦出場にふさわしい実力があることをファンに示すための儀式で、俺は踏み台になっただけ。内心、面白くなかったけど、これも外様（とざま）の宿命だと俺は理解していた」とは、後年のカブキの言葉である。

凱旋帰国時に、鶴田が馬場のパートナーに抜擢されてインター・タッグに挑戦した時と同様に、日プロから全日本に合流した元王者たちには複雑な感情があったのだ。

さて、鶴田は過去にブリスコのNWA世界王座に3回挑戦して3敗しているという苦い過去があったが、スタートから飛ばした。伸びのあるドロップキックからフロント・スープレックスを決め、11分9秒の短時間で1本目を先制。

▲準エースの証でもあるUN王座を奪取。鶴田の地位は確固たるものになった

2本目はブリスコが得意の足攻めから6分19秒に必殺の足4の字固めで返したが、鶴田にとってラッキーだったのは、NWA世界王者ではなくなったブリスコが守りのファイトから攻めのファイトに変貌していたことだ。

3本目、足攻めから再び足4の字固めで短期勝負を仕掛けてきたブリスコの首を下からからめ取り、クルリと回転して首固めへ。5分34秒でピンフォールを奪取した鶴田は、第13代UNヘビー級王者になったのである。

インター・タッグに続いて、ついにシングル王座も初戴冠。このシングル&タッグ2冠王は、かつての日プロ時代の猪木を思わせるもので、馬場に次ぐ準エースの座を不動のものにするタイトル獲得劇だった。

それと同時に当時のNWAは時の世界王者レイス、ドリー、テリー、ブリスコの4強時代というなかで、その一角を崩したことに大きな価値があった。

鶴田が手に入れた将来を見据えた城

リング上で準エースになった鶴田は、リング外でも着々と地固めをしていく。

全日本は、合宿所として目白の3LDKのマンション、道場は恵比寿のキックボクシングの山田ジムを借りていたが、76年7月に世田谷区砧に5LDKの合宿所が完成。約40平方メートルの庭には道場が作られて、9月21日に道場開きが行われた。

この合宿所兼道場の所有者は鶴田だった。6千万円近くかかったというが、馬場に「ローンは家賃として会社が払ってやる。ローンが払い終われればお前のもので、今度はお前が売ればいい。売った金で土地や家を買いなさい」とアドバイスされたという。

1階にはキッチン、ダイニングがあり、その奥がセミダブルベッド、ステレオ、本棚、カラーテレビを置いた鶴田の部屋。2階は大仁田、渕、薗田の個室という豪華な合宿所で、道場にはリングを設置し、バーベルやダンベルなどの器具も装備された。

「俺たちはまだ20代だけど、やったところでプロレス人生はあと20年だぞ。やめたあとの人生のほうが長いんだから、ちゃんと身体のケアをしないと。酒を飲みすぎるのも駄目だぞ」

渕は鶴田にそう言われていたという。合宿所&道場を持った時、鶴田は25歳だったが、すでに鶴田は人生設計を立てていたのである。

リング上では準エースでも、リングを降りれば大仁田、渕、薗田の3人しかいない後輩を可愛がった。ちゃんこを囲むのも住んでいる4人だけだから、「今日は、あそこの中華に行くか」とか、鶴田がスポンサーに呼ばれている時には「一緒に来いよ」という感じで、ちゃんこを作るよりも外食が多かったようだ。

「鶴田さんは先輩風を吹かすような人じゃなかったし、名前を呼び捨てにされた記憶もないよ」と大仁田厚。

「みんな揃って準備運動をするようなシステムになったのは、砧に合宿所と道場ができてから。それまでの練習はバラバラだったから」と、渕は言う。

砧の合宿所兼道場は若き日の鶴田にとって、気を遣わずに済む同年代の若手と寝食を共にする城だった。中央大学レスリング部の同級生・鎌田誠にも「大学の合宿の延長線上みたいなもんだよ」と嬉しそうに語っていたという。

ギターを爪弾く(つまびく)アイドル・レスラー

合宿所という城を持った翌年の77年、春の祭典『第5回チャンピオン・カーニバル』では、デストロイヤーからリングアウトながら勝利をもぎ取り、5月4日の秋田県立体育館での馬場戦は時間切れ引き分けに。

馬場には、75年12月15日の宮城県スポーツセンターの『全日本プロレス・オープン選手権』公式戦で河津落としに敗れ、前年76年5月1日の日大講堂の『第4回チャンピオン・カーニバル』公式戦ではバックドロップに屈して2連敗を喫していただけに、この引き分けは大きなステップアップである。

そして公式リーグ戦を首位で通過した鶴田は、5月14日の全日本単独での日本武道館初進出という大舞台で馬場との師弟対決による優勝決定戦を迎えた。

鶴田は大会場にふさわしいダイナミックなブルドッキング・ヘッドロックで攻め立てたが、馬場は74年12月2日にブリスコを破って日本人初のNWA世界ヘビー級王者になった時の宝刀ランニング・ネックブリーカーを抜いて勝利。まだまだエースの座を譲らないことを見せつけたが、鶴田が馬場に確実に迫っていることを印象付ける一戦だった。

こうして着実に馬場の後継者の道を歩む鶴田は、リングを降りればアイドル的な人気も高かった。日本で下積みをすることなく渡米してテキサス州アマリロで英才教育を受け、半年後に帰国した時にはスポーツ刈りから当時流行りの長髪に変身。ジーンズとウェスタン・シャツがよく似合い、アメリカの自由な空気をまとった鶴田は、それまでのプロレスの血と汗と涙、努力と忍耐の「スポ根」的イメージを変えた男であり、女性ファンを取り

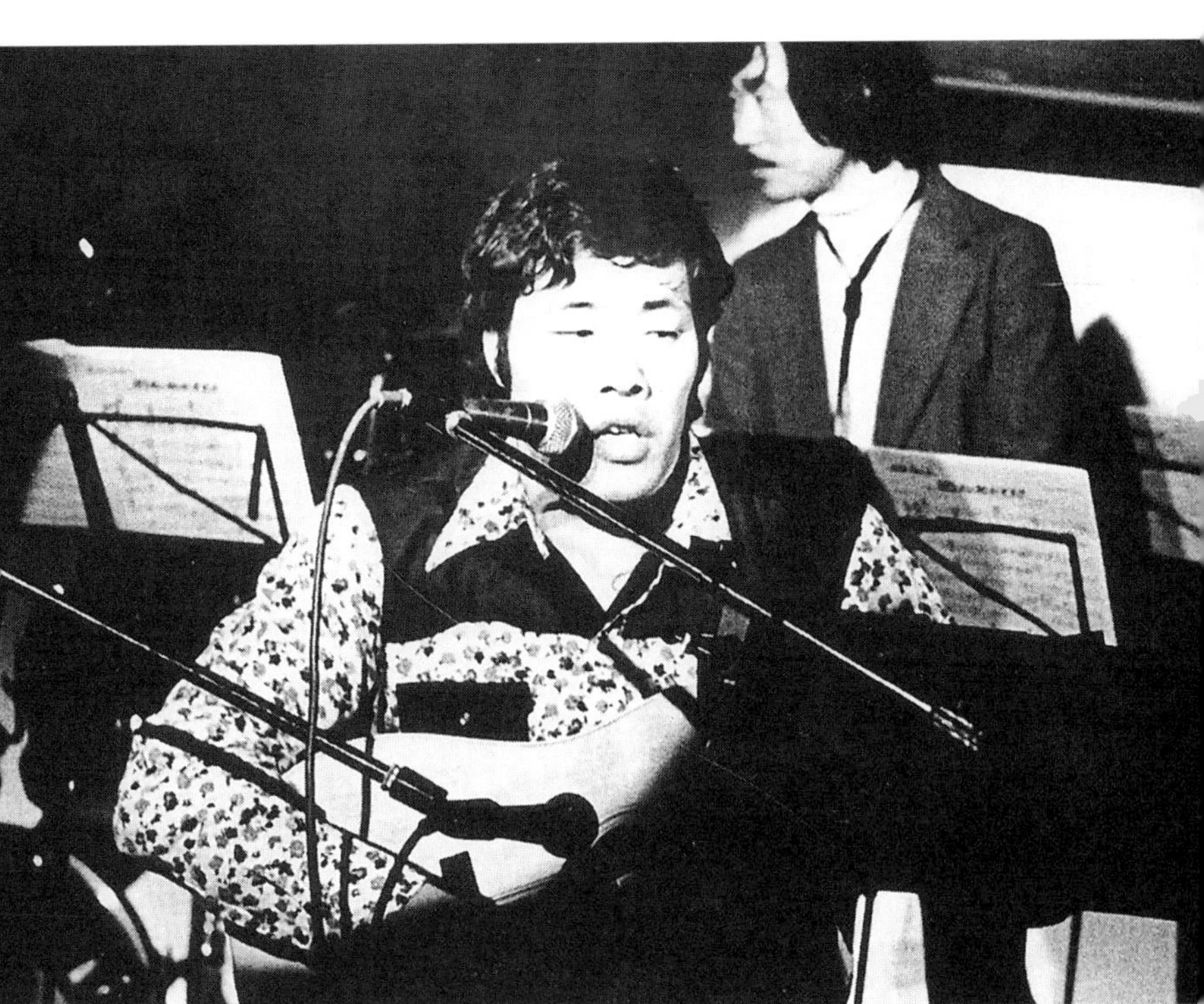

▲歌唱力には疑問符がつくそうだが(?)、ギターの腕前は確かなものであった

込んだアイドル・レスラーの先駆けでもあったのだ。

シリーズのオフにはギブソンのギターを爪弾いて作詞作曲をするなど、青春を謳歌する鶴田のライフスタイルは、それまでの求道者、勝負師的なプロレスラーとは明らかに違った。それもまた女性ファンのハートを捕らえ、日本各地に鶴田のファンクラブができた。

この77年7月には大阪の富田林市市民会館で初めてコンサートを開催したところ好評で、9月11日には若手の大仁田、渕、薗田と東京・高田馬場のビッグボックスで、身体障害者福祉施設に寄付するためのチャリティー・コンサートを開催している。

「鶴田さんは〝読書と同じで音楽は人生を豊かにするから〟って言って、急にギターの練習を始めたんだよね。あの時のライブは、もともと歌が上手い大仁田はノリノリだったよ。俺は歌が苦手だったから司会をやって、薗田はモノマネをやったんだ」(渕)

鶴田の音楽活動はその後も続き、翌78年3月1日には新宿の音楽喫茶ルイードにおいて、75年オリコン年間ヒットチャート第1位になった『昭和枯れすすき』(さくらと一郎)の河野さくらとジョイント・コンサート。同年6月22日には、新宿厚生年金ホール内小ホール、9月22日に高田馬場のビッグボックスでコンサートを行い、79年3月21日には初シングル『ローリング・ドリーマー』(B面は『妹に』)をCBSソニーからリリースした。

さらに、81年6月にミノルフォン・レコードから自身の作詞作曲による『サヨナラは言わないで』（A面はインストルメンタルの『ローリング・ドリーマー』）、84年4月にはキャニオン・レコードから『明日があるさ』（B面は『なみだ割り』）をリリースしている。

真夏の夜のアイドル対決

77年8月25日、田園コロシアムで夏休みにふさわしいドリームマッチが実現した。女性ファンを開拓した鶴田と、少年少女ファンを開拓した〝仮面貴族〟ミル・マスカラスのアイドル対決である。

この年、マスカラスは来日6年目。ややファンに飽きられている感もあった中、2月の8回目の来日の際にイギリスのポップ・ミュージック・グループ、ジグソーの『スカイ・ハイ』を入場テーマとして流したところ、これがマスカラスの空中殺法とおおいにマッチして人気が突如、再燃した。

『スカイ・ハイ』の仕掛け人は全日本中継ディレクターだった梅垣進だ。

「2月にマスカラスが来日するということで、前年の12月に予告編で使ったのが最初です。

▲これまでのレスラー像にとらわれない鶴田は若者の象徴だった(写真は82年)

実は中継で博多に行った時に、ディスコでかかっていた『スカイ・ハイ』が思い浮かんだんです。当時、マスカラスの人気は少し落ちていましたが、あれで復活しましたね。子どもや女性のファンが増えましたし、視聴率も上がって『スカイ・ハイ』効果は絶大でした」と、梅垣は振り返る。

今や、当たり前になっているプロレスの入場テーマだが、実はプロレスと音楽を融合させたのはマスカラスではなく鶴田だった。

鶴田の初代入場テーマ曲はフランスのディスコ・グループ、バンザイの『チャイニーズ・カンフー』で、マスカラスの『スカイ・ハイ』より1年4か月より早い75年10月30日の蔵前国技館における鶴田VSブッチャーで使用されていたのだ。

「ジャンボとは年齢が近いこともあって気が合いましたね。僕もジャンボも音楽が好きだったこともあって、馬場さんと大木さんがやった蔵前の大会のセミのジャンボとブッチャーの試合で、ジャンボの入場の時だけ『チャイニーズ・カンフー』を使ってみたんです。当時はディスコ・ブームだったし、なんとなくジャンボの新しいプロレスに合うんじゃないかなと。それからジャンボが『試練の十番勝負』で国際プロレスのラッシャー木村さんと戦う時（76年3月28日、蔵前国技館）の予告編のBGMでも流しました。当時は普通に

▲マスカラスとの真夏の夜のアイドル対決は、女性たちをも虜(とりこ)にした

試合を編集して、そのシリーズの日程を入れるという番組作りで、予告編というのはあまりやっていなかったと思いますね。番組を盛り上げる、シリーズを盛り上げるということで企画した記憶があります。ジャンボによってプロレスと音楽が融合して、それがマスカラスの『スカイ・ハイ』で爆発的な人気になり、さらにブッチャーやファンクスに続いて……もう、イケイケどんどん状態でしたね」（梅垣）

さて、注目のアイドル対決は、少年ファンが殺到する中でマスカラスがファンクラブの騎馬に乗って『スカイ・ハイ』で入場すれば、鶴田もファンクラブの騎馬に乗って『チャイニーズ・カンフー』で入場。親衛隊のチアガールが黄色い歓声を上げた。

しかし試合は派手なムードとは裏腹に身体を密着させる攻防が続いた。

鶴田が72年ミュンヘン五輪のグレコ代表なら、マスカラスは64年東京五輪のメキシコ代表に選出されながら、それを固辞してプロ入りの道を選んだという経緯があり、レスリングの攻防に自信を持っていたのだ。

試合が動いたのは20分すぎ。ついにマスカラスが宙を飛んでフライング・クロスアタック2連発から首と両腕を極めるメキシコ流のサブミッションで先制。絶妙なタイミングで静から動に転じるマスカラスならではの試合の組み立てだった。

▲リングではライバルでも、鶴田とマスカラスはお互いを認め合っていた(写真は81年)

2本目は体格で勝る鶴田がエアプレーン・スピン、ジャイアント・スイングでぶん投げ、コーナー最上段からミサイルキックというスケールの大きいファイトで制した。

決勝の3本目は、コーナー最上段から場外の鶴田にスーパーダイブを敢行したマスカラスが、客席に突っ込んでリングアウト負けになるアクシデント。田園コロシアムは屋外の会場で、この日はあいにくの雨でコーナーポストが濡れていて、足を滑らせたのである。

結末こそ残念だったが、内容はハイレベル。そして若いファンの応援合戦というプロレスの新風景を生んだこの一戦は、77年度のプロレス大賞年間最高試合賞を受賞した。

鶴田にとっては、「プロレスは強さを追求する〝実力勝負の世界〟と、芸術面を追求する〝観客を魅了する世界〟のバランスが大切だ」ということを考えるきっかけになった試合だったという。

プロレスラー人生で唯一の異種格闘技戦

鶴田のプロレスラー人生において、最初で最後の異種格闘技戦と言えるのが、78年2月5日、後楽園ホールにおけるアントン・ヘーシンク戦だ。鶴田のUNヘビー級防衛戦で、試合形式は通常のプロレスルールの60分1本勝負だったが、やはりあれは異種格闘技戦だったと言っていいだろう。

オランダ・ユトレヒト出身の柔道家ヘーシンクは61年12月2日、フランス・パリのクーベルタン・スタジアムで開催された第3回世界柔道世界選手権大会無差別級（階級制ではなく、参加者全員が無差別級）で、第2回大会優勝者の曽根康治8段に袈裟固めで一本勝ちして外国人として初の優勝を成し遂げ、64年東京五輪でも神永昭夫9段に袈裟固めで一本勝ちをして、無差別級で金メダルを獲得した柔道王だ。

日本国民の誰もが知っている格闘家だっただけに、73年9月25日夜、日本の新聞各社にＵＰＩ・共同から流れてきた「柔道家のアントン・ヘーシンクが日本でプロレスラーになる契約をした」という外電にマスコミ各社は大混乱になった。

ヘーシンク獲得は日本テレビと、ザ・ビートルズを日本に呼んだことでも知られる辣腕プロモーターの嵐田三郎氏の強力タッグによって実現したもの。

日本テレビにとって、ヘーシンク獲得は東京五輪直後からの悲願であり、日本プロレスを放映していた当時の日本テレビは、大晦日にＮＨＫの『紅白歌合戦』に対抗するために馬場VSヘーシンクを考えていたという。実に9年越しで獲得することができたのだ。

ヘーシンクのプロレス転向は、全日本の視聴率低迷を打破するために日本テレビ主導で進められたプランで、日本テレビが契約して全日本に預けたのである。

嵐田と一緒に交渉に当たった全日本中継プロデューサーの原は、「ヘーシンク自身、ビジネスになるとは思ったんでしょうね。それ以上に好きな日本でまたカムバックできるというのも励みになったかもしれません。正式契約は彼の地元のオランダ・アムステルダムでしました。契約は全日本ではなく、日本テレビとの契約でしたね。間に嵐田さんが入っていましたから、ちょっと複雑だったんです」と打ち明ける。

ヘーシンクのコーチ役は鶴田を育てたドリー。10月7日に来日したヘーシンクは8日に会見、9日の全日本・蔵前大会でファンに挨拶というスケジュールをこなすと、10日にはプロレス修行のためにテキサス州アマリロに旅立った。

「新しいことをわずかな時間で教えるのは不可能だから、彼がもともと持っているものを引き出すしかなかった。ヘーシンクの柔道をプロフェッショナル・レスリングのスタイルにアダプトできるようなトレーニングをした」（ドリー）

ドリーはヘーシンクの怪力が際立つアルゼンチン・バックブリーカーをフィニッシュ・ホールドとして授けた。

柔道だけでなくアマレスのグレコローマンでも活躍したヘーシンクは、10月20日（現地時間）アマリロのKSDAテレビスタジオで、マック・クォーリー相手にアマレスの吊パン姿でプロレス・デビュー。豪快な投げ、アームロックなどのプロレスの基本技を繰り出して、最後はアルゼンチン・バックブリーカーで勝利を挙げた。11月24日には、蔵前国技館で馬場＆ヘーシンクVSサンマルチノ＆カリプス・ハリケーンのタッグマッチで日本デビューを果たしている。

その後、ゴリラ・モンスーンと柔道ジャケットマッチをやるなど話題性はあったが、プロレスに順応できずに低迷。76年5～6月の『NWAチャンピオン・シリーズ』から来日が途絶え、鶴田のUNに挑戦した78年1～2月の『新春ジャイアント・シリーズ』は実に1年半ぶりの来日だった。

「柔道では世界一でも、プロレスでは三流」と酷評されるようになっていたヘーシンクだが、この1年半ぶりの来日では三流のプロレス的な要素を排除し、柔道着を身に着け、世界一の柔道だけで戦う格闘家に変貌していた。ゆえに鶴田とのUN戦もプロレスルールでありながら、異種格闘技戦の様相を呈したのだ。

結果を先に書いてしまえば、ヘーシンクがエプロンからリング内の鶴田に裸締めを仕掛

▲ヘーシンクとの戦いは「10年早いUWF」といっても過言ではないだろう

けて反則負けという不透明決着で、「鶴田のUN防衛戦史上の大凡戦」とされているが、それはあくまでもプロレス的な見方からの評価。異種格闘技戦的な目で見ると、かなり興味深い攻防が展開されている。

鶴田がプロレスの基本のダブル・リストロック投げ（UWF流に言うとチキンウイング・アームロック）でグラウンドに持ち込んでヘッドシザースに移行すると、ヘーシンクは首を抜いて袈裟固め。これを逃れた鶴田がバックを取ってヘーシンクの内腿（うちもも）に足を入れ、同時に片手で顎を引きつけて身体を返すレスリング・フリースタイルの股裂きへ。

ひっくり返されたヘーシンクが下から腕を取るが、鶴田は腕を取り返して腕ひしぎ十字固め。身体を起こしたヘーシンクが袈裟固め……という攻防が続くのだ。

ヘーシンクは世界選手権や東京五輪を制した袈裟固めで鶴田を押さえ込むと、さらに右腕を極めようとする。鶴田はプロレスの古典技キーロックで対抗。旧UWF旗揚げの11年もまえにこんな攻防があったのである。

なんとかプロレスらしい攻防に持ち込みたい鶴田は強引なジャンピング・ニーパット、腰の重いヘーシンクにサイド・スープレックス2連発、そして平手、テイクダウンを奪って顔面や腹にストンピングを浴びせるラフ攻撃でヘーシンクをエキサイトさせる作戦に出た。だが、エキサイトさせる作戦が裏目に出て、エプロンに蹴り出したヘーシンクがレフェリーの制止を振り切る裸締めに出て、反則決着になってしまったのである。

結局、これがヘーシンクの全日本ラストマッチ。あのままのスタイルで継続して全日本に参加し続ければ、新たな魅力を発揮できたのではないかと思うと残念だ。

「ヘーシンクの筋力は素晴らしかった。実際に組み合ってみると、他のレスラーから受けたことのない圧力を感じた。ヘーシンクのパワーの源は、子ども時代の生活環境と柔道競技を通じて身に付けた〝生活筋肉〟。丸太を担いで野山を走ったり、斧で木を切ったりなどの荒行も、彼のタフネスぶりを強化したと思われる。もし、彼がプロレスの勝ち負けだけではない芸術性を理解できていたら、超一流のレスラーになれたはずだ」と、鶴田はヘーシンクのナチュラルな強さを認めていた。

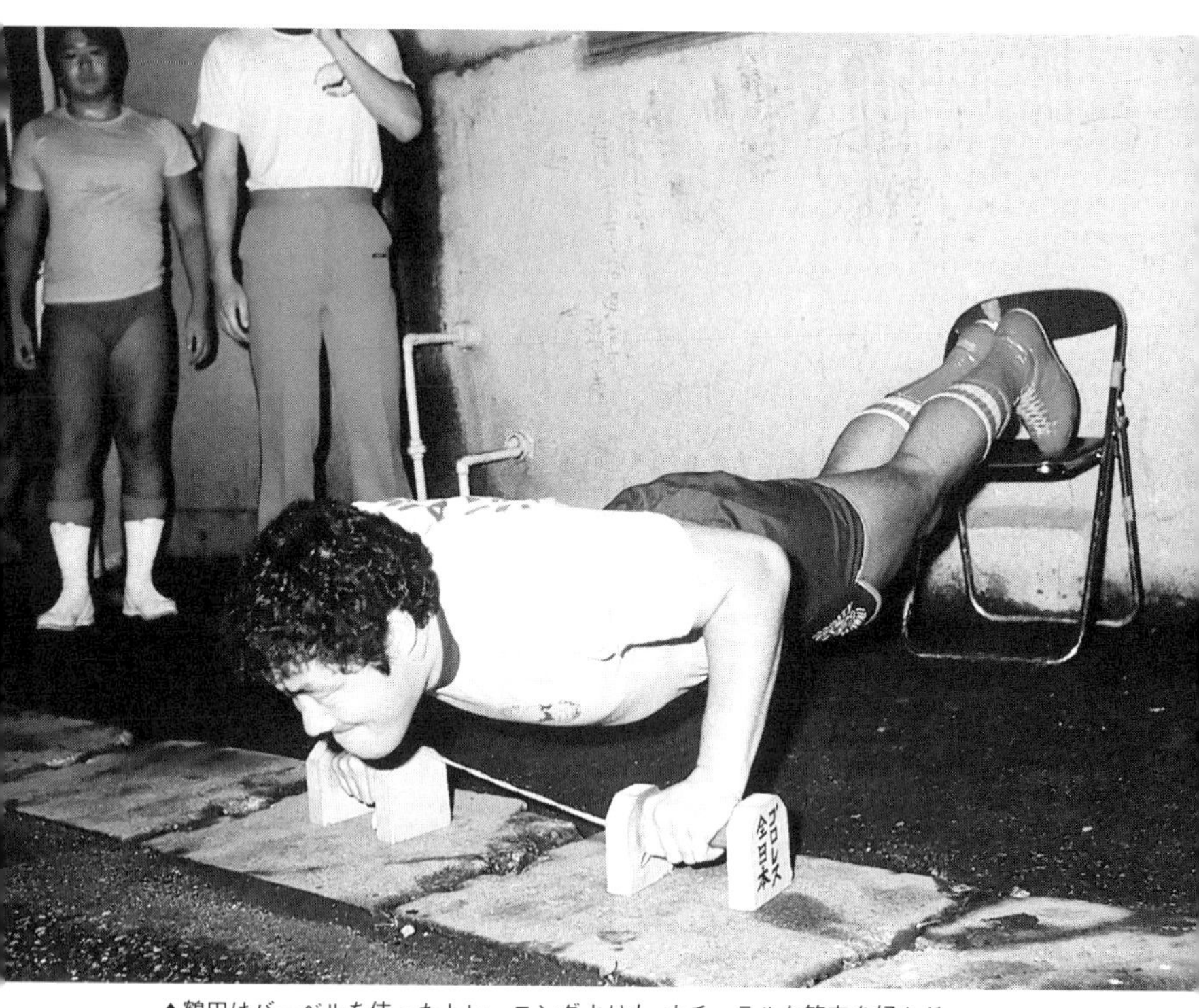

▲鶴田はバーベルを使ったトレーニングよりも、ナチュラルな筋肉を好んだ

第6章 逆風

叩き上げの雑草たちが台頭

プロレス専門誌『月刊ゴング』の昭和53年（1978年）本誌6月号に、特別読み物として『今年26歳・プロ転向6年・全日本プロレスの星……ジャンボ鶴田が伸び悩んでいる？』という興味深い記事が掲載されている。

UNヘビー級&インターナショナル・タッグの2冠王者として、全日本の準エースの座を揺るぎないものにしていた時期で、この記事でも技術的な面では「立体殺人技の一層の研鑽を目指して実行しており、着実に前進を続けている」と高く評価されているが、指摘されたのは「エースの座への気迫に欠ける」という精神的な部分だ。

振り返ると、デビュー半年でジャイアント馬場に次ぐ全日本のナンバー2に駆け上がった鶴田には、全日本だけでなく、日本プロレス界全体を見渡しても同じようなキャリア、同年代のライバルは皆無だった。

1歳年下で同じミュンヘン五輪に出場して新日本プロレスに入団し、対抗馬と見られた吉田光雄こと長州力は、まだプロレスに馴染めずに中堅どころで試行錯誤していた時期。

全日本の第三の男として馬場にスカウトされた大相撲の元前頭筆頭・天龍源一郎は、前年77年6月に日本デビューを果たしたものの、長州と同じくプロレスにつまずき、2度目のアメリカ武者修行中だった。

そうした中で鶴田の脅威になったのは、同じエリートの長州や天龍ではなく、一介の新弟子から叩き上げてきた雑草たちだ。

「日本マット界の将来を背負う逸材と評されていたジャンボ鶴田の前に、おびただしい数のライバルが現れ始めたのである。その多くはエリート・コースを進んできたのではない。みんな雑草のようにはき捨てられ、そこからまったく独力ではいあがり、力を伸ばし、堅実にのしあがってきた者ばかりである」という記事の中で挙げられているのは、ロッキー羽田（はた）、藤波辰巳（現・辰爾）、戸口正徳（まさのり）（キム・ドク→タイガー戸口）の3人。

羽田は73年1月、24歳の時に猪木も馬場も去ってしまった末期の日本プロレスでデビュー。その3か月後には日プロが崩壊して、他の先輩たちと共に全日本に吸収されるという不遇な新人時代を味わっている。

日プロの残党を吸収したことで全日本は選手が急増した。新人で、しかも外様の羽田は毎試合出場というわけにはいかなかったが、74年暮れのシリーズに参加したＮＷＡ世界ジュニア・ヘビー級王者ケン・マンテルに192㎝の長身を見込まれてスカウトされ、馬場の承認を得て翌75年1月にアメリカ武者修行に出るチャンスを掴んだ。

鶴田が将来のエースとしてテキサス州アマリロのザ・ファンクスに預けられたのとは違って、羽田はマンテルが主戦場にしていたオクラホマ、ルイジアナ、ミシシッピのNWAトライステーツ地区でアメリカ生活をスタートさせたあとは、自らプロモーターと交渉してフロリダ、セントラルステーツ地区といったNWAの主要テリトリーを転戦して、米マット界を独力で生き抜いた。

76年9月11日に、「NWA世界ヘビー級王座への登竜門」と呼ばれていたボブ・バックランドが保持するミズーリ州ヘビー級王座に挑戦、同年12月6日にはブルドッグ・ボブ・ブラウンとのコンビでハーリー・レイス&パット・オコーナーからセントラルステーツ地区認定NWA世界タッグ王座を奪取するまでに成長し、77年5月の『NWAチャンピオン・シリーズ』に2年5か月ぶりに凱旋帰国したのだ。

同シリーズでは、前年10月に全日本に入団した天龍が、鶴田と同じようにアマリロで8か月の修行をした上で日本デビューを果たしたが、羽田のスケールの大きなアメリカン・プロレスは「天龍よりもいい！」と評判になった。

アメリカで才覚を発揮した羽田は〝和製アメリカン・ドリーム〟と呼ばれるようになり、どん底から這い上がったイメージから、映画『ロッキー』の主人公ロッキー・バルボアにちなんで本名の羽田光男からロッキー羽田に改名。エリート・コースを歩んできた鶴田よりも、雑草の羽田にシンパシーを感じ、逞しさ、頼もしさを感じるファンも少なくなかった。

そして新日本の藤波である。この鶴田の記事が出たのは、藤波がWWWFジュニア・ヘビー級王者として凱旋帰国した直後。ドラゴン・ブームの真っ只中で、藤波の叩き上げのサクセス・ストーリーもまたファンの心を掴んだ。

藤波は格闘技の経験がないままに16歳で日本プロレスに入門。アントニオ猪木の付き人になったものの、入門規定に満たない体格だったためにデビューまで11か月もかかり、デビュー半年後には日プロを追放された師匠・猪木を追って新日本の旗揚げに参加した。

エリートとして入団した長州に遅れること10か月、75年6月にキャリア4年にしてようやく海外武者修行のチャンスを掴んでドイツ、その後はカール・ゴッチの家に半年間住み込んで特訓を受け、ノースカロライナ、メキシコなどを転戦する。

そして78年1月23日、ニューヨークMSGでカルロス・ホセ・エストラーダを撃破してWWWFジュニア王者に。24歳の無名の日本人レスラーが世界の檜舞台でチャンピオンに

▲青春を謳歌するそのライフスタイルがファンの反感を買うことも(写真は82年)

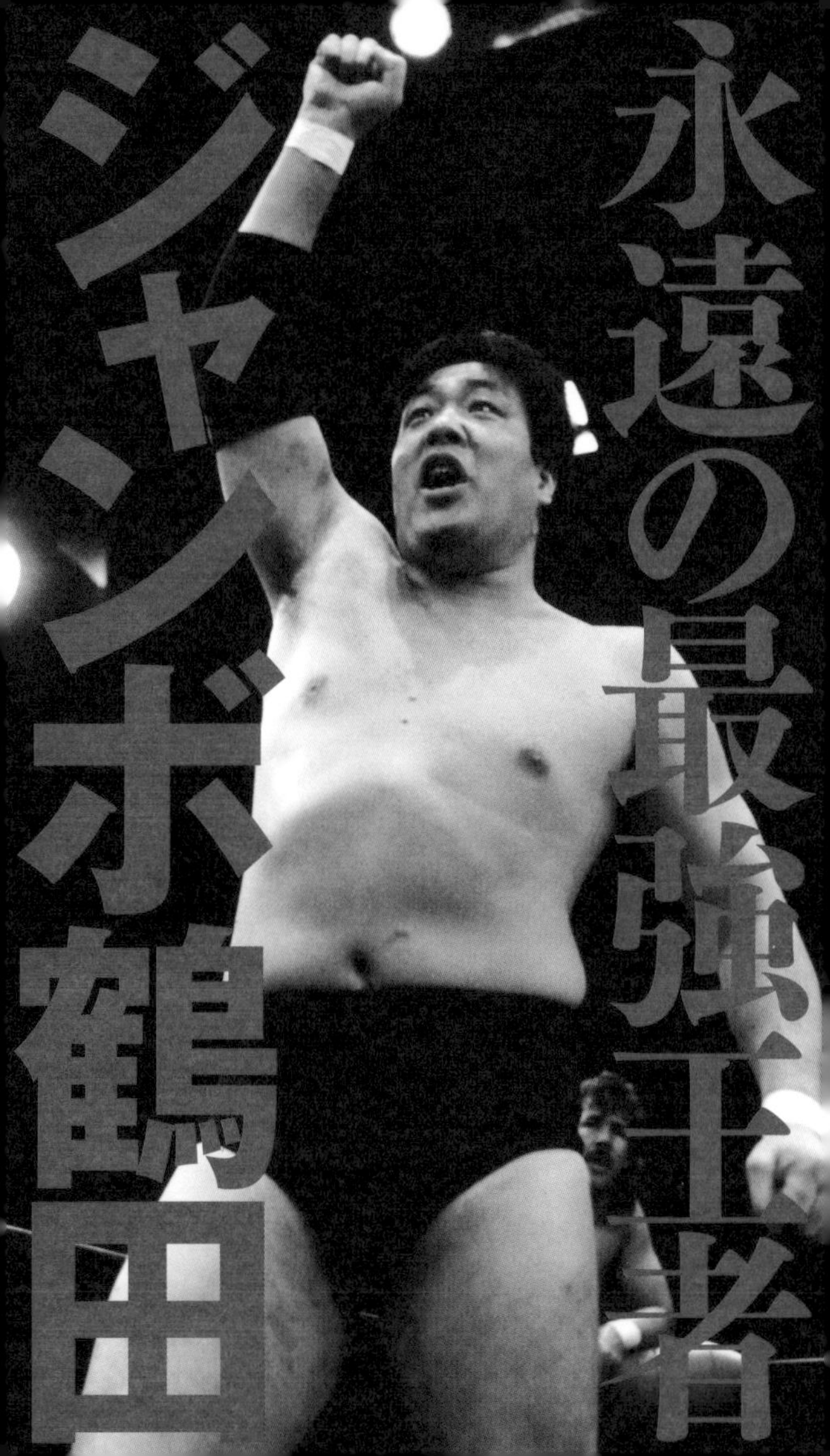
永遠の最強王者
ジャンボ鶴田

なるという快挙に日本のプロレスファンは熱狂した。

この鶴田の記事は、「音楽コンサートに熱を入れたり、芸能方面に目を向けたりするのは余技。世界に飛躍する、今のジャンボ鶴田にはまだふさわしくない」という記述もあるが、厳しい指摘は当時のファンが鶴田に感じていた歯痒さ、物足りなさを代弁するものだ。

実はレールから外れることなくエリート・コースを歩むのも大変なことなのだが、それよりも苦労を重ねて這い上がってきた人間のほうが感情移入しやすい。

それまでは鶴田の従来のスポーツ選手とは違って泥臭さを感じさせない爽やかさ、オフにはギターを爪弾いて青春を謳歌するライフスタイルがカッコいいとされたが、この頃からプロレスファンの気質が変わってきたのかもしれない。

そしてアンチ鶴田を生んだ極め付きの存在が戸口正徳……キム・ドクである。

エリート鶴田に対抗意識を燃やした戸口

「最初に鶴田に会ったのはサンアントニオ・テキサス。あそこにテレビ撮りで来てたんだよ。東スポの山田（隆＝テレビ解説者）さんもいた。俺は馬場さんに挨拶しに行ったけど、鶴田なんか知らん顔してたよ」

戸口は鶴田との出会いをそう語る。75年2月5日、テキサス州サンアントニオで馬場と鶴田がファンクスからインター・タッグ王座を奪取した日だ。

48年2月7日に韓国人の父、日本人の母の間に生まれた戸口は、鶴田より3歳上。母方の戸籍に入ったため、国籍は日本である。

67年3月に日プロに入門して大木金太郎の付き人になり、日プロが崩壊する4か月前の72年暮れにロサンゼルスへ。師匠の大木がロスのブッカーだったミスター・モトに頼んで、日プロが潰れるまえに海外修行に出してくれたのだ。

ここから戸口は韓国人レスラーのキム・ドクに変身する。漢字で書くと「金徳」。金は大木の本名・金一（キム・イル）、徳は本名から付けたもの。キム・ドクを本名だと思っているファンは多いと思うが、これはリングネームで戸口正徳が本名だ。

ロスからオクラホマ、ルイジアナ、ミシシッピのNWAトライステーツ地区に転戦して、73年9月にスタン・コワルスキーとのコンビで同地区認定USタッグ王座を奪取。74年には日系レスラーの大御所、ミツ荒川のパートナーとしてディック・ザ・ブルーザー&ウイルバー・スナイダーが主宰するインディアナ州インディアナポリスのWWAに移った。

WWA時代には、パット・オコーナーのブッキングでNWAの総本山セントルイスのキール・オーデトリアムやNWA本部があったチェイス・パーク・プラザホテルでのTVショー『レスリング・アット・ザ・チェイス』にも出場。74年4月6日のチェイスでのTVショーでは時のNWA世界王者ジャック・ブリスコとも対戦している。

75年1月からは、フリッツ・フォン・エリックがテキサス州ダラスを拠点に主宰する『ビッグタイム・レスリング』に転戦。エリック傘下のサンアントニオでの大会で馬場&鶴田と出会ったのである。

日プロの大先輩・馬場には敬意を示したものの、独力で2年間、アメリカ各地を渡り歩いてきた戸口は、エリート・コースを歩んできた鶴田に激しい対抗意識を抱いた。

「鶴田の試合を初めて観た時？　なかなかやるとは思ったけど〝凄いな〟っていうのはなかった。〝やっぱりアマリロにいたからファンクスと手が合うんだな〟ってぐらいだよ。俺にしてみれば〝ここは日本じゃないよ、アメリカだよ。実力の商売なんだよ〟って。俺に言わせれば、鶴田は作られた偽りのスターだから、別になんとも思わなかったね。〝てめえで苦労して、てめぇで稼げ！〟って。敷かれたレールの上を走ったって、そんなのクソの役にも立たないよ。俺は鶴田と違うんだ」

戸口は72歳になった今も、鶴田との出会いについて聞かれると、激しい言葉を口にする。

鶴田と戸口の名勝負数え唄

鶴田と会った3か月後にはバーン・ガニアが主宰するＡＷＡに転戦し、7月12日のウィスコンシン州ミルウォーキーにおける賞金２０００ドルの15人バトルロイヤルに優勝。ビル・ロビンソンと抗争を繰り広げ、10月25日のミルウォーキーではガニアのＡＷＡ世界王座に挑戦した。

同年12月には、フロリダに2大会だけ出場して同地区認定ＮＷＡサザンヘビー級王者ロビンソンに連続挑戦している。当時、ロビンソンはＡＷＡとフロリダのＣＷＦ（チャンピオンシップ・フロム・フロリダ）を掛け持ちしていたが、ＡＷＡの抗争カードをフロリダが拝借したということは、それだけドクVSロビンソンのクオリティが高かったということだ。翌76年2月にも同一カードがフロリダ州サラソタで実現している。

ＡＷＡからノースカロライナ州、サウスカロライナ州、バージニア州のミッドアトランティック地区をカバーするＮＷＡの黄金テリトリーの『ジム・クロケット・プロモーションズ』（ブランド名＝ミッドアトランティック・チャンピオンシップ・レスリング）に転戦しようとしていた76年9月、大木に「全日本で俺のパートナーになれ」と言われて3年9か月ぶりに日本の土を踏んだ。

鶴田と戸口の初遭遇は『ジャイアント・シリーズ』第8戦の10月2日、後楽園ホールにおいて鶴田&サムソン・クツワダVS大木&ドクのタッグマッチで実現した。

日本のプロレスファンは〝韓国の龍神〟ドクの193㎝の長身から繰り出されるスケールの大きなアメリカン・プロレスに目を見張った。

ドクはアメリカ生活の中でファンクス、ジャック・ブリスコ、レイス、ディック・マードックからNWAスタイルのアメリカン・プロレスを吸収していたのである。さらにAWAではガニア、ロビンソンからも学んだ。

お株を奪うダブルアーム・スープレックスで鶴田を叩きつけ、さらにサイド・スープレックス、ショルダーバスター、ガニアとの抗争から盗んだと思われるスリーパー・ホールドなど、大技で鶴田と互角に渡り合うドクに、当時のファンは「もうひとり鶴田がいた！」という驚きの声を上げた。

大木のパートナーとしてヒール的立場を取りながらも日本のファンを魅了し、支持を得たドクは、10月28日の蔵前国技館で大木とのコンビで馬場&鶴田からインター・タッグ王座を奪取。シリーズ開幕前の8月31日深夜にソウルで交通事故を起こし、頭部を30針縫う大怪我を負って万全ではない大木を守りながら孤軍奮闘する姿もファンの胸を打った。

インター・タッグ王座は12月9日の日大講堂で馬場&鶴田が奪回、戸口は年明けから当初の予定どおりにミッドアトランティック地区に転戦したが、鶴田に欠けている逞しさとパッションを持つドクは日本のファンに大きなインパクトを残した。

翌77年3月20日、馬場はノースカロライナ州グリーンズボロでバロン・フォン・ラシク相手にPWF王座防衛戦を行った。この時、馬場より上位に組まれていたのがミッドアトランティック王者ワフー・マクダニエルVSドクのタイトルマッチだった。ふたりの抗争は同地区のドル箱カードになっていたのだ。

その翌日、馬場は戸口に全日本への参加をオファーした。それまで鶴田はファンクス、アブドーラ・ザ・ブッチャー、レイスなどのキャリアも年齢もはるかに上のビッグネームと戦っていたが、切磋琢磨できる同年代のライバルが必要だと馬場は考えたのだろう。

それに、馬場は日プロ時代から戸口を買っていた。実は、自分の付き人の轡田友継（サムソン・クツワダ）よりも戸口を買っていて、アドバイスしたくてしょうがなかったが、大木の弟子なので口出ししなかったというのだ。

戸口がドクとして再び全日本に登場するのは同年10月。馬場のオファーから7か月も時間が空いたのは、アメリカ本土でのビジネスを大切にしたかったからだ。

77年10月から79年1月シリーズまで、戸口はキム・ドクとして全日本に1年3か月もの長期〝遠征〟をする。外国人選手扱いだから帰国ではなく遠征である。

再結成された大木&ドクの韓国師弟コンビは、77年11月にソウルで馬場&鶴田からインター・タッグ王座を再び奪取したが、翌78年5月に奪回されてしまう。

しかし、このわずかな期間に大木とドクの力関係は逆転する。そして鶴田とのシングル名勝負数え唄が生まれた。

77年10月29日の黒磯市公会堂における初一騎打ちは60分3本勝負で行われ、1本目はドクがブレーンバスターで勝利、2本目は鶴田が回転エビ固めで返し、3本目はドクがチェーンを持ち出しての反則負け。

10か月ぶりの全日本マットということで、ドクがヒールを意識したために反則裁定の試合になってしまったが、同日に行われた馬場と大木のアジア・ヘビー級戦をセミファイナルにして、鶴田VSドクがメインイベントに組まれたところが重要なポイントだ。馬場はそれだけ大きな期待をかけていたのである。

78年1月の『ジャイアント・シリーズ』では、全28戦中4回もシングルマッチが組まれて、すべて両者リングアウトで決着つかず。

3月25日の川崎市体育館における『第6回チャンピオン・カーニバル』公式戦は、30分時間切れ引き分け。8・28高知県民館ではまたも両者リングアウトに。

そして9月13日の愛知県体育館における、鶴田にドクが挑戦したUN戦でベストバウトが生まれる。60分3本勝負を戦い抜き、さらに5分の延長戦もドローになったのだ。

1本目は実に28分27秒の熱闘。ドクが秘密兵器キウイロールで鶴田からギブアップを奪った。キウイとはニュージーランドの国鳥で、飛べない鳥。ニュージーランド出身のエイブ・ヤコブス（日本ではアベ・ヤコブとして知られる）が得意にしていた足関節技だ。ヤコブスはミッドアトランティック地区を主戦場にしていたベテラン・レスラーで、77年1～9月まで同地区でファイトしていたドクはそれを盗んだのである。

この試合でドクはキウイロールだけでなく、かんぬき式のフロント・スープレックスも公開した。鶴田のフロント・スープレックスは胴タックルからの反り投げだが、ドクのかんぬき式は、自分の両腕で相手の両腕を極めながらの極め反り投げ。193㎝のドクが大

▲鶴田と戸口のド迫力の死闘は、全日版〝名勝負数え唄〟といえる激しさだった

きな弧を描いて196cmの鶴田を投げる様は壮観だった。

2本目は鶴田がジャーマン・スープレックスで15分45秒に返し、残り時間は15分48秒。決勝の3本目は残り時間30秒で鶴田のサイド・スープレックスが爆発し、さらに逆エビ固めに入ったが、これをドクが跳ね返して回転エビ固めの応酬から時間切れを告げるゴング。ドクが日本語と英語で「あと5分!」とアピールし、馬場は鶴田の時間切れによる王座防衛とした上で5分間の延長戦を承認した。

結局、鶴田がネックブリーカー、パイルドライバー、スピニング・トーホールドで攻め込んだところで時間切れのゴングが鳴った。同じような体格、NWAスタイルの同じリズムを持つ両雄が見事にスイングした65分だった。

ただ、判定を付けるとすれば、鶴田が優勢。終盤からは鶴田の無尽蔵のスタミナがドクの執念を明らかに上回っていた。ロビンソンと65分、レイスのNWA世界王座に挑戦して60分時間切れを経験している鶴田のほうがスタミナ配分に長けていたのである。

しかし戸口にとって、あの鶴田戦は大切な思い出であることは間違いない。

「あの試合は俺の計算ミス。脱水状態になっちゃったんだよ。でも、試合後に馬場さんの奥さんから〝馬場さんが久しぶりに興奮する試合を観たと喜んでいました。お疲れ様でした〟って電話がかかってきて、それは素直に嬉しかった」と、戸口は今でもあのUN戦について聞くと、充実感を語るのである。

マイナスになってしまった戸口の全日本入団

79年1月29日、大阪府立体育会館におけるUN再戦が60分時間切れになったのを最後に戸口は再びミッドアトランティック地区へ。すぐさま馬場は戸口にオファーを出す。今度は遠征ではなく、全日本〝入団〟のオファーだ。

大木がザ・ブッチャーと結託することを知った戸口は、「ブッチャーの下に付くつもりはないし、今後、大木さんとも行動を共にしない」と表明。大木との決別を宣言した戸口は、自身の身柄をファンクスに預けて7月12日にファンクスと共に帰国。翌13日に全日本入団というストーリーが描かれた。見事なベビーフェースへの転身である。

7月14日の松戸運動公園体育館。本名の戸口正徳に戻って馬場とタッグを組んでムース・モロウスキー&ロジャー・カービー相手に初陣を飾り、同月17日の上田市体育館では鶴田とのコンビも実現。公募により8月17日の後楽園ホールにおける『ブラック・パワー・シリーズ』からタイガー戸口に改名した。

前述のように、馬場は日プロ時代から戸口を買っていた。時を経てエース＝馬場、準エース＝鶴田、第三の男＝戸口という体制が確立されたのである。第三の男を期待されていた天龍は、まだアメリカで修行している段階だった。

だが、戸口を全日本に入団させたことは鶴田にとっても、戸口にとっても結果的にマイナスに作用してしまった。秩序を重んじる馬場は一度決めた選手の序列を変えることはなかったからだ。

つまり、全日本に入団したことで戸口は〝永遠の3番手〟というポジションに固定されて、鶴田のライバルではなくなってしまったのである。

これが新日本であれば、藤波と長州のように競わせただろうが、猪木のライバル意識によって日プロが馬場派と猪木派のふたつの派閥に分かれてしまったという苦い過去がある馬場は、身内同士に競わせることは絶対にしなかった。

同じ正規軍になった鶴田と戸口が戦ったのは、年に一度の『チャンピオン・カーニバル』の公式戦だけ。80年も81年も30分時間切れに終わっている。

もし、のちの鶴田と天龍の鶴龍対決のような展開になっていたら鶴田、戸口、そして全日本の未来はまったく違ったものになっていただろう。

戸口は81年4月30日、全日本所属第1戦を行った松戸運動公園体育館における『インター・チャンピオン・シリーズ』最終戦を終えるとフリーになって全日本を去った。

当時、戸口は準エースに定住する鶴田に物足りなさを感じていた。

「あいつは責任感がなさすぎた。自分がトップを取ってるなら、トップを取る恰好をしてピシッとやらないと。でも〝馬場さんがトップだから〟っていう頭があるから、それ以上のことをやらなかったんだ」というのが戸口の述懐である。

スピード出世がもたらした歪み

「作られた偽りのスター」や「敷かれたレールの上を走っているだけ」「〝馬場さんがトップだから〟っていう頭があるから、それ以上のことはやらない」などの戸口の厳しい言葉には鶴田へのジェラシーもあるだろうが、ファンや関係者が薄々感じていたことでもあった。

デビューわずか半年で事実上の全日本ナンバー2になり、その後もレールから外れることなく走ってきたのは、鶴田の非凡な才能と努力によるものなのは間違いないが、キャリアを重ねるにつれて、その歪みが出てきてしまったことは否めない。

「日プロから合流してきたミツ・ヒライさんが〝ジャンボのプロレスって軽いなあ〟って言っていたことがあるんだよ」と語るのは佐藤昭雄。

ヒライは馬場より2年先輩。179㎝、104kgの小柄な体格だったためにメインイベンターにはなれなかったが、技巧派で試合運び、試合作りが巧く、若手の手本のような選手だった。日プロ後期には若手のマッチメークを担当するなど発言力もあった。

馬場も一目置いていて、全日本プロレス旗揚げ前には、若手の轡田と佐藤がなんのトラブルもなく日プロを出られるようにヒライに頼んでいる。

ヒライにしてみれば、鶴田にアドバイスしたいことがたくさんあったのだろうが、馬場はマシオ駒を盾にして鶴田の育成に口を出させないようにしていたという。

さらに佐藤に言わせると、「駒さんにしても10個のうち9個までは凄く説明していたけど、10個目は言わない時があったわけよ。だから俺は〝ああ、なるほどな。全部は言ってないよなあ〟と思ったよ」とのこと。駒も鶴田にすべてを教えていたわけではなかったのだ。それは、「自分の技術をすべて教えるのは自らの立場を脅かすことになる」と考えるプロレスラーの性（さが）とでも言うべきか。

「ファンクスのところに半年しかいないで上に行っちゃったでしょ。それじゃあ、技の掛け方ぐらいで、そんなに覚えないでしょ。自分のアイデアはないし、試合で機転が利くほうじゃなかったね。臨機応変さがないから面白くないの。メリハリなく淡々と試合をこなすっていう感じだったからね。すぐにナンバー2に据えられちゃったことが逆にマイナスだったかもね。下にいれば、いろいろ考えることもできるし、失敗もできるけど、あの位置じゃ失敗できないからね。だから手堅く、教わったことをやるだけなの」

そう厳しく語るのは、己の力で米マット界を生き抜いたザ・グレート・カブキ。苦労人の言葉が辛口になってしまうのは仕方のないことかもしれない。

スピード出世した鶴田にとって、対戦相手はキャリア豊富な格上の選手ばかりだった。それは経験になったが、その一方では常に相手に試合をリードされることになり、自ら試合を引っ張る機会がないというマイナス面もあった。

「相手はトップの一流選手だから、どうしても相手にリードされる。絶対に彼らは彼らのペースで試合をする。それに対応していけるかどうかだからね。当時は馬場さん、猪木さんクラスじゃないと対応できなかったと思うし、鶴田さんは彼らからしたらヒヨッコなわけで、自分のペースで持っていこうなんていうのはとんでもない話。向こうのフィールドで戦わなくちゃいけなかった」と言うのは渕正信。

鶴田本人もそれは認めていて、「俺は誰とやっても水準以上の試合ができるよ。相手は俺のスタイルに合わせてくれるわけがないんだから、こっちが相手のスタイルに合わせて、なおかつお客さんが納得する試合をしなくちゃいけない。その技量を見せるのが大変」とよく語っていたものだ。

新人ながらドリー・ファンク・ジュニア、ブリスコ、レイスなどの超一流選手たちに身を任せ、それに見事に対応してきた鶴田だが、振り返ると、自分自身が試合を作り、相手をコントロールすることはなかった。

前座から段階を踏んでいけば負けも失敗も許されただろうし、大仁田、渕、薗田といった後輩相手に試合を自分でコントロールすることも覚えたに違いない。

そして普通は中堅クラスになるまでは大技を許されないから、否応なしに試合の組み立てを考えなければならない。大技や難しい技で試合を決めるなら、それだけでも観客は沸くが、簡単な技で決める場合には、そこに至るまでの組み立てが重要になってくるからだ。

そうした下積みがのちに活きてくるのだが、鶴田の場合は下積みが一切ない状態でメインイベンターの大技のプロレスを義務付けられてしまったのである。

「試合作りっていうのは誰にでもできるわけよ。ところが試合の全体の流れの中で波を作る、ジャンボ鶴田を作るっていうのは、ジャンボの責任なんだよ。でも、ジャンボは責任を持たされてやった試合はなかったんだよ。馬場さんは力道山が亡くなり、豊登さんがいなくなったあとに〝自分がやらなきゃいけない〟っていう気持ちもあっただろうし、日本テレビの放送の中でジャイアント馬場像が作り上げられて、ずっとトップスターでやってきたよな。だから馬場さんは〝２０９センチのジャイアント馬場というキャラクターをやること〟が上手だった。それが馬場さんの偉大さだよ。でもジャンボは責任を持たされたことがないから、自分が何をやらなきゃいけないのかっていうのを最終的なところでわかってなかった」という佐藤の言葉は深い。

揺るぎない全日本プロレスの序列

「馬場の次」というナンバー2は微妙なポジションだった。最後に責任を持ってメインイベントを締めるのは、あくまでもナンバー1の馬場であり、ナンバー1の馬場とのタイトルマッチに辿り着くことを目的とするトップ外国人選手にとって、ナンバー2の鶴田は辿り着くための踏み台なのだ。

「馬場さんは超一流外国人相手にガッチリ勝利を奪ったけど、鶴田さんはまだそこまでの地位じゃなかったよね。反則勝ちか両者リングアウトがせいぜいだった」(渕)

80年代半ばまではトップが馬場、2番手は一流外国人選手、鶴田は3番手というのが全日本の体質だった。トップ外国人選手は、鶴田とは対等の試合をしてくれても、それ以下の日本人選手は歯牙にもかけなかった。

「強い超一流外国人選手」が売り物だから、インター・タッグ防衛戦になると鶴田は相手の攻撃をガンガン受け止めて、エースの馬場につなぐという露払いの役割になってしまう。

「タッグのパートナーがほとんど馬場さんだったでしょ。そうなると昔の吉村(道明)さんが馬場さんを作ったようなことを、他の連中がジャンボに対してやったことがないわけ。馬場さんがおっとりとリングの中に入ってジャイアント馬場らしくやれば、いくらジャンボが飛んだり跳ねたりカッコよくやったとしても、お客さんはそんなことは忘れて〝馬場！　馬場！〟ってなる」(佐藤)

かつての日本プロレスでは吉村が馬場、猪木、大木のパートナーになり、身体を張って持ち上げてくれた。吉村と組んでアジア・タッグ王者になることはメインイベンターになる上での大事なステップだった。

ところが全日本では鶴田を持ち上げてくれるベテランがいなかった。「今にして思うと、先輩たちももっと鶴田さんを盛り立ててあげてもよかったと思うなあ」と渕も言う。

そして何よりもファンが不満に思っていたことは、鶴田自身に「上を食ってやる!」という気概が感じられなかったことだ。戸口の言う「鶴田には〝馬場さんがトップだから〟っていう頭があるから、それ以上のことはやらない」である。「ジャンボはポンと売り出されてトントン拍子に行ったけれども、ジャイアント馬場と肩を並べられるとファンに思わせるようなところがまったくなかった」という佐藤の言葉は、実に的を射ている。

藤波や長州が〝猪木超え〟をテーマに掲げ、実際に口にして話題になることはあったが、鶴田が馬場超えを口にすることも、それを煽るマスコミもなかった。全日本には揺るぎのない選手の序列があり、そこから誰もはみ出さなかったからだ。

春の祭典を制しても時代は掴めず

そんな状況下、鶴田が初めて馬場の上に行ったのは、80年春に開催された春の本場所『第

8回チャンピオン・カーニバル』だ。

『チャンピオン・カーニバル』は全日本旗揚げ翌年の73年春に、「世界中のチャンピオンを集めてトーナメントを行い、雌雄を決してみたい」という馬場の希望から恒例化された大会で、日本プロレスの力道山時代から春の場所として恒例化されていた『ワールド・リーグ戦』の全日本版と言っていい。

日プロの『ワールド・リーグ戦』は年によって形式が変わったが、後年は日本人VS外国人のリーグ戦が定着。日本人選手と外国人選手のトップ同士が優勝を争うという形で、基本的には日本人対決を回避するようなシステムになっていた。

これに対して全日本の『チャンピオン・カーニバル』は、組み合わせと勝ち上がり次第では日本人同士、外国人同士でも対戦する可能性があるトーナメント戦を採用。そして第3回大会はブロック別のリーグ戦の首位選手による決勝リーグ戦、76年の第4回大会からは全選手総当たりのリーグ戦になった。

馬場は、日本人の同門対決は団体内の人間関係を悪くする危険性があるとして好きではなかったが、時代の流れと共にファンは伝統の日本人VS外国人から日本人対決、外国人同士の夢の対決を望むようになり、それに応えざるを得なくなったのだ。

鶴田はデビュー2年目の74年の第2回大会から参加している。

総当たりリーグ戦となった76年の第4回大会では、第5章でも触れた前年75年12月15日の仙台における『全日本プロレス・オープン選手権』公式戦に続いて、馬場と2度目の一騎打ちを行ってバックドロップに惜敗を喫した（5月1日、日大講堂）。

77年の第5回大会では、3度目の対決にして30分時間切れに持ち込んでリーグ戦をトップで終了。ブッチャーとの優勝戦進出者決定戦を勝ち抜いた馬場と5月14日の日本武道館で雌雄を決したが、馬場の「ここ一番！」の必殺技ランニング・ネックブリーカー・ドロップに涙を飲んだ。

78年の第6回大会は馬場と引き分けたものの、優勝戦進出はならず、79年の第7回大会は馬場と引き分け、ブッチャーと同点首位になり、2度目の優勝戦進出。しかしブッチャーのエルボードロップに沈められてしまった。

そして馬場、鶴田、戸口、羽田、小鹿、大熊、ブッチャー、テリー・ファンク、テッド・デビアス、ディック・スレーター、レイ・キャンディ、マスクド・アサシン（正体はボビー・ジャガース）、カール・ファジーが参加した80年の第8回大会で、鶴田はついに初優勝をやってのけたのである。

組み合わせ運に恵まれて、まずファジー、アサシンに手堅く勝利。続く師匠テリー戦は30分時間切れになったものの、難敵デビアスを回転エビ固めで丸め込み、戸口とは時間切れ引き分け。先輩の小鹿、キャンディに連勝し、馬場とはまたも時間切れ引き分け。羽田、大熊に連勝後にテリーの加勢があったとはいえ、前年優勝者のブッチャーにピンフォール勝ち。最終公式戦でスレーターのスモールパッケージ・ホールドに不覚を取るという詰めの甘さを露呈したものの、首位でリーグ戦を終了した。

優勝戦で鶴田と戦う相手は最後までもつれた。ブッチャーとテリーが同点2位でリーグ戦を終了。この時点で残る公式戦はブッチャー、テリーより1点少ない馬場とスレーターの一戦のみ。この試合が時間切れになれば馬場、スレーター、ブッチャー、テリーの4人が同点、馬場が勝てば鶴田VS馬場、スレーターが勝てば鶴田VSスレーター、両者リングアウトなどの無得点試合になればブッチャーとテリーの優勝戦進出者決定戦という、ファンにとってはワクワクする展開になったのである。

果たして馬場VSスレーターは、若いスレーターに凱歌が上がった。ザ・シークの乱入というハプニングはあったものの、馬場はリングアウト負けを喫したのである。

こうして5月1日、福岡・九電記念体育館における優勝決定戦は鶴田VSスレーターに決定。鶴田が馬場の愛弟子なら、スレーターは〝右利きテリー〟と呼ばれるテリーの弟分。馬場と鶴田を差し置いての優勝決定戦は〝全日本・新時代の優勝戦〟として注目された。

この大舞台で鶴田がフィニッシュに選んだのは、73年10月に馬場とファンクスのインター・タッグ王座に挑戦してテリーから1本を奪取し、76年3月10日の日大講堂における『試練の十番勝負』第1戦ではバーン・ガニアから1本を奪ったジャーマン・スープレックス。まるで未来への懸け橋のような美しいブリッジだった。

キャリア7年、29歳にして春の祭典に優勝し、初めて師匠・馬場の上に行った鶴田。ついに鶴田時代が到来したかに見えたが、残念ながら時代を掴んだとは言えなかった。

なぜなら、そこに「師匠の馬場、テリーを超えた」という確かな世代交代がリング上で成されなかったからだ。そこを指摘するのは、82年夏から全日本のブッカー（現場監督）に就任して鶴田、天龍をトップに据え、三沢や川田などの若手を育てた佐藤である。

「ハッキリ言って馬場さんは、ジャイアント馬場は作れても、ブッカーとしてスター作りをするということができない人だったよ。そのカーニバルの時、俺はアメリカにいたから実際には観てないけど、優勝戦がジャンボとスレーターになった時点で駄目だろ。もし本当にそこで鶴田時代にする気があるなら相手は馬場さんか、テリー。あるいはブッチャー

▲ついに春の祭典を制してエースの座に……とはいかなかった

でもいいよ。それまで上位だったレスラーにしっかりした形で勝つことで、初めてファンは新時代を感じるんだから。ハッキリ言って、馬場さんもテリーも逃げたよな」

その時のシチュエーションを考えれば、最終公式戦で馬場はスレーターに勝たなければいけなかった。馬場が勝って優勝戦に進み、そこで鶴田が勝てば、全日本は鶴田時代に移行していたはずなのだ。

翌81年の第9回大会からは、リーグ戦の最高得点者が優勝というシステムに変更され、最終公式戦を迎える時点で馬場と鶴田が同点首位に。まず鶴田がブッチャーと最終公式戦を行ったが、両者リングアウトで脱落。ブロディに勝利した馬場の優勝となり、鶴田の2連覇とはならなかった。

第10回大会も馬場と鶴田が同点首位になったが、鶴田は天龍と時間切れ引き分けで脱落し、馬場が前年同様にブロディに勝って2年連続優勝を果たす。

この10回大会をひと区切りにして、リーグ戦による覇権争いは中断し、この時点での優勝記録は1位が馬場の7回（第1〜3回、第5&6回、第9&10回）、2位がブッチャーの2回（第4、7回）、3位が鶴田の1回（第8回）となった。まだまだ馬場時代であり、世代交代は遠いことを示している。

83年からリーグ戦を中断したのは、鶴田と天龍の鶴龍時代に移行する時期で、90年までの8年間は豪華外国人選手が参加する、文字どおりの「王者の祭典」のシリーズになった。リーグ戦が復活したのは91年。すでに時代は鶴田軍と三沢光晴、川田利明(かわだとしあき)、小橋健太(現・建太)の超世代軍の世代闘争に突入し、馬場は第一線を退いていた。

復活したリーグ戦はA、Bの2ブロックに分けて行われ、Bブロックにエントリーした鶴田は、川田利明、田上明(あきら)、ダニー・スパイビー、ダニー・クロファット、ジョニー・スミス、カクタス・ジャック相手に全勝で首位になり、4月16日の愛知県体育館における優勝決定戦では同じく全勝で勝ち上がったスタン・ハンセンと激突。当時三冠ヘビー級王者だった鶴田は、フライング・ボディシザース・ドロップでハンセンを撃破して実に11年ぶり2度目の優勝を果たし、全日本プロレスの〝絶対エース〟であることを証明した。

〝善戦マン〟という悲しき汚名

鶴田がキャリア豊富な対戦相手のスタイルに対応することに関して天才的だったことは、76年=ラッシャー木村戦(3月28日=蔵前国技館)、77年=ミル・マスカラス戦(8月25

日＝田園コロシアム）、78年＝レイス戦（1月20日＝帯広市総合体育館）と、3年連続でプロレス大賞年間最高試合賞に輝いたことからもわかる。キャリア数年にして日本屈指の名勝負製造機だったのだ。

そんな鶴田が〝善戦マン〟と呼ばれ始めたのは81年頃からだ。善戦マンとは「内容的にはいい試合をして王者を圧倒するが、結局は大善戦止まりでベルトを奪取できない男」という皮肉である。

年間最高試合賞に輝いた78年1月20日の帯広のレイス戦は、それまで敗戦続きだったNWA世界ヘビー級王座挑戦で初めて押し気味の60分時間切れになったことが評価された。ところが、その後はレイスに挑戦して60分時間切れが1回、両者リングアウトが3回とファンの期待を裏切ってしまった。そして〝善戦マン〟を決定づけたのは81年10月9日の蔵前国技館における新NWA世界王者リック・フレアーに挑戦した試合だ。

ガニアのAWAレスリング・キャンプに参加して72年12月にデビューしたフレアーは、キャリア的には鶴田より3か月先輩ということになるが、日本のファンの感覚では鶴田のほうがはるかに格上だった。

フレアーの初来日は73年6月、国際プロレスの『ビッグ・サマー・シリーズ』。ダスティ・

▲レイスとの試合で年間最高試合賞にも輝いたが、その後はファンの期待を裏切った

ローデス&マードックのテキサス・アウトローズがトップのシリーズで、キャリア半年のフレアーは外国人勢のどん尻という立場でアウトローズのパシリだった。

身体はずんぐりむっくり、ヘアスタイルは短髪のG1カットという、〝なんとも冴えないAWAのグリーンボーイ〟というのが日本のファンのフレアーの第一印象だ。

その後、AWAからNWAの激戦区ミッドアトランティック地区に移ったフレアーは、75年10月4日にノースカロライナ州ウィルミントンで飛行機墜落事故に遭遇。背骨を3箇所骨折する大怪我を負ったものの、8か月後に奇跡のカムバックを果たした。

後遺症によって以前のパワー・ファイターからスタイル・チェンジを余儀なくされ、身体をシェイプし、ブロンドヘアをなびかせる〝ネイチャーボーイ・スタイル〟に変身したわけだが、これが大当たりしたのだから人生はわからない。

78年4月には、ミッドアトランティックのトップスターの〝狂乱の貴公子〟に変貌。全日本に2度目の来日を果たしたフレアーは鶴田のUN王座に挑戦した。

だが、この時点でもふたりの差は大きく鶴田が王座防衛。鶴田は1本目をバックドロップ（まだテーズ式ではない）で先制。2本目は足4の字固めで取られてしまったが、決勝の3本目は再び足4の字を狙いにきたフレアーを首固めで丸め込んでの余裕の勝利だった。

▲王者となったフレアーの牙城は最後まで崩すことができなかった(写真は83年)

3本目のフィニッシュは75年12月10日にテリーがブリスコからNWA世界王座を奪取した時のムーブ。追い詰められたように見せかけて、電光石火の逆転勝利を演出したわけだ。終わってみれば鶴田の完勝。完全に鶴田が試合を支配、リードした防衛戦だったと言っていい。こうした経緯があるだけに、81年8月にフレアーがNWA世界王座を初戴冠すると、日本のファンは「もし全日本に来ることがあれば、鶴田が世界チャンピオンになれる！」と期待を膨らませていたのである。

しかし結果は1─2で鶴田がまさかの敗戦となった。1本目は鶴田がジャンピング・ニーパット、ダブルアーム・スープレックス、ジャンボ・ミサイルキックの大技3連打で先制して王座奪取の期待が高まったものの、2本目は2年半前のUN戦と同じブレーンバスターからの足4の字固めでフレアーが奪取。

決勝の3本目は、鶴田がジャーマン・スープレックスを炸裂させたが、その直前の攻防に巻き込まれた特別レフェリーのロード・ブレアースPWF会長がカウントに入れずに幻のフォールに。その直後のパイルドライバーもブレアース会長がカウントに入るのが遅かったためにフォールとはならなかった。

最後は串刺しドロップキックをかわされてコーナーマットに股間を打ちつけて逆転のフ

ォール負け。終盤の不透明な展開、そして後味の悪い幕切れはファンを大いに落胆させてしまったのである。

「結局、どんなに王者を追い詰めても鶴田はNWA世界王者にはなれない」ということをファンは薄々気付いてしまった。

魂に訴えるものが足りなかった鶴田の試合

その後も、鶴田は87年3月までNWA世界王座に5回挑戦したが、ついに王座奪取はならなかった。インターナショナル・ヘビー級王者になり、AWA世界ヘビー級王者も経験したあとの84年5月22日の田園コロシアムで、24歳の若き王者ケリー・フォン・エリックに挑戦して決勝の3本目に両者リングアウトになった試合は、本当に鶴田が気の毒だった。

「小佐野君、わかるでしょ？　あのケリー相手に試合を成立させる俺の身にもなってほしいよ」と、鶴田が自虐的に言っていたことを思い出す。

NWA世界王座だけでなく、ニック・ボックウインクルが保持するAWA世界王座にも、84年2月23日の蔵前国技館で奪取するまで、79年からハワイ州ホノルル、ミネソタ州ミネアポリス、東京体育館、千歳市スポーツセンターで挑戦して3勝1引き分け（両者リングアウト）の戦績ながら、3勝がすべて反則勝ちのためにルールによって王座は移動せず、ファンを苛立たせた。

90年代の鶴田軍VS超世代軍、四天王プロレスの全日本は不透明決着を排除した完全決着が暗黙のルールになったが、それ以前……特に大物外国人選手が主役だった時代には、時間切れ引き分け、両者リングアウト、反則、レフェリーが巻き込まれるなどのスッキリしない結末が多かった。

「どっちが勝つかという勝負を観に来て、カウントアウト、反則で勝負がついたら〝高い銭を払って来たのに、それはないだろう〟というのがプロレス始まって以来のお客さんの不満のわけだ。だからなくしましょう、そしてまずプロレスというものは他のスポーツと同じように審判が神聖なものでなければなりません、だから審判にすべての権限を与えましょう……それがスポーツとして世間に認められる早道だろうということで改革した」

完全決着が基本になった時代に馬場はこう言っていた。

さらに「そりゃあ、選手はきついよ。反則して逃げるわけにもいかんし、リングアウトになって逃げるわけにもいかん。なんで改革ができたかというと……もう俺がそういう勝負をする状態じゃなくなったから言えるんであって、俺がまだチャンピオンに挑戦したりして、逃げたりしなきゃいかんようなことをするんだったら言ってなかったかもしれん」と苦笑していたが、これはまさしく馬場の本音だったのだろう。

完全決着を徹底できたのは、日本人対決が主軸になったことも大きい。超一流外国人はプライドが高いから白黒をハッキリつけるのを嫌がって反則やリングアウトに逃げたりするが、そうした選手たちへの忖度が必要なくなったのだ。

そう考えると、鶴田は不運な準エースだったと言える。不透明決着、勝てそうで勝てない試合を重ねていくうちに、〝善戦マン〟の汚名を着せられてしまったのである。

ただし、そこには鶴田本人にも問題があった。鶴田から漂う諦観のようなもの、闘志と野心の欠如がファンを冷めさせてしまったという面もあるからだ。

鶴田の試合は、相手のリードにしっかり対応して、そこからはみ出ることがなかった。よく言えば安心して観ていられるし、アベレージ以上の内容になるが、一手先がわからないハラハラ感や緊張感はなく、巧くこなしている感が出てしまっていた。

その一方で垣間見えたのはプライドの高さだ。頭を掻きむしって「オーッ！」と怒りを表すパフォーマンス、頭を抱えながら痛がる姿、身体をヒクヒクと痙攣させてダメージを表現する姿は、「実はこんなに余裕があるんだよ」ということを暗にアピールしているように見えたのである。それではファンの心は掴めない。

「俺の記憶では、馬場さんがみんなのいる前で猪木さんの名前を出して〝悲壮感、必死さがない。技術的に凄いものを持っているのに表現力が駄目なんだ。アマレス・スタイルでちゃんと極めれば相手が動けないのはわかるんだけども、表情が全然ない。コブラツイストにしてもお前は手足も長いし、ピシッと決まったら説得力があるはずなのに顔が駄目。猪木みたいに必死に締めなきゃ力強さ、迫力が出ないんだよ〟って、鶴田さんに言っていたことがあるね」(渕)

日本テレビの原章プロデューサーもテレビマンの立場からこう言う。

「間違いなく天才で、レスリングをやらせたら世界のトップでしたよね。ただ、もうひとつ足りないのはお客さんのハートを打つ何か。プロレスラーとしてはスマートすぎた。日本人の心を打つ、魂に訴えるものが足りなかった。それが唯一、馬場さんから受け継いでないところだったんじゃないですかね。いいお手本がたくさんいたんですけどね。馬場さんしかり、お客さんのハートを掴むレスリングという意味で一番いいお手本はアントニオ猪木じゃなかったかねえ。仮定の話ですけど、猪木に触れていれば、全然違ったものが出ていたかもしれませんね」

馬場の王道をベースに、猪木の闘魂的な要素が加わっていれば、鶴田はまさしく日本最強のプロレスラーになっていたかもしれない。

77年暮れのクーデター未遂事件の全貌

プロレスの歴史を紐解くと、その当時は闇に葬(ほうむ)られて表沙汰にならなかった事件が存在する。そのひとつが77年暮れに全日本で起こったクーデター事件だ。

これが語られるようになったのは2000年代に入ってから。首謀者は馬場の3代目付き人の轡田だった。私は08年9月にカブキから聞いて、初めてこの事件を知った。

「笹川良一(ささかわりょういち)さん(政財界の黒幕で右翼の首領と呼ばれた人物)を担ぎ上げて新しい団体をやるっていう話で、俺も実際に轡田から声を掛けられたよ。その話にジャンボも乗っかったんだけど、馬場さんは轡田だけをクビにして、ジャンボは〝轡田とは違って、お前は特別だから〟って、不問に付したんだよ。だからジャンボは馬場さんに逆らえなかったよね。あの事件以後は、馬場さんはジャンボと選手会を引き離した。だから地方に行ってプロモーターとか営業の人間に〝一席もうけているので、顔を出してもらえませんか？〟って言われたらみんなで行くんだけど、ジャンボだけはホテルに残っていた」というカブキの話は実に生々しかった。

事件当時、業師（わざし）の高千穂明久としてファイトしていたカブキは、馬場元子夫人に「あなたが新団体に行っちゃったら、誰が全日本の若手を教えるの？」と泣きつかれたという。

「当時の俺はまだ30歳だったから〝この若さでコーチ役かよ〟って、レスラーとしては全日本に居場所がないことがわかって〝1年でいいからアメリカに行かせてください〟って馬場さんにねじ込んだんだよ」

クーデター事件で全日本に嫌気がさした高千穂は、翌78年2月に渡米してフロリダでミスター・サトを名乗り、タイガー服部をマネージャーにミスター・サイトー（マサ斎藤）とのコンビでフロリダ・タッグ＆USタッグのタッグ2冠王者に君臨した。

1年半後の79年8月にけじめとして帰国し、その5か月後の80年1月には再び渡米。カンザスを経てテキサス州ダラスに転戦して、81年1月1日にザ・グレート・カブキに変身。業師だった高千穂は〝東洋の神秘〟カブキで大ブレイクを果たすのである。

あまりにも昔の話のために当時のことを知るレスラー、関係者は少ない。まだ日本デビュー半年だった天龍はこう言う。

「俺はショッパかったから声を掛けられなかったけどね（苦笑）。まだ力量的にそれほどプロレスができなかったからね。でも、そういうことをやるっていうのは公然と話していたよ。轡田選手は詰め腹切らされて、ジャンボはお目こぼしだったわけだから肩身が狭い中でやっていたんじゃないかな。あのことがあって馬場さんに首根っこ掴まれちゃったから、なお反発できないジャンボになっちゃったよね」

　鶴田に近い存在だった渕は、また違うニュアンスで話す。

「轡田さんは大きなタニマチを持っていたみたいだし、轡田さんが話を日本テレビに持っていったという話を、パンフを売っていた田中のおじさん（パンフレットを印刷販売していた田中印刷の田中護（まもる）社長）から聞いたことがあるけど、夢物語みたいな話だよね（苦笑）。深刻な感じじゃなくて、鶴田さんも笑いながら〝轡田さんの話はアレだから〟って感じで言っていたような気がするな」と、鶴田はそれほど関与していなかったという感覚だ。

「茅ヶ崎（ちがさき）かどこかに建設会社があって、大和車体のオーナー（青木建設）が轡田さんのタニマチで、それとジャンボも仲が良かったんで、ちょこっとだけ噂になって……俺らにはまだ全然わかんなかったから〝なんで轡田さん辞めちゃったんだろう？〟って。あとあとになって〝あの時、ジャンボがクーデター起こしたんだよ〟って話になってたんじゃないかな」と語るのは和田京平レフェリーである。

轡田は78年に「私生活上の問題」ということで引退が発表されたが、実際には解雇だった。90年頃から再び全日本の会場に顔を見せるようになったものの、04年10月12日に急性骨髄性白血病により57歳で他界してしまったので、事件は検証のしようがない。

さまざまな話を総合すると、笹川良一から億単位の資金を出してもらって馬場と猪木に引退してもらった上で、鶴田をエースにしたプロレス新時代の団体を作るという壮大な計画だったようだ。当時、ハワイ力士として人気があった高見山（たかみやま）とも交渉し、さらに新日本の藤波にも声を掛ける予定だったという。

ただ、轡田は大風呂敷を広げるタイプの人だったので、どこまでが本当の話かはわからないというのが正直なところ。わかっているのは、この一件で馬場と鶴田の間に溝が生まれてしまったことだ。

カブキ、天龍が証言しているように轡田は切られたが、鶴田は許された。このことでかえって鶴田は馬場の怖さを思い知らされたはずだ。

それに鶴田はこのクーデター事件のわずか8か月前に、サンダー杉山の首が切られたのを目の当たりにしている。

かつてビル・ロビンソンを撃破してIWA世界王者になり国際プロレスのエースとして活躍した杉山は、全日本旗揚げの時に国際から円満移籍。馬場に次ぐナンバー2として全日本を支えた。

その後はザ・デストロイヤーの日本陣営加入、鶴田のデビューによってランクが下がり、プロレスではなくタレント活動や実業家としてのビジネスに力を入れるようになって試合数が減ったが、76年2月21日の後楽園ホールの控室でマッチメークに関して馬場と口論になってしまった。

口論の果てに「だったら試合をしなくていい。辞めてもらってけっこう！」と馬場に言われた杉山は、試合をせずに後楽園ホールをあとにした。

そして馬場は2か月後の4月18日の大宮スケートセンターで、杉山がフリーになったと発表した。実際には全日本黎明期の功労者をあっさりと解雇してしまったのだ。

杉山の件、そしてクーデターの件で、鶴田は自分の生殺与奪の権をオーナーの馬場が握っていることを身に染みて感じたはずだ。

なぜ、馬場は鶴田を許したのか？　愛弟子の鶴田が裏切ったという事実が公になることは、馬場のプライドが許さなかったのだ。

それは「スキャンダルまみれの猪木とは違う」というプライド。自分が社長兼トップレスラーである全日本プロレスでトラブルはあってはならなかったのである。

全日本は馬場以外に付き人制度がなく、82年にやっと鶴田に三沢光晴、天龍に冬木弘道(ひろみち)が付いたが、そこには「付き人制度は派閥の温床(おんしょう)になる」という馬場の考えがあった。

日本プロレスは馬場派、猪木派に分かれたが、その派閥を形成していたのは、それぞれの歴代付き人たちだ。猪木の付き人だった藤波は猪木に追従して新日本プロレスの旗揚げに参加し、馬場の歴代付き人は全員が全日本プロレスの旗揚げに参加している。そうした過去のいきさつを踏まえて、馬場は全日本内に派閥が生まれないように細心の注意を払っていたのである。

そう考えると、87年に天龍と阿修羅・原が龍原砲を結成することを承諾、そこに川田利明、冬木、小川良成(よしなり)の天龍の歴代付き人が加入した天龍同盟を認めたのは異例のことだ。

さて、話を77年暮れのクーデター騒動に戻すと、馬場は鶴田を許しただけでなく、2度とこういうことが起こらないように優遇した。

全日本の関連会社『B&J(ビーアンドジェイ)(馬場&ジャンボ)』の社長にしたのである。

B&Jは、それまで藤和運輸に業務委託していたリングの運搬・設営を行う会社で、クーデター事件のあとに設立された。

だが、ここでも問題が生じた。B&Jの社員だった和田京平は言う。

「ずっとあとのことになるけど、99年に全日本の社長になりながら、何も権限がなかった三沢と同じ状況だったね。ジャンボはB&Jの社長になったんだけど、元子さんは〝まだ何もわからないジャンボには全部を任せられないから、わかるようになるまで私たちがやってあげる〟という姿勢だったから、ジャンボは〝なんだ、俺はお飾りじゃないか。お飾りなら、やる必要ないじゃないか〟ってなっちゃったんだよね。北を向いた（北を向くとは相撲用語で怒る、拗ねるの意味）のはたしかだよ。その辺からジャンボの考え方がちょっと変わっていったかなあ」

馬場は鶴田を優遇したつもりだったが、かえって溝が生まれたという。

「B&Jの社員の俺らはジャンボが社長だと思っていたのに、ジャンボは何もしてくれなかった。何かやろうにも、相談しても〝俺には決められないから、元子さんに聞いて〟って。それは今になれば、全日本を辞めてノアを旗揚げしようとしていた時の三沢と重なるよね。馬場さんが亡くなって、元子さんは社長になった三沢に〝もうちょっと待ってなさい。わかるようになったら、全部引き継ぎをするから〟って言ってたんだけど、三沢は待てなかったんだよね。〝株も何も持ってない社長なんか、お飾りじゃないか〟って。それで三沢は自分でノアという団体を持ったけど、ジャンボは〝社長をやってても、俺の自由はないな〟って諦めたんだろうな、きっと。その辺からジャンボは経営に一切タッチしようとせず、プロレスラーだけで稼いで、最後も全日本プロレスに残ることなく大学の先生になっちゃったんじゃないかな」というのが和田の見方だ。

馬場と松根新体制の狭間で……

81年、全日本に転機が訪れる。同年12月21日に全日本の代表取締役が馬場から日本テレビの元運動部長の松根光雄(まつねみつお)に交代。馬場は会長になるが、同年の中旬から新体制に向けての準備が始まり、否応なしに鶴田もこれに関わることになる。

5月22日にキャピトル東急ホテル(現在のザ・キャピトルホテル東急)で馬場―松根会談が行われて、ここで松根が日本テレビから社長として出向するという内示があり、6月12日に小林與三次社長以下、日本テレビの重役陣が集まって、資金及び経営面、人間の派遣などでテコ入れするという全日本の再建・改革が話し合われた。

再建の具体的プランとしては、興行日程の検討、レスラーの育成計画、年に2回のゴールデンタイムでの番組企画、ギャラが高い外国人選手の人選などが形式的に話し合われたが、重要課題として挙がったのは、①3年かけての馬場引退計画、②鶴田のトップ育成、③第2の鶴田の育成、という3点だったという。

こうした流れの中で、松根及び日本テレビから出向してきた役員は鶴田に「トップでしっかりやっていけるのか」という打診をした。このトップという意味はリング上のトップは当然として、外国人選手の招聘、マッチメークなど、すべての面でトップとしてやっていけるかという意味である。ところが鶴田はこの話を先輩の佐藤に丸投げした。

「当時、ジャンボが憂鬱(ゆううつ)そうな顔していたから〝ジャンボ、どうしたの?〟って聞いたら、〝ちょっと、いろいろ考えてるんだけど、何を考えたらいいかわからないんですよ〟って言うんだよ。その頃、松根さんたちがジャンボにいろいろとアプローチしていたんだよ。ジャンボにどれだけの気持ち、器量があるのか下調べしてたんじゃないの? で、外国人選手の呼び方とか、マッチメークについてジャンボに聞かれたから、俺がアメリカで覚えたプロレスの仕組みを表に書いてあげたんだよ。そうしたらジャンボは〝自分より佐藤選手のほうが知っているんで〟って、それを松根さんに渡したらしいんだな。それでジャンボを通じて松根さんに事務所に呼ばれて〝今後、何かあったら手伝ってくれるか？〟と。ジャンボは煩わしいことから解放されてホッとしていたよな（笑）。そこでジャンボに猪木さんの3分の1でも野心があったら、全日本は変わってただろうな。でもジャンボに野心がなかったというのは日本テレビ側もビックリしたかもしれないよ。それでも、さすがに日本テレビの原さんだってジャンボに〝その気になりなよ〟って言えないもんな」（佐藤）

佐藤はレスラーとしては中堅クラスだったが、5年4か月ものアメリカ修行の中で、ビジネスとしてのプロレスを学んだ。ミッドアトランティック地区でファイトしていた時代に、同地の名ブッカーのジョージ・スコットからプロレスの成り立ち、仕組みを学んだのが大きかったという。

裏方の仕事だが、ただ単にマッチメークをするだけでなく、観客を呼べるストーリーライン作り、スター作りを一手に担うブッカーは、アメリカではメインイベンターよりも稼ぐ要職なのだ。

佐藤は松根新体制に移行する過程で、81年半ばから全日本のブッカーに就任。年功序列を廃したマッチメーク、三沢光晴、越中詩郎などの若手の育成と重用、鶴田と天龍を2枚看板にするなど、全日本の改革に貢献した。

その後、86年6月にはテネシーを拠点とするCWAのプロモーター、ジェリー・ジャレットの要請で同地区のブッカーになり、89年11月には日本進出を視野に入れていたWWF（現WWE）と選手契約を交わすと同時にビンス・マクマホン・シニアにスカウトされて日本進出コーディネーターに就任。90年4月13日に東京ドームでWWF、全日本、新日本の3社共催による『日米レスリング・サミット』を手掛け、その後はWWF極東地区代表を務めた手腕を考えれば、鶴田が佐藤に相談を持ち掛けたことは正解だった。

もしこの時、鶴田に「馬場さんに代わって全日本のトップに立ってやろう」という野心があったら、佐藤を自分の参謀（さんぼう）にして松根新体制とスクラムを組んでトップになれたはずだ。しかし鶴田にはそんな気持ちは微塵（みじん）もなかった。

「ジャンボは俺が中に入ったことで面倒なことに関わらなくてよくなったからホッとしていて、だから年下の俺の言うことを聞いてくれたのかもしれないよ。いろんなことをやっていく中で、ジャンボからの反感はなかったからね。ある時にジャンボが俺にこう言ったんだよ。〝昭雄ちゃんね、俺はプロレスの会社の社長になろうなんて気はまったくないんだよ。でもリングの中ではメインイベンターとして、しっかりと責任を持って試合をするから〟って。でも、俺が試合を組み始めた頃、それまでの全日本の風潮を壊さなければやっていけないというのがあって、反感を持つ人間もいたわけよ。それを打開していく中でジャンボが〝じゃあ、俺やるよ！〟って、やる気を見せるまでにちょっと時間かかったよ。俺はクーデターの時、アメリカにいたから何があったのか知らないけど、ジャンボにしてみれば〝自分はもう失敗できない〟というか〝そういう噂が2度と立つようなことがないように〟っていうのがあったんじゃないのかな」

クーデター事件以来、鶴田はつくづくプロレスの政治的な部分に首を突っ込むのが嫌になったのだろう。

迫る引き抜きの手

77年の年末以降、プロレスの政治的な部分に関わらずにリングの上に専念することを誓った鶴田だが、日本プロレス界を担う逸材だけに他団体から引き抜きの声も掛かった。

まずは新日本プロレスだ。新日本は80年10月から「猪木が世界統一に乗り出す！」とIWGP構想に着手、その過程で鶴田に触手を伸ばした。

81年4月7日、アントニオ猪木の側近で、〝過激な仕掛け人〟と呼ばれた新日本の取締役営業本部長の新間寿が、「全日本プロレスのジャンボ鶴田、タイガー戸口、国際プロレスのラッシャー木村、アニマル浜口に参加してもらいたい」とぶち上げた。

新日本と友好関係にある国際の木村、浜口の参加はともかく、いきなり敵対する全日本の鶴田、戸口の名前を出すのは無謀に思えたが、この時点で新間は鶴田、戸口に個別に声を掛けていたのである。

戸口はノースカロライナに住む家族を日本に呼ぶ、呼ばないという話で2月頃から馬場と揉めていた。その情報をキャッチした新日本は、某スポーツ紙の記者を通じて「猪木が戸口を欲しがっている」とアプローチ。戸口は新間が参戦要求発言をする前日の4月6日に全日本に辞表を提出していたのである。

この事実は公表されず、戸口は全日本との契約を履行して4月30日の松戸運動公園体育館における『インター・チャンピオン・シリーズ』の最終戦まで出場。そして5月14日にオーストリア遠征に出発する際に成田空港で、「俺はフリーになった。IWGPに参戦する」と表明した。

なお、この6日前の5月8日には、全日本のトップ外国人だったブッチャーがIWGP

への参戦を表明している。新日本は水面下で大攻勢をかけていたのだ。

鶴田引き抜きについて新間はこう述懐する。

「私と鶴田は中央大学の先輩後輩ということで話ができるんだよ。で、猪木の車に乗せてテレビ朝日の入口につけて、俺は降りて、車の中で鶴田とテレビ朝日の三浦（甲子二）専務のふたりで話をしてもらったんだよ。そうしたらそれが東京スポーツの井上（博）社長にわかっちゃって、呼びつけられてこっぴどく怒られた。〝新間君、外国人選手はいい。しかし鶴田は全日本となんのトラブルも起こしていないじゃないか。彼も不満があるわけがない。それを引き抜こうっていうのは悪いよ！〟って。でもジャンボ鶴田は欲しかった。たぶん、鶴田は自分が他団体からどんな評価をされているか知りたくて会ってくれたんだろうけどね」

例のクーデター事件以降、疑われるようなことがないように心掛けていた鶴田は、新日本から誘いがあったことをすぐに馬場に報告した。

「鶴田の場合……これは言っていいことなのかどうかわからんけれども、つい最近、ある場所で新日本の関係者から〝ウチに来ないか〟というような誘いを受けているんですよ。これは何回もありますよ。5～6年前には、ある新聞社の担当記者をパイプ役にして鶴田を口説いた時期もありますからね。まあ、今回も鶴田はすぐに俺に報告してくれたので問題はないけども」と、馬場は新日本の裏工作を一笑に付した。

さらに84年にはUWFから引き抜きの声が掛かった。当時、UWFの社長だった浦田昇（のぼる）は、鶴田にとって中央大学レスリング部の大先輩。グレコローマン87kg級で61年と62年の全日本選手権に優勝した中大レスリング部全盛期の重量級を支えた人物だ。浦田の誘いに「先輩、僕はプロレスの靴しかないんですよ。行きたいけど、それしか持っていないんです」と鶴田は答えたという。

鶴田は馬場との関係など、さまざまな葛藤を抱えながらも「全日本プロレス一筋」を貫いたのである。

第7章 真のエースへの階段

力道山&テーズを継承

「俺はプロレスの会社の社長になろうなんて気はまったくないんだよ。でもリングの中ではメインイベンターとして、しっかりと責任を持って試合をするから」

81年半ばに全日本プロレスのブッカーになった佐藤昭雄にジャンボ鶴田はそう言った。佐藤を全日本改革のブッカーに据えた松根光雄社長新体制の全日本が目指したのは、ギャラの高い超一流外国人選手に頼らず、看板になる強い日本人選手を作って地方興行も客が入るようにすることだった。

つまり、日本テレビと松根社長が望んだのは、最終的に強い日本人が外国人選手をやっつけるという昔のスタイルである。

「看板になる強い日本人選手」は鶴田しかいない。そこで、日本テレビ&佐藤の鶴田改造計画は〝善戦マン〟のイメージを払拭（ふっしょく）することからスタートした。

82年6月8日、蔵前国技館でリック・フレアーのNWA世界ヘビー級王座に挑んだ鶴田は、それまでの星のマークが入った赤とブルーのツートンのタイツを黒、赤のシューズも黒、さらにコスチュームもシンプルな黒に変えた。

キャリア9年、31歳になった鶴田には、それまでのタイツ、シューズ、コスチュームでは若すぎるし、それによって試合も軽く見えるという判断によるものだ。

言うまでもなく、黒は力道山のテーマカラー。発案者の日本テレビの原章プロデューサーは、「やはり全日本の大エースになるのにアマリロのイメージが強い星のタイツは駄目でしたね」と言う。

思えば、日本テレビが馬場に全日本旗揚げを要請したのは、「力道山から受け継いだ正統のプロレスを放映する」という小林與三次社長の信念によるものだった。

鶴田を黒に変身させたということは「鶴田をジャイアント馬場に続く力道山の正統後継者としてバックアップする」という日本テレビの意思表示と言ってもいい。

黒への変身第1戦のフレアー戦は、ジャーマン・スープレックスが崩れてダブルフォールになり、結果的にはまたまた〝善戦マン〟に終わってしまったものの、若大将から真のエースへの自覚が見て取れた試合だった。

黒に変身したのを機に、見た目だけでなくフィニッシュ・ホールドも変化していく。それまでの必殺技はデビュー当時からの代名詞でもある4種類のスープレックスだったが、同年7月9日の熊本市水前寺体育館におけるキラー・トーア・カマタとのUNヘビー級防衛戦では、140kgの巨体をバックドロップで叩きつけて防衛。9月8日の宇都宮市民体育館における馬場と組んでのスタン・ハンセン&ロン・バス相手のインターナショナル・タッグ防衛戦でも、バスにバックドロップを炸裂させて防衛を果たしている。

さらに、8月1日にハーリー・レイスに奪われたUN王座を奪回した10月24日の北見体育センターにおけるリターンマッチでは、フライング・ボディシザース・ドロップをフィニッシュ技に使った。

バックドロップもフライング・ボディシザース・ドロップも、〝不滅の鉄人〟ルー・テーズの得意技なのがミソ。バックドロップ、フライング・ボディシザース、元祖パイルドライバー（投げっ放しパワーボム）は〝テーズの三種の神器〟と呼ばれていた。

この時点における鶴田のバックドロップは、まだ後年のテーズ式ではなかったが、同年暮れの『82世界最強タッグ決定リーグ戦』に特別レフェリーとして来日したテーズに巡業中に指導を受け、さらに翌83年4月30日から世田谷区・砧の全日本の道場で3日間にわたって極意を伝授された。

「私のレスリングの基本はグレコローマン・レスリングで、父親のマーチン・テーズ、コ

▲82年暮れと83年春にテーズからバックドロップの極意を伝授された鶴田

ーチのジョージ・トラゴスにグレコローマン・バックドロップを習った。プロになってから1935年にニューヨークをサーキットしていた時に、ディック・シカットに相手の股間に左手を差し入れて強引に担いで後ろに投げるスタイルのバックドロップを教えられたこともある。さらに1938年にサンフランシスコに遠征した時にアド・サンテルに柔道の裏投げを教えられた。裏投げはタイミングの取り方、投げるポイントでグレコローマン・バックドロップと共通している。私はサンテルから投げのタイミングを習った。だからグレコローマン・バックドロップ、シカットに教えられたバックドロップに裏投げのタイミングを加味して、私流に完成したのがバックドロップだと思っている」（テーズ）

ちなみにテーズが本格的にバックドロップを使い始めたのは1947年頃からで、同年4月25日にミズーリ州セントルイスでホイッパー・ビリー・ワトソンを撃破して3度目のNWA世界ヘビー級王座戴冠を果たした時のフィニッシュはバックドロップだった。

その由緒ある技の極意を学んだ鶴田は、1か月半後の5月19日、赤穂市民総合体育館におけるニコリ・ボルコフとのUN防衛戦で、それまでの高角度バックドロップではなく、低い位置から素早くヘソで投げるテーズ式バックドロップで防衛を果たした。

「それまでいろんなスープレックスをやってたけど、それでも勝てなくて善戦マンと呼ばれていたから、どうしてもジャンボには〝これをやったら返されない！〟という必殺技が必要だったんだよ。ジャンボには〝ポンポン跳ね返されないように必殺の技として使わないと駄目だよ〟って。それで力道山の伝統のシックな黒を引き継いで、チャラチャラした若いプロレスはやめて、テーズ直伝のバックドロップを必殺技に真のトップを目指すという形ができたわけよ」（佐藤）

こうして鶴田はファンクスのイメージから脱却し、日本プロレスの父・力道山＆20世紀最高のレスラーと謳われたテーズを引き継いだのである。

「ある時、ジャンボに〝ルー・テーズ張りの本物のバックドロップを見せてくれよ〟ってけしかけたら、レイス相手に凄い角度のバックドロップをやっちゃって、試合のあとにレイスが日本側の控室に怒鳴り込んできて、ジャンボに向かって〝お前、この場でもう1回やってみろ！〟って凄んだんですよ。私にはわからないけど、きっと掟破りの投げ方をしちゃったんでしょうね。あれは悪いことをしました」（原）

テーズのバックドロップが両足をマットに着けたまま真後ろに投げるのに対し、鶴田の場合は同じヘソで投げるスタイルでも右足を浮かせることが多かった。

そこで「なんで両足をピタッと着けて投げないんですか？」と、素朴な疑問をぶつけたところ「小佐野君、僕が誰でも彼でも両足を着けるバックドロップで投げたら怪我人が続出しちゃうよ。足を浮かせているのは、相手の受け身の技術に合わせて角度を調節しているんだよ」という答えが返ってきた。それがプロの技術というものだ。

力道山から馬場、そして鶴田へ――

若大将から真のエースへのステップを歩み始めた鶴田は、ボルコフをテーズ式バックドロップで下したあと、6月15日にテキサス州コーパスクリスティでホセ・ロザリオ、同月18日のテキサス州ダラスでテッド・デビアスに勝って順調にUN王座の防衛を重ねたが、デビアス戦後に突如として王座返上を申し出た。

「インターナショナル・ヘビー級王座の奪取に専念するため、これまでの実績を捨てて、裸になって一から出直します。もちろんNWA、AWAの世界のベルトも狙うけど、そのまえにブルーザー・ブロディを倒してインターのベルトを奪わなければ、自分自身もそうだし、ファンも納得できないでしょう」というのが理由だった。

インター王座は1957年11月、カナダ・オンタリオ州トロントでディック・ハットンに敗れてNWA世界王座から転落したテーズのためにNWAが新設したものだ。テーズは世界に知られた存在だったため、NWAは興行的に新世界王者ハットンとは別にテーズのネームバリューを必要としたのである。

初代インター王者に認定されたテーズを58年8月27日、ロサンゼルスで倒して第2代王者になったのが日本の力道山だ。

以後、力道山は日本で20度の防衛に成功したが、63年12月15日に急逝したため、日本プロレスがNWAと協議した結果、「インター王座は力道山一代のものとし、日本プロレス協会が永久に管理する」という決定が下された。

力道山亡きあと、社長とエースを引き継いだ豊登と馬場の二枚看板で盛り返すことに成功した日プロは、日本テレビの意向もあって、馬場を新たなエースに育成するべく、力道山の遺産であるインター王座を復活させることを決定する。

馬場は日本代表になるための争覇戦6戦を勝ち抜き、65年11月24日に大阪府立体育会館でアメリカ代表のディック・ザ・ブルーザーを撃破して第3代王者に君臨。ここから日本プロレス界は馬場時代に突入し、力道山から馬場に受け継がれたインター王座は「日本プロレス界のトップの象徴」となった。

しかし馬場は72年9月2日、独立して全日本を旗揚げする際にベルトを日プロに返還。その後は大木金太郎が王座に就き、73年4月に日プロが崩壊したあともベルトを持ち続けて母国・韓国で独自に防衛を続けていた。

なんとしてもインター王座を全日本で復活させたい馬場は、保持していたアジア・ヘビー級王座を81年4月に返上して、大木に譲渡。その代わりにインター王座をNWAに返上させた。表向きには同月に全日本に来日したジム・クロケット・ジュニアNWA会長が大木に王座返還を勧告し、これに大木が従ったということになっている。

全日本はさっそく、王座決定トーナメントを開催したが、決勝戦の対戦相手のブルーザー・ブロディが負傷欠場したために、ドリー・ファンク・ジュニアが自動的に新王者に。以後、ドリーとブロディはインター王座を巡って抗争を展開し、ふたりの間でベルトが行き来したが、そこに鶴田を加えたのはブッカーの佐藤のアイデアだ。

「当時、ブロディとリングの中で五分に技の応酬ができるのはジャンボとドリーぐらいのもんだったよ。黒いタイツになる以前のジャンボは、どんな先輩レスラーと戦っても巧く対応していたけど、ジャンボ自身が試合の流れを作るということはなかったよね。俺が思うにジャンボは同じようなキャリアの人間とビシバシやりたかったんじゃないかな。イン

▲気難しいブロディも鶴田のことは認めていた。ゆえに試合は常にド迫力となった

ターのベルトでジャンボとブロディの絡みを作り始めてから、ジャンボも目標がハッキリしてきたと思うんだよ」（佐藤）

ブロディを鶴田のライバルに起用したのは正解だった。プライドが高く、気難しいブロディは、自分が認めないレスラーでないと攻防を拒否して相手を一方的に潰してしまう問題児だったが、鶴田のことは79年1月の初来日からリスペクトしていた。

「82年か83年にブロディと一緒にノースカロライナをサーキットしたことがあるんだけど、その時に鶴田さんの話が出て、〝初めて日本に行った時に、俺がジャンボとやって息が上がってしまったのをお前も知っているだろ？　だから俺は肉体改造してシェイプしたんだ。それがプロレスラーというアスリートとしての俺の自覚だ〟って言ってたよ。だから〝全日本で仕事をする以上、ジャンボに付いていくには……〟って考えたんだと思うな。当時、すでにブロディはアメリカ各地でトップを張っていたけど、試合を削ってトレーニングに打ち込んだらしいよ」と、証言するのは渕正信だ。

鶴田が72年ミュンヘンのオリンピック・レスラーであるという経歴は、プロレスラーになるまえに、『サンアントニオ・エクスプレス社』のスポーツ局で記者をしていたブロディにとっておおいにリスペクトに値するものだったし、鶴田の１９６㎝という大きさもブロディを満足させた。

「大きくて、素早く動けるのが超一流のプロレスラーだ」というのがブロディの持論。196㎝、125㎏の鶴田と、198㎝、135㎏のブロディの躍動感溢れる激突は、スーパーヘビー級の迫力を生んだ。

UN王座を返上するまえ、ブロディのインター王座にテキサス州アマリロ、大阪府立体育会館、愛知県体育館、天竜市立総合体育館、ジョージア州サバンナと日米を股にかけて5度挑戦しながら2敗（いずれも反則負け）3引き分け（いずれも両者リングアウト）で王座奪取に失敗している鶴田は、83年8月31日、蔵前国技館で満を持してブロディにアタックした。終盤、ジョー樋口レフェリーが攻防に巻き込まれて場外に転落、その間にブロディがキングコング・ニードロップを決めて幻のフォールというシーンが生まれ、最後も場外乱戦からエプロンに上がろうとするブロディを鶴田が引きずり降ろして、リングに転がり込んでの強引なリングアウト勝ちという、この時代特有のモヤモヤした結末になってしまったが、大観衆は「鶴田が勝ってインター王座を奪取した」ということに満足したし、試合内容は結末を補うに十分なものだった。

鶴田がブロディの巨体をサイド・スープレックスで投げ、ジャンピング・ニーパットを

▲ブロディを破ってついにインター王座奪取!　黒のタイツもよく似合っている

叩き込み、ブロディは超獣キック、パイルドライバー、豪快なギロチン・ドロップ、ド迫力のドロップキックで反撃。攻め込まれたかに見えた鶴田が、テーズ直伝のフライング・ボディシザース・ドロップで盛り返すなど、中身の濃い21分33秒の攻防だった。

この大会では、日本人と外国人の枠を超えた全日本のトップスターだったテリー・ファンクが引退。スーパーアイドルがリングを去り、強い日本人のチャンピオンが誕生した日と言ってもいいだろう。

日本人初のAWA世界王者に君臨！

力道山から馬場が受け継いだインター王座を継承したことで、真のエースとしての道を歩み始めた鶴田は、翌84年2月23日に日本人レスラー初の快挙をやってのける。あのAWA世界へビー級王座を奪取したのである。

当初、AWAの帝王であるバーン・ガニアは、全日本でのAWA世界戦開催に際して、「馬場を挑戦者にどうか？」と打診してきた。しかし松根社長も、日本テレビの原も鶴田を挑戦者に望んだ。

▲インター王座奪取の祝福に馬場も駆け付けた。鶴田の満面の笑みがまぶしい

「馬場ちゃんは最上級のNWA世界を3度も獲ってるわけだから、〝もういいでしょう、ここはジャンボでしょ〟という話はありましたよ。我々も視聴率を取らなきゃいけないし、ジャンボも看板を取らなきゃいけない時期に来ているということで、そういう形になったと思います。でも、ジャンボをトップにしようというのは将来図としてはあったんだけれども、いつ馬場さんを追い越してトップにするかというのは、馬場さん自身が決めることなんですよ。いかに馬場さんにそれをわかってもらうかという道筋を作るには、凄く時間がかかりましたよ」（原）

ブッカーの佐藤は松根から「馬場ちゃんを説得してほしい」という要請を受けて、「ここはジャンボで行くべきではないですか？」と馬場に進言した。馬場の出方次第では全日本を辞める覚悟での説得だった。

当初は「その話は俺に来ているんだけどなあ」と言っていた馬場も、葉巻の煙を吹き上げながら「そうかあ……それもそうだよな」と了承したという。

かくして2月23日、蔵前国技館のメインはAWA世界王者ニック・ボックウインクルとインター王者ジャンボ鶴田のダブル・タイトルマッチに決定。日本テレビは2日後の25日夜7時30分〜9時の特別番組『土曜トップスペシャル』の枠で放映することを決めた。

この大会の主役は鶴田と天龍。セミファイナルには、王者デビッド・フォン・エリックに天龍が挑戦するUNヘビー級戦が組まれたのである（しかし、大会13日前の2月10日にデビッドが内臓疾患により東京都内のホテルで急死したため、NWA代表として急遽来日したリッキー・スティムボートと天龍による王座決定戦に変更）。

この時点で、鶴田はNWA世界王座に14回挑戦して1勝7敗6引き分け。83年6月8日にリック・フレアーに60分3本勝負で挑戦した時には1－0で勝ったが、「2フォール奪わなければ王座移動なし」というルールに泣いた。

またAWA世界王座にはニックに4度挑戦して3勝1引き分け。3勝のいずれも反則勝ちだったため、これもルールにより王座の移動はなかった。

そうした過去から「今回も鶴田のベルト奪取はないだろう」という声を打ち消すために、鶴田は言葉を濁すことなく「これが最後のチャンスだと思ってリングの中で結果を出します」と積極的なコメントを出すことを心掛けた。

王者ニックは1930～50年代にヒールとして活躍したウォーレン・ボックウインクルの息子で、ドリー・ファンク・ジュニアが69年2月11日にフロリダ州タンパでジン・キニスキーを破って王者になる以前の若きNWA世界王者候補だったが、AWAに転出。75年

11月18日、ミネソタ州セントポールでガニアを下してAWA世界王座を奪取すると、ガニア、オーストリアのオットー・ワンツに奪われることもあったものの、そのたびに返り咲いて長期政権を築いてきた。

「相手がワルツを踊れば私もワルツを踊り、相手がルンバを踊れば私もルンバを踊る」と豪語し、相手の持ち味を引き出した上で、いつの間にか逆転勝ち、あるいは本当に不利になれば反則負けで逃げるという戦法で王座を死守してきたニックは難攻不落の王者だった。

この鉄壁の守りを誇る王者を鶴田がどう崩していくかに注目が集まったが、この日のニックは珍しく攻めに転じた。ゴングと同時に奇襲のクロスボディアタックを仕掛け、そのあとは執拗（しつよう）な腕殺しで鶴田の動きを封じ込めて、王者としての強さを見せつけたのである。

しかし、ニックの逃げない姿勢が鶴田のチャンスを広げた。無尽蔵のスタミナを誇る鶴田はニックのねちっこい攻撃をしのぐと、15分すぎからフライング・ボディシザース・ドロップ、河津落とし、ダブルアームとサイドの2種類のスープレックスなどの大技を繰り出して大反撃に転じた。

旗色の悪くなったニックは鶴田を場外に放り出して試合の流れを変え、エプロンに上がってきた鶴田にブレーンバスターを仕掛けたが、空中で体を入れ替えた鶴田はニックの背後に着地するや、すかさずバックドロップ・ホールド！　特別レフェリーのテリー・ファンクはしっかりと3カウントを数えた。

セミのUN王座決定戦では天龍が日本で初戴冠を果たし、メインでは鶴田が日本人初のAWA世界王座奪取という偉業を達成。「超一流外国人選手に頼らず、看板になる強い日本人選手を作りたい」という松根体制の全日本、日本テレビの悲願が形になったのだ。

『土曜トップスペシャル』の視聴率は14・9％を弾き出し、鶴田を看板にしても勝負ができることが証明された。

在位81日！　世界王者として米国サーキット

鶴田の快挙は、世界タイトルマッチは時間切れ引き分け、もしくは反則やリングアウト絡みで完全決着がつくことが少ないという全日本の悪しき伝統を断ち切って、ピンフォールでAWA世界王座奪取をやってのけただけではない。世界王者としてベルトを腰にアメリカに逆上陸して全米をサーキットしたことだ。

馬場はジャック・ブリスコを1回、ハーリー・レイスを2回を破り、NWA世界王座に

3度も就いたが、いずれもシリーズ中に王座を奪回されているし、79年11月30日に徳島市立体育館でボブ・バックランドを下して日本人初のWWFヘビー級王者になったアントニオ猪木も、1週間後の再戦は無効試合になって王座を返上。同月17日のニューヨークMSGに王者として出場することはできなかった。

しかし鶴田は、84年2月26日に大阪府立体育会館でニックのリターンマッチを退けて初防衛に成功し、3月3日にウィスコンシン州ミルウォーキーのメッカ・オーデトリアムに天龍とのコンビで出場して、「新AWA世界ヘビー級王者」と紹介された。

そして翌4日のイリノイ州シカゴのローズモント・ホライズンで、ブラックジャック・ランザ相手に2度目の防衛を果たしたのである。

ランザはボビー・ダンカンとのコンビでAWA世界タッグ、ブラックジャック・マリガンとのザ・ブラックジャックスでWWWF世界タッグ王者になったカウボーイ・スタイルのヒールで、全日本には78年暮れの最強タッグにニックとAWA代表コンビとして初来日。このジャンボに挑戦する時点ではベビーフェースに転向し、コスチュームもブラックからホワイトに変えていた。

鶴田がAWA世界王者としてコールされると、超満員1万9500人の大観衆は一斉にブーイング、そしてランザには熱烈なＵＳＡコールが発生した。

特にヒール的なことをするわけでもないのに鶴田の攻撃にはブーイングが起こり、ランザが得意のテキサス・ブレーンバスター（ブラックジャックを着けた右拳でこめかみをドリルのようにグリグリする技＝日本流に言うと梅干し）で攻め立てると大歓声なのだ。

最後は鶴田が一瞬のフライング・ボディシザース・ドロップでピンフォール勝ち。ベルトを腰に巻き、コーナーに上がって両腕を挙げるとブーイングだけでなく、物が飛び交うという有様。完全にヒールの世界王者である。

温厚な鶴田が日本からテレビ収録に来ていた倉持隆夫（くらもちたかお）アナウンサーのインタビューに、「チャンピオンのままサーキットして、このベルトを絶対に日本に持って帰ってやるよ！」と声を荒らげる姿が印象的だった。

ヒール王者のニックからベルトを奪ったにもかかわらず、いきなり大ブーイングを浴びてしまったのは、同時期に同じ日本人のマサ斎藤がジェシー・ベンチュラとのコンビでＡＷＡのトップヒールとして活躍していたことも影響していたのだろう。

「そこでジャンボに言ったのは〝変にヒールぶらないほうがいいよ〟と。ジャンボにはレフェリーのブラインドをついてパンチするとか、喉を突くとかの技がないんだから、やる

▲誇らしげにAWAのベルトを巻くジャンボ鶴田。タイトルの防衛は二桁を数えた

必要はないってことは話したね。〝じゃあ、どうしたらいいのかな?〟って言うから〝殴ったり蹴ったりを最初にやったほうがいいよ。ベビーフェースよりも先に蹴ったら、そこで当然ヒールになるから〟って」(佐藤)

かつてドリーがそうだったように、鶴田はレスリング・ヒールの世界王者となった。それは「基本的にはレスリングで勝負してほしい」というガニアのリクエストでもあった。

アメリカでの2回目の防衛戦(通算3度目)は3月11日、ウィスコンシン州グリーンベイのブラウンカウンティ・アリーナにおけるビル・ロビンソン戦。ヒール王者ニックのライバルだったロビンソンはベビーフェースだから、鶴田が当然ヒール。一瞬の逆さ押さえ込みで勝利した瞬間、会場は大ブーイングに包まれた。

15日のユタ州ソルトレイクシティのソルト・パレスにおけるジム・ブランゼル戦が、第1次AWA遠征の最後のタイトルマッチとなった。

ブランゼルは、ガニアの息子グレッグ・ガニアとのハイ・フライヤーズでAWA世界タッグ王者を2度獲得している典型的なベビーフェース。全日本でも80年暮れの最強タッグにニックのパートナーとして来日した時に、一緒に来日したリッキー・スティムボートと女性ファンの人気を二分した人気者だ。

そんなブランゼルとの試合だから、この日も鶴田は完全にアウェー。ブランゼルの足4の字固めに苦しめられながら、サッとバックに回り、バックドロップ1発で勝利すると、その一瞬の逆転劇に館内は大ブーイングに包まれた。

ここで注目すべきはアメリカでの3つの防衛戦のいずれも、攻め込まれながら逆転勝利を収めていること。相手の持ち味を引き出した上で、自分の実力を見せつけて勝つという世界王者の術を身に付けていたのである。この試合運びが、よりアメリカのファンのブーイングを大きくしたと言ってもいいだろう。

日米を股にかける鶴田のスケジュールはハードだ。15日にソルトレイクシティでブランゼルを退けて帰国すると、23日に『グランド・チャンピオン・カーニバルⅠ』が開幕し、24日に蔵前で再びニックの挑戦を受けて反則負けに。場外乱闘の際にニックが手にしたチャンピオンベルトを奪い、レフェリーの制止を振り切って殴打したために反則を取られたが、反則絡みでは王座移動なしというルールによって5度目の防衛となった。

その後、4月4日の岡山で馬場とのインター・タッグをハンセン＆バス相手に防衛、14日には名古屋でブロディ相手にインター王座を防衛、19日の郡山（こおりやま）でグレッグ・ガニア、26日の大宮でブランゼル相手にAWA世界6＆7度目の防衛に成功すると、その翌日には第

2次AWA遠征に飛び立った。

第1次遠征は馬場、天龍、日本テレビのスタッフと一緒だったが、第2次遠征は15日間に10回の防衛戦を行うという過酷なもの。各地への移動も自分からAWAのオフィスに電話を入れて場所を確認し、飛行機のチケットの受け取りやホテルの手配もすべてやらなければいけなかった。

空港から会場への移動は、来日経験がある旧知のカート・ヘニング、スティーブ・リーガルの車に乗せてもらっていたが、完全にAWAの選手としての生活である。

時代の橋渡しという大役を務めた鶴田

現地到着翌日の4月28日に、カリフォルニア州サンフランシスコのカウパレスでニック相手に両者リングアウトで8度目の防衛に成功し、その翌日29日は、シカゴでニックの3度目の挑戦をオーバー・ザ・トップロープによる反則負けで退け9度目の防衛。

基本的に場外マットのないアメリカでは、トップロープ越しに相手を場外に投げるオーバー・ザ・トップロープは反則負けの対象とされ、クロスボディアタックを仕掛けてきたニックを受け止めて場外に投げ捨てたために反則負けとされたのである。

そして2日間のオフを経て、5月2日はミネソタ州ロチェスターで、〝ナチの妖獣〟バロン・フォン・ラシクとの防衛戦を迎えた。

ラシクは、ブレーンクローを必殺技にするナチス・ドイツのキャラでヒールとして売り出したが、63年7月にスウェーデンのヘルシンボリで開催されたレスリング世界選手権グレコ97kg超級銅メダリストで、64年の東京五輪のアメリカ代表に選ばれながら負傷のために出場できなかったという実力者だ。

プロのリングでは真のトップクラスにはなれなかったものの、76年暮れに馬場が猪木にも参加を呼び掛けて『全日本プロレス・オープン選手権』を開催した時、猪木が参加してきた場合にぶつける相手のひとりとして招聘したのは前述のとおり。つまりラシクは業界内ではガチンコに強い影の実力者として知られていたのだ。

鶴田に挑戦した時のラシクは超ベビーフェース。ファンの大声援を浴びてスタートから鶴田を攻め込んで必殺のブレーンクローだ。そしてクローの状態から巧みに指を鶴田の目に入れるサミング攻撃に。これにエキサイトした鶴田がブレーンクローを仕掛けられたままサミングをやり返すと、これを確認したレフェリーが鶴田の反則負けを告げるゴングを指示。観客は鶴田がギブアップしたと勘違いして大歓声を上げた。そしてチャンピオンベルトを高々と掲げるラシク。昔、よくアメリカのプロレス専門誌で見たアメリカの「幻の世界王者交代劇」だが、これで鶴田は防衛回数を2桁に乗せて10とした。

その後もハードな防衛戦が続く。結果だけで詳細は不明だが、4日はコロラド州デンバーでニックに反則負け、5日はイリノイ州ロックフォードでロビンソン相手に久々にピンフォール防衛、6日はウィスコンシン州グリーンベイでニックに4度目の反則負け、7日のカナダ・オンタリオ州ケベックではロープブレークを無視して足4の字固めを掛け続けたニックが反則を取られて鶴田が反則勝ちになった。10日はソルトレイクシティでグレッグ・ガニアに反則負けという記録が残っている。

そして続く11日は、ミルウォーキーでランザの相棒の〝黒い猛牛〟ブラックジャック・マリガンの挑戦を初めて受けた。

すでに全盛期を過ぎていたが、プロレス入り前はニューヨーク・ジェッツに在籍していたフットボール仕込みのタックルとフルネルソンの猛攻に出たマリガンに対して、鶴田はAWAで初めてラフ攻撃に出た。場外に投げ捨て、フェンスに顔面を叩きつけて流血に追い込んだのである。

最後は再び場外戦になったところで、鶴田がサッとリングに飛び込んでリングアウト勝ちを拾い16度目の防衛に成功。いわゆるダーティ・チャンプの戦術だ。

第2次AWA遠征のラストは13日、ミネソタ州セントポールのシビック・センターにおけるリック・マーテル戦。兄マイクもプロレスラーで、16歳でデビューしたプロレス・ファミリー出身のマーテルは、76年10月に20歳で国際プロレスに初来日。全日本には80年2月に初来日している。その後、WWFでトニー・ガレアとのコンビでWWFタッグ王座に2度就いたが、82年にAWAに転じていた。

マーテルの挑戦は鶴田が日本に帰国中の4月15日、セントポールにおけるAWA世界王座挑戦権を懸けたニックとの試合に勝ったことで決定していた。

鶴田の第2次AWA遠征の挑戦者を見れば、別に決定戦をやるまでもなくマーテルとのタイトルマッチを組んでもよかったはずだが、そこは「前王者ニックとの挑戦者決定戦に勝って挑戦！」という箔を付けたかったのだろう。それだけAWAはマーテル売り出しに力を入れていたということである。

タイトル戦本番では、ルー・テーズの連勝記録を936でストップさせた往年の名レスラー、レオ・ノメリーニを特別レフェリーに起用したことからも、AWAがこの試合にいかに力を入れていたかがわかる。

試合は鶴田が足、マーテルが腕を攻めるオーソドックスな展開になった。18分すぎから の鶴田のジャンピング・ニーパット、パイルドライバー、エルボースマッシュの連打、コブラツイストという組み立ては日本でのファイトとなんら変わらない。

だが20分すぎ、鶴田のドロップキックを背後から食らったマーテルがノメリーニに激突するアクシデントが発生。直後、鶴田はバックドロップ・ホールドを決めたが、倒れ込んでいたノメリーニのカウントが遅れて幻のフォールに。

それでも鶴田はフライング・ボディシザース・ドロップを狙ったが、トップロープに自らの首を打ちつけてダウン。立ち上がったところにマーテルのクロスボディアタックがズバリと決まって3カウント！　レフェリーが巻き込まれて幻のフォールというグレーな部分もあったが、試合内容は「今回の遠征のベストマッチ。マーテルを先輩レスラーとしてリードしたことで、ガニアも僕を見直してくれたようです」と、鶴田も満足していた。

飛び跳ねて喜ぶマーテルを、AWAの帝王ガニア、AWA会長スタンレー・ブラックバーン、ガニアとAWAを立ち上げたプロモーターのウォーリー・カルボが祝福。28歳の若き王者の誕生によってAWAは新しい時代に突入した。

81日間の鶴田政権は、見事に時代の橋渡しという大役を務めたのである。

それまではNWA、AWAの歴代世界王者に試合をリードされる立場だった鶴田だが、AWA世界王者になったことで試合をコントロールするトップレスラーになった。

さらに世界王者としてアメリカをサーキットするという、〝頂点からの風景〟を見ることができた日本人レスラーは鶴田ただひとりなのだ。

5月16日、JAL61便で帰国した鶴田は「移動など、試合以外のことで神経を使うのには参ったけど、改めて日本とアメリカを股に掛けるインターナショナルなレスラーになりたいですね」と胸を張った。

私生活も充実！　人生のパートナー獲得

帰国した鶴田は、2日後の5月18日開幕の『グランド・チャンピオン・カーニバルⅡ』に参加して相変わらずのハードスケジュールをこなし、6月15日から久々に3週間のまとまったオフを取ることができた。

せっかくの休みに申し訳なかったが、この年の5月10日に創刊したばかりの『週刊ゴング』の全日本プロレス担当記者だった私は、6月28日に鶴田を母校・中央大学駿河台校舎跡地に連れ出して写真撮影をさせてもらった。オフショットのグラビアを組むためだ。

そして、もうひとつ目的があった。実は5月頃からマスコミ各社が鶴田の結婚をかぎつけてスクープを狙っていて、私も信頼すべき筋から「鶴田が今秋、結婚する」という情報を得ていたからだ。

「えっ⁉ いやあ、たしかにそのとおりなんだよ。でも、今は詳しいことは勘弁して。僕としては全マスコミに公平に発表したいし、相手もあることなんでね。ちゃんと小佐野君の顔は立てるから……」

意外にあっさりと認めてくれたのでビックリしてしまったが、こう言われてしまっては記事にできない。ましてや週刊誌のスクープは無理。当時の週刊ゴングは毎週木曜日発売で、そうなると東京スポーツなどに掲載してもらう新聞広告は、火曜日には入稿しなければならない。そこに「鶴田、結婚！」という見出しが入っていたら、そこから東スポに取材されてしまうから、スクープはあり得ないのである。

あとでわかったことだが、私が鶴田に話を聞いたのは結納の4日後だったのだ。

全日本から「明日、ジャンボ鶴田の婚約を発表します」と連絡があったのは、『グランド・

チャンピオン・カーニバルⅢ』第３戦が茨城・マルカワ岩瀬店駐車場特設リングが行われている最中の７月９日夜だった。

翌10日、午後１時から東京・虎ノ門のホテルオークラ『有明の間』で元日本航空キャビンアテンダントの荒牧保子（やすこ）さんとの婚約を発表した鶴田は、会見終了後、私の顔を認めると「ちゃんと約束を守ったでしょ？」と、ジャンボ・スマイルを見せた。

速報は新聞の仕事、専門誌の仕事はその後の深い取材である。私は鶴田と保子さんがお付き合いをしていた当時に、デートに付き合ったことがあるという日本テレビの倉持アナウンサーから写真を入手。そして発表３日後の新宮市大会に出張に行った際、試合後にホテルの鶴田の部屋を訪ねて馴れ初めを聞いた。

「もう発表したから、なんでも話すよ！」とベッドに寝転がり、すっかりリラックスした鶴田は、深夜の３時頃までラブストーリーを聞かせてくれた。

以下は、事実……というよりも、鶴田が話してくれたラブストーリーである。

出会いは78年、神戸。記憶は定かではないが、夏の屋外の試合だったという。当時、甲南女子大学英文科に通っていた保子さんは、プロレスファンの友人に付き合って初めてプロレスを観戦した。

この時、彼女に一目惚れした鶴田はデートを申し込み、大阪・新阪急のソニープラザの喫茶店で初デートをしたが、彼女は姉を連れてきていた。

「きっと、すぐに女のコを誘う軽い人に見られていたんだろうね（苦笑）」（鶴田）

その後、東京と神戸という遠距離、売れっ子プロレスラーと女子大生ということで、デートは鶴田が関西に巡業に行った時に食事をしたり、映画を観る程度。照れ屋の鶴田は倉持アナウンサーなど、親しい人間を連れて行くことも少なくなかったようだ。

「当時は結婚を意識していなかった。いい友達という感じだったけど、結婚へと意識が変わったのは、彼女が卒業する間際……80年の初め。〝卒業したら僕と結婚してほしい〟と告白したんだけど、彼女は小さい頃からスチュワーデスになることを夢見ていて、振られちゃったんだよ。ラブレターなんかを燃やして泣いたんだよ！　でも年賀状や暑中見舞いなんかの季節の便りは送っていた（苦笑）」（鶴田）

だが、意外なキューピッドがふたりを再び結びつけた。83年12月に名球会のメンバーとハワイに行った馬場の帰りの便に搭乗していた保子さんは、馬場夫妻の接客をする中で、「プロレスラーはなんて紳士でマナーがいいんだろう」という印象を持ち、神戸に帰った時にそれを母親に話した。

「忘れもしない1月24日、彼女のお母さんから〝もう結婚していらっしゃるんですか？もし、よろしければ一度、娘に会ってください〟って電話をもらったんだよ。それで1月30日に赤坂プリンスホテルのコーヒーハウスで再会して。彼女もスチュワーデスになる夢を達成したし、仕事を辞めて、ひとりの女性として幸せになりたいという気持ちを持っていて、ふたりの溝はすぐに埋まっていったよ」

2月23日にAWA世界王者になった鶴田は多忙を極めたが、第1次AWA遠征を消化したあとの3月17日にロサンゼルスでデートして18日に帰国。20日にふたりで神戸にある保子さんの実家を訪れてご両親の承諾をもらい、22日の父・林の13回忌に保子さんを連れて山梨の実家に帰った。

その後、5月18日の『グランド・チャンピオン・カーニバルⅡ』開幕戦の流山市総合体育館の控室で馬場に報告し、6月22日には最終フライトを終えた保子さんを成田空港で花束を手に迎え、24日に馬場夫妻の代理の松根社長夫妻と神戸に出向いて正式婚約。鶴田はAWA世界獲りと嫁取りを同時にやっていたのである。

「ジャンボ鶴田は、あと10年すれば終わる。だから僕は鶴田友美というひとりの男を愛してくれる女性を選んだんだよ。彼女に望むことは家をしっかりと守り、いずれ生まれてくる子どもをしっかりと教育してくれること。3年近いブランクはあったけど、理想の女性と結婚できるんだから本当に幸せ」と、鶴田は言っていた。

そして9月23日の大安吉日、鶴田と保子さんはホテルオークラ『平安の間』において、約1500人の参列者に祝福されて華燭(かしょく)の典を挙げた。

日本人初のAWA世界ヘビー級王者になるという偉業を成し遂げ、私生活でも人生のパートナーを得た鶴田。レスラーとして、人間として充実期を迎えたのである。

師弟コンビから鶴龍コンビへ

84年、人生のパートナーを得た鶴田は、リング上では師匠・馬場に代わる新たなパートナーを得た。〝全日本第三の男〟として頭角を現してきた天龍だ。

鶴田は73年10月にアメリカ武者修行から帰国して日本デビューしたあとからずっと馬場と師弟コンビを組み、インター・タッグ王者になり、年末の『世界最強タッグ決定リーグ戦』にも78、80年と2回優勝し、全日本タッグ戦線の頂点に立っていた。

しかし、83年の最強タッグで馬場はドリー・ファンク・ジュニアと組むことを決め、鶴田のパートナーには天龍を指名。表向きには「テリー・ファンクが引退してドリーのパートナーがいなくなったため」と馬場は説明したが、松根新体制の意向もあって、馬場時代から鶴田&天龍時代への世代交代への布石なのは明らかだった。

鶴田と天龍はこの期待に存分に応えた。タイガー・ジェット・シン&上田馬之助、ミル・マスカラス&ドス・カラスのマスカラス・ブラザーズ、バリー・ウインダム&ロン・フラー、阿修羅・原&マイティ井上、ザ・モンゴリアン&鶴見五郎に勝ち、馬場&ドリーとは30分時間切れ引き分け。最終戦でハンセン&ブロディに敗れて優勝こそ逃したものの、馬場は試合内容を評価して、「来年は俺にパートナーがいなくても、天龍とジャンボのコンビは崩さない」と明言した。

天龍と組んだことで鶴田にプラスになったのは、キャリア11年目にして初めてコンビのリーダーになったことだ。それまでは馬場のリードに任せていればよかったが、今度は自分が試合をコントロールする立場になったのである。

第6章でも触れているように、自分の責任において試合作りをするというのが真のトップレスラーなのだ。

84年に入り、いよいよ鶴田と天龍は本格的にコンビとして始動する。

▲83年12月27日の恒例の餅つき大会の１枚。鶴龍への期待の大きさがうかがえる

その後、4月に開催された『PWF認定世界タッグ王座決定リーグ戦』最終戦の4月25日の横浜文化体育館で、ドリーと組んでハンセン&ブロディの超獣コンビと対戦した馬場が、合体パイルドライバーを食らって頸椎（けいつい）を負傷するアクシデントが起きた。デビュー以来の連続出場記録を3711試合でストップさせられた馬場は、鶴田と保持していたインター・タッグ王座を返上して鶴田と天龍のコンビに託したのである。

空位になった王座の決定戦は5月20日、後楽園ホールで鶴田&天龍とシン&上田の間で行われ、天龍が上田をガッチリと卍固めにとらえたものの、リングに躍り込んだシンと、それを阻止しようとする鶴田の大乱闘によって不可解な無効試合に。6月8日の川崎市体育館における再戦でも両軍反則負けで新王者決定とはならなかった。

こうした不透明決着は、昔の全日本の悪しき伝統だが、これには鶴田も「あれ以上、どうすれば勝ちになるんだよ⁉」とボヤいていたものだ。

仕切り直しの王座決定戦は3か月後の9月3日、広島県立体育館で鶴田&天龍とブロディ&クラッシャー・ブラックウェルの間で行われた。

ブラックウェルは180㎝、180kgの巨漢が売り物だったが、巨体を躍らせてドロップキックをやるなど器用なレスラー。AWAでデビューしてハンセン、ブロディ、ブラックウェルとの対戦で成長した〝皇帝戦士〟ベイダーは、「私の中ではブロディよりも、ハンセンよりも、実はブラックウェルが一番巧いと感じている。太っていたからスターにはなれなかったが、本当に巧い人で、才能からするとブラックウェルが一番だったのではないかという気がする」と称賛していたものだ。

試合は、天龍が耐えに耐えて、鶴田につなぐという、のちの鶴龍コンビのファイトになった。ブラックウェルのドロップキックに吹っ飛ばされ、ブロディの猛攻にのたうつ天龍に鶴田は「10分すぎまで、10分すぎ！」と、檄を飛ばす。これは長期戦に持ち込んでブラックウェルのスタミナを奪う作戦。天龍のタフさを信頼していればこそである。

果たして10分すぎから鶴田と天龍が猛攻に出た。天龍がブロディに延髄斬りを叩き込み、最後は鶴田がコーナー最上段からブラックウェルに豪快ダイビング・ボディアタック。18分13秒、鶴田と天龍は3度目の正直で第34代インター・タッグ王者になった。

そして同年暮れの『84最強タッグ』には、ダブル・パンチ、ダブル・ラリアット、鶴田のジャンピング・ニーと天龍の延髄斬りの合体攻撃を引っ提げて参加。

馬場&ラッシャー木村、シン&マイク・ショー、ワンマン・ギャング&鶴見に勝ち、テリーのカムバックにより復活したザ・ファンクス、レイス&ニックの元NWA&AWA世界王者コンビ、ダイナマイト・キッド&デイビーボーイ・スミスと30分時間切れで優勝戦線に食い込んだ。そして長州力が全日本に初参戦を果たした12月12日の横浜文化体育館の最終戦でハンセン&ブロディと激突し、反則勝ちで初優勝を果たしたのである。反則勝ちという結末はスッキリしないが、内容的には鶴龍コンビらしい試合だった。

天龍が超獣パワーの猛攻に耐え、15分すぎから反撃に転じ、ブロディにダブル延髄斬りを叩き込み、仕上げは鶴田が卍固めを決めたが、ここでリングに躍り込んだハンセンがラリアットでブロディの救出へ。これを見た天龍もリングに躍り込んで鶴田の首をグッと押し下げ、身代わりになってラリアットの餌食(えじき)に。思わぬ展開にパニック状態になったハンセンがジョー樋口レフェリーに暴行を加えての結果であり、天龍の頑丈さと身代わりになる心意気、天龍を信頼して試合を進めた鶴田の勝利と言っていいだろう。

なお、当時の鶴田&天龍はTTコンビ、TT砲などと呼ばれことが多く、〝鶴龍コンビ〟の名前が定着するのは85年に入ってからだ。

インター王者の鶴田とUN王者の天龍がインター・タッグ王者となり、最強タッグを制覇した上で長州らのジャパン・プロレスを迎え撃つ。85年から全日本プロレスは新時代に突入する――。

▲鶴龍時代を満天下に知らしめたインター・タッグの王座獲得。新時代の到来

第8章
覚醒

鶴田を長州より格上とした全日本

1985年、全日本プロレスはターニング・ポイントを迎える。力道山以来の日本人VS外国人という日本のプロレスの伝統的な図式を崩し、新日本プロレスのように日本人対決にシフトしたのだ。

そのきっかけは、前年84年6月に興行面のテコ入れのために新日本プロレス興行と業務提携したことだった。新日本プロレス興行は、83年夏の新日本プロレス社内のクーデターによって退社を決意した元営業本部長の大塚直樹氏以下、新日本の黄金時代に貢献した精鋭営業部員たちが設立した興行会社だ。当初は新日本の兄弟会社として古巣・新日本の興行を請け負っていたが、「純粋な興行会社ならば、ウチの興行も手掛けてみないか？」とジャイアント馬場から声をかけられたのだ。

この業務提携に新日本は態度を硬化させて、8月に新日本プロレス興行に契約解除を一方的に通知。大塚社長は「これからは業務提携している全日本さんの興行がさらに盛り上がるために新日本の選手を引き抜きます」と宣言したのである。

その言葉どおり、新日本の9月シリーズ終了翌日の9月21日に人気絶頂だった長州力、谷津嘉章、アニマル浜口、小林邦昭（くにあき）、寺西勇（いさむ）の維新軍5人が電撃移籍したのを皮切りに、レフェリーを含めて13人が新日本を離脱して新日本プロレス興行入りした。選手を抱えた新日本プロレス興行は『ジャパン・プロレス』に社名変更。長州らはジャパンの所属選手として、85年1月から提携する全日本マットに新天地を求めたのである。

当時のプロレス界は、84年からWWFがNWAやAWAのテリトリーに進出。各テリトリーのトップ選手を引き抜きながら全米侵攻を開始したため、NWA、AWAと密接な関係にある全日本にとって対岸の火事ではなかった。

馬場は「ウチに来ているレギュラー大物外国人選手がWWFに引き抜かれたら、全日本の根幹が崩れてしまう」と危惧していたに違いない。

そうした外国人招聘ルートへの不安と同時に、馬場自身が超一流外国人選手を主役にしていくことに限界を感じていたことも大きい。

プライドが高い外国人が絡むと、どうしても両者リングアウト、反則絡み、時間切れ引き分けなどによって綺麗に決着がつくことは少なく、ファンの反応も鈍っていたからだ。

時代の流れの中で日本人対決に方向転換した馬場だが、当初は「レスラーの格を重んじ

▲84年1月4日のプロレス大賞。ふたりのシングルが実現するのは1年以上先になる

る」という昔ながらの考え方は変わらなかった。

週刊ゴングの全日本担当記者だった私は、84年暮れの号で、ジャパンが参戦する85年1月シリーズの『激突‼オールスター・ウォーズ』のポスターを持ったジャンボ鶴田を撮影して「さあ、来い！　長州」と謳う表紙を作ろうと思ったが、全日本から「ジャンボと長州が同格だとファンに思われるような扱いは困る」という理由でNGにされてしまった。

つまり「AWA世界王者にもなっている鶴田は世界的なレスラーであり、長州より明らかに格上である」というのが全日本のスタンスだったのだ。

鶴田も全日本の方針に沿うように、「僕の場合は長州だけに的を置いているわけじゃないから。いろいろな敵がいる中のひとりに長州も入って来たという感覚で捉えていますよ」と、長州迎撃に熱くなる天龍源一郎とは対照的にクールなコメントを出した。

こうした流れで、全日本VSジャパンは天龍と長州の抗争が核になった。全日本VSジャパン開戦となった85年1月シリーズは、2〜4日の後楽園ホール3連戦で開幕。天龍と長州は2日大会と3日大会＝タッグマッチ、4日大会＝6人タッグマッチで3日連続対戦した。

鶴田はその4日大会で、鶴田＆天龍＆ザ・グレート・カブキVS長州＆キラー・カーン＆浜口という形でようやく初激突するのである。

試合では、鶴田がフロント・スープレックスで投げれば、長州はサソリ固めの体勢に入るというスリリングな攻防が見られたが、ふたりが肌を合わせたのは3回だけだった。

鶴田のクールな発言を意識してか、長州も「なんて言うのかな、俺や天龍とは人間のタイプが違うのかな……燃えているんだろうけど、天龍ほど感じるものがないね。やっぱり自分の気持ちは鶴田よりも天龍に向いている」と、ターゲットを天龍に定める発言。やはり対抗戦は天龍VS長州が主軸になっていった。

スタイルの違う戦いの中で

「彼らにつくづく感じたのは理屈に合わない、基本に忠実でない、セオリーにない面白さということだった。私たちが力道山に教えられ、アメリカで覚えさせられたセオリーを、彼らはまったく無視して自分たちが好き勝手にやっているプロレスだが、それがかえってファンに受けていた。でも日本では人気が出ても、世界には通用しない。一流選手はやはりセオリーを踏み外さないものだ」というのが馬場のジャパン選手評である。

全日本VSジャパン対抗戦の面白さはスタイルが違うがゆえの緊張感、そして試合がスイングしないギクシャク感にあった。

全日本担当記者だった私は、全日本の選手から「あいつらはプロレスを知らない」と聞かされ、ジャパンの選手からは「あんなチンタラしたプロレスに付き合ってられない」という言葉を聞かされたものである。

「やりにくかったよ。彼らは一切、こっちの技を受けないって感じだったから。それに試合に間がない。だからバタバタだった。〝じゃあ、こっちも受けなくてもいいだろう！〟って、試合がガチガチしていたけど、でも逆に受けているほうが強く見えるんだよね。3人掛かりでボコボコにやられたって、全日本の選手はギブアップしないんだから。そこまでやってもジャパンの連中が攻め切れないなら、〝最終的には全日本のほうが強い！〟ってことになるからさ」と語るのはカブキだ。

渕も「あの時は彼らも張り切って来たし、全日本に融合しないで自分たちのスタイルをそのままやりたいという気持ちがあったと思うんだよ。間を取ってやるっていう試合スタイルじゃないし、試合時間も短いし、最初は戸惑ったけど、向こうのペースで試合をやってもこっちは対応できるっていうものが生まれたんだよね。だから、やらせるだけやらせてやろうと。それでお客さんがワーワー来たから」と言う。

2代目タイガーマスクとして、〝虎ハンター〟小林との抗争がスタートした三沢光晴は、「簡単に言えば〝攻め〟と〝受け〟の違いだよね。向こうは〝やったもん勝ち！〟みたいなところがあったじゃん。でも感じたのは、燃料切れは早かったよね。向こうが最初ガンガン来ても、攻められても、それを凌ぎ切れば意外と勝機が多かったなっていうのはあるよね。もちろん、こっちはどう来られたにしても、凌げる自信を持っていたし。ただ俺自身、ちょっと体重が増えてきたっていう微妙な時期で、身体も今ほど大きくなかったから、受けるダメージは大きかったかもしれないけどね」と後年になって、ジャパンとの対抗戦について語っていた。

当時はファンの間に「受けのプロレス」という見方が浸透していなかったために、どうしても「一方的に攻めるジャパン、防戦一方の全日本」というイメージが付いてしまったが、そんな中でもジャパンの選手がコントロールできなかったのが、身体の大きさとナチュラルなパワー、そして無尽蔵のスタミナを誇る鶴田だ。

「外国人レスラーとの試合は、倒れた時にすぐ起き上がらなくても攻撃してこない。でもジャパンの選手の場合は倒れたらすぐに攻撃してくるから、すぐに起き上がって反撃するところがないと試合が成立しないいんだよ。鶴田さんはジャパンの選手よりも背が高いから、バンバン技を食らっても、すぐに反撃に転じる時の見栄えとか迫力がジャパンの選手の攻撃を上回っていたよね。鶴田さんがあの大きな身体でそういう動きをやると〝回復力が凄い！〟と。それに背の高い人間が上から攻めてきたら、低い人間は頭を下げざるを得ないから、それもファンには凄く見えたんだろうね。あの対抗戦から徐々に鶴田さんの評価が変わっていったと思うんだよ」という渕の分析は鋭い。

どんなにガンガン攻めても涼しい顔で起きて、ことさら余裕を見せる鶴田にジャパンの選手は辟易したに違いない。

86年3月13日に日本武道館で実現した全日本VSジャパンのシングル6VS6全面対抗戦で、鶴田に敗れて「負けたーっ！」と絶叫したアニマル浜口は、後年になって全日本及び鶴田について聞かれて、こう答えている。

「国際プロレス時代にも全日本と対抗戦をやっていましたけど、3年ぶりに全日本に上がって、選手が大きいのに改めて驚かされましたね。馬場さんはもちろん、鶴田さん、源ちゃん（天龍源一郎）、みんな大きい。僕のような小粒なレスラーにとっては、相手が大きいというのは、もうどうしようもないところがある。鶴田さんは大きい上にスタミナもあり、打たれ強く頑丈で、実によく整ったレスラーでした」

▲鶴田の規格外の強さと浜口の潔さが、対抗戦の中で一服の清涼剤となった

谷津が語る全日本&鶴田のプロレス

鶴田が最初にシングルで激突したジャパンの選手は、浜口に代わって長州の正パートナーになりつつあった谷津だ。鶴田が72年ミュンヘン五輪グレコ100kg以上級代表なら、谷津は76年モントリオール五輪フリー90kg級と、80年モスクワ五輪フリー100kg級代表（日本が参加ボイコットのために幻の代表）になっている。

谷津は、学年で鶴田より6つ、長州より5つ下のために大学時代に両者と対戦する機会はなかったが、第2章で鶴田と同期の鎌田誠（中央大学レスリング部主将＝ミュンヘン五輪フリー90kg級代表）、鶴田が勝てなかった磯貝頼秀（ミュンヘン五輪&モントリオール五輪フリー100kg以上級代表）が、「同じ時期にアマチュアで戦っていたとしたら、3人の中で一番強い」と声を揃えるレスリングの申し子だ。

モスクワ五輪を目指していた時代には、足利工大附属高校（現・足利大学附属高校）の職員としてレスリング部で三沢と川田を指導していた。これは対抗戦真っ只中の当時は、伏せられていた事実である。

「全日本のプロレスはワルツだけど、俺たちはビートの利いたロックだ！」という過激な言葉を吐いて全日本に乗り込んで来た谷津だが、他のジャパンの選手に比べると、全日本に知り合いの選手が多く、スタイル的にも順応できた。それは新日本出身のレスラーとしてはアメリカ生活が長かったからだ。

まず道場でストロング・スタイルをみっちりと叩き込み、フロリダのカール・ゴッチに預けて仕上げるというのが新日本の伝統の育成法だが、谷津はWWFのパット・パターソンに預けられ、最初からアメリカン・スタイルを学んで現地でデビュー。その後、フロリダでヒロ・マツダの教えを受け、ルイジアナ、テキサス州ダラスなどを転戦した。

83年には、アメリカで大人気だったテレビドラマ『SHOGUN（将軍）』で三船敏郎が演じていた吉井虎長にあやかったトラ・ヤツを名乗って、テキサス州ダラスを拠点にするフリッツ・フォン・エリック主宰の『ワールド・クラス・チャンピオンシップ・レスリング』に転戦。同年2月7日にテキサス州フォートワースでカブキに勝ってワールド・クラスTV王者になった。同年6月17日、ダラスのリユニオン・アリーナのビッグマッチに出場した際には、遠征に来ていた馬場、鶴田、天龍とも会っている。

「フロリダでは桜田（一男＝ケンドー・ナガサキ）さん、渕さんと一緒だったし、マツダさんとルイジアナにいた時にカブキさんに誘ってもらってダラスに行って。カブキさんと組んでいたマジック・ドラゴン……ハル（薗田）ちゃんとはリング上では敵でもよく遊んだなあ。全日本の人たちはみんないい人たちなんですよ、苦労してるから。だから全日本に上がる分には、全然違和感はなかったな。馬場さんにもダラスで会ってるから、全日本に上がることになって挨拶したら〝おお、お前か〟って感じで。まさか2年も経たないうちにお世話になるとは思わなかったよね（苦笑）」（谷津）

ダラスで馬場、鶴田、天龍と会った時には、馬場の計らいで高級ホテルに鶴田とツインルームに泊めさせてもらったという。

「あの時はジャンボと朝までしゃべっていたんだけど〝猪木さんとはやりたくないな。たぶん、猪木さんとやっても長い試合はできないと思うし、噛み合わないでしょう〟みたいなことを言っていた。あとは〝プロレスラーはひたち（相撲用語で見栄っ張りのこと）が多いけど、谷津ちゃんは自分のペースで行ったほうがいいよ〟とか〝ひたちにならないでちゃんと金を残しなよ。年老いたらおしまいなんだから〟って教えてもらった。結局、俺はジャンボが言っていたことを守れなかったけど、彼の言っていたことは間違いじゃなかったなと思うよ」と、谷津は思い出を語る。

全日本の選手たちに親近感を持っていた谷津は、全日本スタイルのプロレスをどう感じていたのだろうか？

「やっぱり新日本のプロレスは通じないよ。スタイルが違うって言ってしまえば、それまでなんだけど、全日本のプロレスは新日本ほど単純じゃないんですよ。全日本は組み立て方が何パターンもあるじゃないですか。面倒くせぇなとも思ったけど、全日本の試合のほうが本当のプロレスだと思ったね。新日本はパパパッて終わっちゃうから、何も考えることがないんだけど、全日本は客席の隅々までを考えてじっくりと見せるプロレスだからさ。あとはジャパンより全日本の連中のほうが大きかったっていうのもあるよね。やっぱり大きいっていうのは最大の武器だよな。連中の動きはゆったりして遅く見えるんだけど、ひとつひとつの技が重いの。で、実際は動き回っている小さいほうが体力を消耗しているから」

鶴田VS谷津が実現したのは85年2月21日、大阪城ホールにおけるジャパン主催興行の『ジャパン・プロレスVS全日本プロレス全面対抗戦』だ。メインが長州VS天龍（長州がリングアウト勝ち）、セミがキラー・カーンVS馬場（馬場が反則勝ち）。そして、鶴田VS谷津はセミ前に組まれた。当時のジャパン選手の序列からすると、谷津と対戦する鶴田がセミ前の試合になってしまうのは仕方のないことだ。

試合は谷津のドロップキックの奇襲という、いかにも対抗戦らしいスタートとなったが、その後はバックの取り合い、谷津がレスリングの飛行機投げからグラウンドへと移行して執拗なヘッドロック。これを鶴田が低位置からのバックドロップで返すなど、普段の対抗戦のガチャガチャした攻防ではなく、濃厚な戦いが続いた。

次第に鶴田が身長差を利して試合を掌握。谷津の得意技スクープ・サーモン（パワースラム）をカウント2でクリアし、場外戦に転じると、場外のマットの上でダブルアーム・スープレックス、そしてエプロンに上がってきた谷津をジャンピング・ニーパットで吹っ飛ばして11分23秒、リングアウト勝ちをさらった。

ちなみに、鶴田のジャンピング・ニーパットは、日本のキックボクシング黎明期のスーパースターである〝キックの鬼〟沢村忠の必殺技・真空飛び膝蹴りをヒントに、ドロップキックと並ぶ飛び技として考案したオリジナル技だ。

「ショートレンジのバックドロップに巧く受け身を取るあたりはいいセンスしているし、レスリング力もあるし、体も柔らかい。ワインと一緒で、あと2～3年寝かせたら、凄いレスラーになると思いますよ」と、鶴田は余裕のコメントだった。

では、谷津の鶴田観はどのようなものか？

「ジャンボはプロレスが巧かったから〝こいつ、駄目だな〟と思ったら、まともに相手にしないっていうか、馬鹿にしちゃう。大げさな受け身を取ったりとか、試合を流しちゃうタイプだな。新日本の感覚で向かっていくと〝それで俺に敵うの？〟って、あからさまにいやいや付き合うような試合をするんですよ（苦笑）。本気で向き合わない。力を6分ぐらいに抑えちゃうの。実際、ジャンボのプロレス的な体力には敵わないよ。呼吸の仕方、休み方、攻め方……巧いよね。ジャンボといい試合をやるためには、彼に付いていきつつ、自分を発揮していく術がないと駄目だね。基本的にはジャンボには相手を引き出そうという部分はないから。俺としては天龍さんのほうがやりやすかったな。ジャンボは、プロレスは巧かったかもしれないけど、表現力では天龍さんのほうが上だったと思うよ」

長州力への感情を露(あら)わにした鶴田

全日本VSジャパン対抗戦で活気付いた85年の全日本マットにあって、鶴田VS長州のエース同士の頂上決戦の気運が一向に盛り上がらない中、アクションを起こしたのは意外にも鶴田のほうだった。

5月9日、キャピトル東急ホテル『日光の間』で6月シリーズと、全日本&ジャパン提携1周年興行となる6月21日の日本武道館大会の主要カードの発表記者会見が全日本の馬場会長、ジャパンの大塚社長、両団体主力選手出席のもとに行われたが、ここで鶴田が不満を漏らしたのである。

6・21日本武道館のカードは馬場VSラッシャー木村のPWFヘビー級戦、天龍VS長州の再戦、タイガーマスクVS小林の3大マッチが柱で、鶴田は石川敬士、大熊元司とトリオを組んでのカーン&谷津&浜口との6人タッグマッチが組まれた。

このマッチメークについて聞かれた鶴田は、「自分だけがなぜ6人タッグなのか……正直言って不本意ですね。どうせだったら天龍選手のように、長州やカーンとシングルをやってみたいです」とキッパリと言ったのだ。

これを聞いていた長州は、「おい、いい加減にしろよ！　一方的に言いたいことを言いやがって。勘違いするんじゃない。お前はいつでも楽な立場に立って、俺たちに胸を貸しているとでも思ってるのかよ!?　ふざけんな、いつでも五分の戦いをやってんだぞ、俺たちは！　本気なら俺との一騎打ちを代表（馬場）に頼めばいいだろう」と鶴田に食ってかかった。長州は常に感じていた全日本と鶴田の格上意識に怒りを爆発させたのだ。

この後、両者は立ち上がって睨み合い、ついに乱闘に発展。長州は「こんなふざけた会見があるか⁉　武道館のカードは白紙だ！」と会見場をあとにしてしまった。この直後、ロビーのティーラウンジで改めて鶴田に個人的に話を聞くと、こんな答えが返ってきた。

「正直な話、ムシャクシャしていたというか、今日も記者会見にあまり来たくなかったんだよ。まあ、馬場さんが決めたカードだし、今までも馬場さんを信じてやってきたし〝何か、このカードの中にも含みがあるのでは？〟と思う一方で〝自分はあまり重要視されていないんじゃないか⁉〟っていう疑惑があったのも事実。僕自身、基本的には来日してくる世界のトップ連中と戦うのが役目だと思っていたし、会社や馬場さんの考えもそうだった。それに源ちゃんが長州戦に燃えていたから、そこに割り込んでいくのは乱入と同じで失礼だと思ってた。でも、もう冗談じゃない。やってやりますよ！」

この記者会見の乱闘劇は話題作りという見方もされたが、鶴田がこれだけ感情を露わにしてしゃべるのは珍しいことだった。

だが、鶴田の主張は通らなかった。恐らく馬場と大塚の間では、6・21日本武道館での天龍VS長州再戦は崩せないものだったのだろう。6月7日に改めて発表されたカードはメインが馬場VS木村のＰＷＦ戦、セミは天龍VS長州のＵＮ戦（当日、ノンタイトル戦に変更）、鶴田はセミ前で石川と組んでの谷津&浜口とのタッグマッチ、その下がタイガーマスクVS小林のNWAインターナショナル・ジュニア・ヘビー級戦。鶴田の試合をタイガーマスクのタイトルマッチより上に持ってきたのは全日本&ジャパンの配慮だろう。

鶴田はこのタッグマッチで強さを見せつけた。谷津のドロップキック、張り手をノーガードで受けながら、表情ひとつ変えずにジャンピング・ニーで吹っ飛ばし、ストンピングで踏みにじり、ジャンピング・アームブリーカーで叩き伏せた。

さらにコーナー最上段に上がった浜口をジャンボ・ラリアットで場外に吹っ飛ばし、この1発で石川にリングアウト勝ちの花を持たせて完勝したのである。

長州とのシングルマッチが流れたその裏で

これを受けてジャパンは、自主シリーズ『サマー・ドリーム・フェスティバル』の天王山となる8月5日の大阪城ホールで長州VS鶴田を行うことを発表。

それまで「打っても響かないタイプは嫌いだ。鶴田戦は期待してないし、いい試合にならないよ。いつも涼しい顔しやがって……向こうがやりたいと言ってもスカしてやるよ」

と言っていた長州だが、いざ鶴田戦が正式決定すると「同じミュンヘン・オリンピック出というこことでデビュー当時はよく比較されたし、それから別の道を歩いて、今こうして同じリングに上がるようになったよな。お互いプロになって10年以上……とうとう来るべき時が来たっていう感じ。鶴田と戦うことに変なこだわりは持ってないよ」と、珍しく感慨深げに語ったのが印象的だった。

しかし8・5大阪城ホールでの一騎打ちは実現しなかった。大会3日前の8月2日、札幌中島体育センターにおける『サマー・ドリーム・フェスティバル』開幕戦で鶴田が負傷してしまったのだ。

この日のメインに組まれたのは8・5決戦の前哨戦となる長州&カーンVS鶴田&天龍。長州とカーンは鶴田に集中攻撃を仕掛けた。カーンが場外戦で鉄柱とゴングを使って流血に追い込み、リングに戻ったところで長州がブレーンバスター、その後は鶴田の右腕を執拗に攻め、最後はカーンが右腕にコーナー最上段からダブル・ニードロップを投下。駄目押しに右足にもダブル・ニードロップを炸裂させた。

右腕と右足を破壊された鶴田は場外に転げ落ちると、そのまま戦闘不能となり、リングアウト負けに。本部席の机を担架代わりにして運び出されるという醜態をさらした。

▲鶴田と長州。ふたりのシングルはなかなか実現しなかった（写真は85年2月5日）

実は、鶴田は5月末から右肘に異変を感じていた。黒いサポーターを巻くようになったので理由を聞くと、「ラリアットを完成させて、スタン・ハンセンも長州も吹っ飛ばしてやるんだよ」と笑っていたが、指が痺れたり、肘を曲げると痛みが走っていたようだ。

帰京した鶴田は、長州戦当日の8月5日午前8時25分に東京・信濃町の慶應大学病院に入院。診断の結果は変形性肘関節症急性悪化と遅発性尺骨神経麻痺で、同日午後1時30分から約3時間にわたる手術を受けた。右足は右膝打撲による膝関節血種で手術の必要はなく、物理療法で済んだ。

長州VS鶴田が急遽中止になった大阪城ホールでは、善後策として天龍、カーン、谷津、ジャイアント・キマラの4人の中から観客の投票で長州の対戦相手を決めると発表。投票の結果、長州VS谷津のジャパン同門対決となり、勝利した長州は「もう馬場、猪木の時代なんかじゃないぞ！　鶴田！　藤波！　天龍！　俺たちの時代だ！」と俺たちの時代を高らかに宣言。そこに新日本を離脱したスーパー・ストロング・マシンが出現すると、長州は「俺はこういう状況を待っていた。マシン、俺とやろう！」と右手を差し出してガッチリ握手。それはプロレス新時代到来を告げるような光景だった。

さて、病床の鶴田である。右肘と右膝の負傷は大事に至らなかったが、血液検査で母子感染のB型肝炎のキャリアだということがわかったのだ。ウイルスを撃退するために86年後半頃からインターフェロンの投与を開始したという。

そのB型肝炎が発症したのは92年7月のこと。それまで鶴田はこうしたハンディの下で、長州とのシングル、天龍との鶴龍頂上対決、さらには三沢光晴、川田利明、小橋健太（現・建太）らの超世代軍の高い壁となり、怪物的強さを発揮していたのである。

長州との伝説の60分を完全検証

さて、85年8・5大阪城ホールで流れてしまった頂上決戦は、ジャパン自主シリーズ『ニューウェーブ・イン・ジャパン』第3戦の11月4日、大阪城ホールに延期された。

ファンの間では「どうせ両者リングアウト引き分けがいいところ」などという冷めた声も出ていたが、それを払拭（ふっしょく）するために両者リングアウト引き分けを認めない完全決着ルールに決定。これが発表されるや前売りチケットが伸び、9500人のファンが詰めかけた。

結果を先に書いてしまえば、60分フルタイム戦っての時間切れ引き分けで、結局は決着がつかなかったわけだが、この試合は「鶴田の底知れぬ強さが長州を呑み込んだ」として伝説になっている。その60分を徹底的に検証してみよう。

85年11月4日は、文化の日の振替休日ということで大会のスタートは午後3時。鶴田VS長州のゴングが鳴ったのは5時15分だ。鶴田が握手の手を差し出すと、それを長州が握り返してクリーンな形で試合はスタートした。

普段の長州なら、ロックアップから相手をロープ際に押し込んだ時には蹴りを入れるなどしてクリーンブレイクしないが、この日はサッとブレイク。鶴田が片足タックルからバックに回ると、それを切ってリストの取り合いへ。

ロックアップからヘッドロック、ロープに走ってタックル……という躍動感溢れる普段の流れを封印して、ヘッドロックからそのまま投げてグラウンドに移行、あるいはリストロック投げからヘッドシザースというオーソドックスな攻めに徹する。鶴田相手では短期決戦はあり得ないとして、長州もスタミナを考えた戦法に切り替えたのだろう。

しかし、これは完全に鶴田のフィールドだ。１８４㎝、１１０kgの長州に対して、１９６㎝、１２５kgの鶴田は圧力をかける戦法で躍動感を封じる。

ロープを使った攻防が生まれたのは、実に試合開始から28分が経過してからだった。鶴田がロープに振ってジャンピング・ニーを狙ったが、長州はブロック。すると鶴田は力任せに長州をボディスラムで叩きつけると、足4の字固めへ。ようやく試合に動きが出てきたと思いきや、この足4の字固めの攻防は実に33分すぎまで続いた。

30分経過は長州にとって未知の領域。鶴田はそれまでドリー・ファンク・ジュニア、ハーリー・レイス、リック・フレアーと60分、ビル・ロビンソンと60分（4回）と65分、タイガー戸口と60分と65分フルタイムをやっているが、長州の最長試合時間は、84年8月2日の蔵前国技館における猪木戦の29分39秒だ。

試合が再び動いたのは39分。ヘッドロックにきた長州に鶴田がバックドロップ！　カウント2で長州が跳ねると、今度はロープに飛ばしてジャンピング・ニー。これもカウント2で必死に返す長州。優勢になった鶴田が不用意にヘッドロックにいったところで長州が逆襲のバックドロップ！　すると鶴田はコロコロと場外にエスケープして間を外し、試合をリセットしてしまった。

その後、鶴田が雪崩式ブレーンバスターを初公開すれば、長州が珍しく回転エビ固めの切り返し技を使うなどの攻防が生まれたが、47分に鶴田は再び執拗な足4の字。仲田龍リングアナウンサーの「50分経過！」のアナウンスに場内はざわめき始めた。

残り10分。鶴田が自ら足4の字を解くと、長州は勝負とばかりにラリアット！　鶴田はまたもエプロンにエスケープして試合をリセットしようとするが、ここでは長州が強引に鶴田の身体をリングに戻すと、再びラリアットへ。これをかわした鶴田はジャンピング・ニー3連発の逆襲に出て、今度は長州が堪らずエプロンにエスケープ。

54分、ついに長州がサソリ固めを決めたが、鶴田は脚力で返し、スタンドになったところで鶴田の延髄斬りが火を噴いた。55分経過……鶴田が逆エビ固めに入ったが、長州はすぐさま腕立てで返す。なんとしても時間切れは阻止したいという気持ちの表れだろう。

だが主導権を握っているのは鶴田だ。延髄斬り2連発で再び攻勢へ。これに長州も延髄斬り2連発を返したが、自らの右膝を痛めて苦悶する。

残り3分。鶴田が再び攻勢に出た。パイルドライバーで叩きつけ、カウント2でクリアされると、この段階で足4の字。誰もがこのまま時間切れになるかと思ったが、残り2分で自ら足4の字を解き、ロープを使った攻防からラリアットの相打ちに。打ち勝った鶴田がカバーに入るもカウント2!

残り1分。鶴田がロビンソン式の弧の小さいダブルアーム・スープレックスを決めれば、長州もジャーマン・スープレックスで最後の反撃へ。そして残り10秒で鶴田が逆エビ固めに入り、そのまま時間切れ引き分けのゴングが鳴った。

試合は明らかに鶴田が長州の機動力、躍動感を封印して支配していた。一方、長期戦に慣れていない長州は鶴田のリードに対応し、その中で勝機を見出(みいだ)そうとしていた。

今では「内容的にもスタミナ面でも鶴田が圧勝した」というイメージで語られているが、長州がオーソドックスな戦いにも対応できることを証明した一戦でもあるのだ。

では、なぜ「鶴田圧勝！」のイメージになってしまったのか。それは、鶴田が馬場や歴代NWA王者たちに教えられた〝王者のプロレス〟に徹したからである。

「リングの真ん中に立って、相手が僕の周りを動くようにすれば、僕のほうが格上に見える。相手が殴ってきた時にすぐに殴り返したら相手と互角に見られてしまうから、ちょっと間を空ける。善戦マン時代に凄いレスラーたちから習った僕の作戦勝ちですよ」

そう言って鶴田は笑った。

最後に逆エビ固めで攻めたまま時間切れのゴングが鳴ったのもミソで、これは「時間切れになる時は必ず自分が上になっていろ。そうしたら引き分けでも勝ったように見える」という馬場の教えによるものだ。

ゴングが鳴った瞬間に、逆エビ固めを解いて両腕を突き上げて「オーッ！」と、勝ち名乗りのように叫び、さらにコーナーに上がって右腕を高々と上げたことで、鶴田勝利の空気が出来上がっていたのだ。

第三者から見た鶴田VS長州の真実

この試合を選手、レフェリーはプロの目でどう感じたのだろうか?

「あの対抗戦は俺の仕事じゃないよ。俺は84年いっぱいでブッカーの仕事を終えて85年の夏にアメリカに帰ったんだけど、その間に観ていたジャンボと長州の試合は、長州は20分ぐらいで息が上がって、そこから試合が良くならなかったよ。ハッキリ言ってふたりの差は凄くあった。リングの中の器量は歴然だったよ。実際、長州はプロレスが下手すぎた。あいつはガンガン攻めて勝つのがカッコいいんだけど、全日本のファンは試合の中で攻めたり、攻められたりのシーソーがないと付いてこないからさ。新日本の中では藤波が受け身を取って試合を作るのがピカイチでしょ。だから藤波じゃなかったら、長州は上に来るのにもっと時間がかかっていたと思うよ。あの全日本とジャパンの対抗戦の図式は、俺が思うにはジャンボの格下げだよね。ジャンボと長州がボンボンやり合って、最終的に年に2回ぐらいビッグマッチで白黒つけるならいいよ。でも、それがなかったんだから」と語るのは、81年半ばから84年いっぱいまでブッカーを務め、鶴田を全日本のエースとして確立した佐藤昭雄だ。

鶴田のセコンドに付いていた渕は、「長州はやりたくなかったと思うよ。天龍さんとやる時のように、短い試合でもガーッと燃えるっていうのは鶴田戦では難しいからね。あとは身長差。長州の技はラリアットで倒してサソリ固めしかない。そこに持っていくまでの過程で、鶴田さんのジャンピング・ニーを食ってしまったり、ラリアットの相打ちにしても背の高い鶴田さんが腕を上から下に叩きつけるのと、長州の下から打つのでは見た目が違う。長州はどうしても損をしちゃうよね。鶴田さんにとってもひとつのターニング・ポイントだったんじゃないかな。地味な試合だったけど、ひとつひとつの技にお客さんが沸いていたよね。俺もセコンドに付いていたけど、時間の経過が早く感じられたよ」と言う。

試合後、鶴田がケロッとして「渕君、飲みにいこうか?」と言ったというエピソードは有名だが、本当かどうかを確かめると、「鶴田さんの第一声は〝長州、良かったよ。大したもんだよ〟って。それで日本テレビのアナウンサーの倉持(隆夫)さんも一緒に飲みに行ったよ。倉持さんが〝今日はジャンボ鶴田の判定勝ちに乾杯だ〟って(笑)」

この試合を最も間近で見ていたのは、裁いたタイガー服部レフェリーである。

明治大学レスリング部出身の服部は、66年の全日本選手権グレコ57kg級優勝、69年3月にアルゼンチンで開催された世界選手権グレコ57kg級4位になり、そのまま帰国することなくアメリカへ。72年にフロリダの『チャンピオンシップ・レスリング・フロム・フロリダ』のレスリングのコーチになってプロレス業界に入り、78年から日系マネージャーとしてマサ斎藤（＝ミスター・サイトー）、カブキ（＝ミスター・サト）、天龍などのマネージャーを務め、80年にはNWA公認レフェリーとして全日本のリングに立っている。アマの世界もプロの世界も知っているだけにその分析は深い。

「ミツオ（吉田光雄＝長州力）はジャンボの4倍ぐらい体力使っていたよ。だってジャンボのほうが背はデカいし、体重も20キロぐらい重いでしょ。で、体を重ねられて押さえつけられちゃって苦労していたのを憶えている。レスリングっていう競技は、下から行くっていうのは凄くエネルギーがいるんだよね。押しつけられないように下から上がるのは何倍も力を使うから、中に入ってクッと後ろに回ったりするんだけどね。上から被さるのは楽なんだよ。だからジャンボは巧いよ、スマート。狡さと余裕を持っていたよ。ジャンボはけっこう、頑固なところがあって狡いから長州に何もさせなかったよ。あの人、シェアしないいんだよ。自分のスタイルを頑固に変えない。2メートル近くある人がシェアしてくれなかったら、相手は苦しいと思うよ。みんながジャンボに文句を言ってたのは、狡賢いというか、プロ的に崩せないから言ってんだよ。包まれちゃうっていうか、自分を出させてくれないっていうか。そういうプロ的な部分でみんな文句言ってたんだと思うよ」

服部の言う〝シェア〟とは、試合を共有するという意味。つまり鶴田は自分の持ち味を発揮しても長州の持ち味は出させなかったということだ。

同じような見方をしていたのは天龍で、その言葉は「いい試合をやろうと必死にもがいている長州を見て……なんか、かわいそうだったよ。シャカリキになって向かっていく長州が小者に見えちゃって、〝ジャンボ、もっと応えて真正面からぶつかってやりなよ。大阪城ホールが満員になって、お客さんが期待してるんだから、なんとかしろよ、もっとやり方があるだろう〟って思う俺がいたよ。俺は長州を小者に見せて、自分を大きく見せようとするジャンボに逆にちっぽけさを感じたよ」と辛辣だ。

長州はあの一戦をどう思っているのだろうか？　改めて聞いてみると「もう鶴田さんも亡くなっているんだし、そんなことはいいだろう」と、残念ながら話してくれなかった。天龍のコメントを伝えると、「それは源ちゃんが俺に気を遣って言ってくれてるだけだよ」と笑うだけだった。

長州は、あの鶴田戦について、これまでニュアンスの違うコメントをいくつか出しているが、2012年10月5日、新宿FACEにおける髙田延彦とのトークショーで語った言葉が本音だった気がする。

「鶴田先輩は本当に凄い。もう、全然！　やっぱり、鶴田さんのほうが凄かったですよ。僕はあの人のペースに合わせちゃうと、絶対駄目なんですよ。僕は常に動くタイプなんだけど、自分のペースには入れさすことができなかったですね。それで、しんどい思いにはなりましたよね。難しいです。あの人のペースでやっちゃうと、僕はもう完全に自分のキャラはないです。僕はもう2度とやりたくないですね。要するに、流れが絶対合わないというか。流れの奪い合いはやってるんだけど、やっぱりそれは崩せなかったですね」

長州は突風のように吹き抜けた

鶴田VS長州の頂上決戦が実現したことで、全日本VSジャパン対抗戦はひとつの山を越えた感があった。長州は故郷・新日本への郷愁を語るようになり、何度となく新日本へのUターン、あるいはジャパンの全日本からの完全独立が噂されるようになった。

全日本とジャパンの戦いは、86年1月から鶴田&天龍の鶴龍コンビと長州&谷津のインター・タッグを巡るタッグ名勝負数え唄が軸になった。

同年4月5日、横浜文化体育館で長州がハンセンからPWFヘビー級王座を奪取。全日本旗揚げの際、馬場のために誕生したPWFのベルトが外敵ジャパンの大将・長州の腰に巻かれるというはひとつの事件だったが、これは馬場が長州を「全日本マットという枠のメンバーである」と認めたという意味もあった。

馬場の中では、「ジャパンの選手も全日本という大きなフレームの中の選手」ということであり、インター王者=鶴田、UN王者=天龍、PWF王者=長州という3本柱が完成したのである。興行的に3本の柱があるというのは大きな強みだった。

だが、鶴田戦を通して全日本のスタイルとは合わないことを痛感し、全日本の枠組みに入れられることも本意ではなかった長州の気持ちは新日本に傾いていく。もちろん、それだけではなく、さまざまな理由と状況があったが、87年3月に長州は全日本マットを去り、同年6月に新日本に復帰した。

長州が最後に全日本のリングに立ったのは87年2月5日の札幌中島体育センター。鶴龍コンビが長州&谷津から1年ぶりにインター・タッグ王座を奪取した試合だ。

試合は天龍が谷津をジャーマン・スープレックスでフォール。天龍は「カウント2じゃないのか？」と抗議するジャパン側のセコンドの寺西勇をそっと抑え、穏やかな笑みを浮かべる長州を見た時に「ああ、新日本に帰るんだな……」と思ったという。

鶴田は長州が離脱したあとの4月2日に大阪府立体育会館で、トミー・リッチ相手にインター王座の防衛戦を行ってラリアット1発で勝利すると、「まったく手応えも気迫も感じないよ。ずっと日本人とやってきたから、あんな相手じゃ肩透かしを食っちゃうね。もう少し骨があると思ったのに……悲しいね。リッチと戦うのはこれが最後でしょう。こっちはあと2～3試合戦えるぐらいだよ」と物足りなさを口にしていた。天龍だけでなく、鶴田にも〝長州ロス〟があったのだ。

「長州は突風のように全日本マットを吹き抜けていった」というのが、長州が全日本マットを去った時の鶴田の言葉である。

長州力が語る真説・ジャンボ鶴田

ジャパンとして全日本に上がっていた時代、長州は鶴田を呼び捨てにして、常に辛辣な言葉を口にしていたが、もとをただせば同じ時代に長州は専修大学、鶴田は中央大学でレスリングに打ち込み、72年のミュンヘン五輪に出場した間柄だ。

2019年1月。当時、東京・飯田橋で手掛けていた『お肉酒場GINZA-TEI with長州力』に長州を訪ね、大学レスリング時代の話を聞いた。素顔の長州……吉田光雄は、鶴田友美を「鶴田さん」「鶴田先輩」と呼んで敬い、呼び捨てにすることはなかった。

「鶴田さんは俺より1級上だよな。1級違えば先輩だよ。鶴田さんが大学1年から中大でやっていればよく知っていたんだろうけど、最初、自衛隊でやっていて、中大でやるようになったのは3年生ぐらいでしょ？　だから〝ああ、大きい人がいるなあ〟っていうはわかっていたけど、挨拶程度しかしていないよ。温厚な方だよね。ちょこっと話したのはオリンピックに行った時かな」

第2章で触れているように、72年5月16日〜19日に東京・世田谷区立体育館で開催された東日本学生リーグ戦で、中大はAブロックを勝ち抜き、Bブロックから勝ち上がってきた国士舘大学に勝って7年ぶり10度目の優勝。この時、専大がBブロックから勝ち上がっていれば、鶴田VS長州が実現していたはずなのだ。

「試合で当たったことはないけど、八田一朗会館（東京・新宿百人町のスポーツ会館＝現在はＧＥＮスポーツパレス）で一度だけ練習っぽいことはやったな。その時はソ連の選手が来て、親善でやる時に鶴田さんも出てたと思うな」と長州。

どのような攻防が繰り広げられたのかは「お前にレスリングの話をしたってわかるわけがない」といなされてしまったが、「あのぐらいの身長で、あのぐらいの体格だったら、やっぱりグレコローマンで良かったと思うよ。でも、あの人はたぶん、なんでもこなしたと思うよ。身体能力があったし、あのまま続けていたら、もっと強くなったんじゃないかな、間違いなく。やっぱり手足が長いからね。ミュンヘンのあとの（76年の）モントリオールを目指したら、面白かったと思うよ」と、レスリングの潜在能力を絶賛する。

それだけに鶴田がプロレスラーになったことは意外だったようだ。

「鶴田さんがこの業界に入るとは、まったく思わなかったな。大学のレスリングからはマサ（斎藤）さんとか、（サンダー）杉山さんとか、けっこう入っている人がいるんだけど、そのあとは聞かなかったよな」

そして長州はなんと、アマリロ修行を終えて日本デビューを果たした鶴田の試合をナマで観ているという。

「鶴田先輩がアメリカから帰ってきて、各大学にチケットが回ったんじゃないの？　それでどこだっけな？　駒沢体育館のような気もするし、世田谷の体育館だった気もするんだけど〝みんなで応援しに行こう！〟って、2階席で観た記憶がある（笑）。誰とやったのかは記憶にないよ。でも〝凄いなあ！〟と思ったよ。ミュンヘンが終わって1年以上も経って会うとな。大学時代は堅そうな人っていう印象があったから、アメリカから帰ってきた時に垢抜けていて、お洒落になっていたのにビックリしたよ（笑）」

長州が新日本に入団するのは同じ年の12月6日だから、長州が鶴田の試合を観たのは、それ以前ということになる。記録を調べてみると、その期間で駒沢、あるいは世田谷で全日本の興行は行われていない。日本デビュー戦の10月6日の後楽園ホール（VSムース・モロウスキー）、10月9日の蔵前国技館（ザ・ファンクスVS馬場&鶴田のインター・タッグ戦）、11月24日の蔵前国技館（VSミッキー・ドイル）のいずれかのはずなのだが。

そして全日本のパーティに、専大のレスリング部監督・鈴木啓三と出席したという。長州は「4年の終わりの頃、何か騙されて連れて行かれたんじゃないの？」と笑うが、どうあれ、最初に長州にアプローチしたのは新日本ではなく、全日本だった。

鶴田の全日本入りに大きな影響を与えた、早稲田大学レスリング部出身で日本レスリング協会八田一朗会長の秘書的存在だった野島明生は、長州を専大卒業後に全日本に入れたいと考えていたというが、長州は「野島さんのことは知っているけど、直接話をされたことはない」と否定する。

では、なぜ全日本ではなく新日本入団を決めたのか？

「それは食いものに釣られたからだよ（笑）。坂口（征二）さんだってプロレスに入る時に馬場さんとかにステーキやしゃぶしゃぶをガンガン食わされて、〝プロレスラーは毎日、こんなものが食えるのか⁉〟って思ったたって言ってたしな（笑）」

鈴木監督に誘われて、早大レスリング部出身でNETテレビ（現・テレビ朝日）の運動部長だった永里高平（のちに新日本専務）と食事に行き、高級なすき焼き、ステーキを食べさせられ、そこに猪木、新日本の新間寿営業本部長が合流して、新日本入団の流れになったというのだ。

「この業界に入るとは思わなかったよ。ろくにプロレスを観たこともないんだから（苦笑）。鶴田さんが入ってやれてるから、俺もなんとなく〝やれるのかな？〟って。だから意外と影響は大きいかもわかんないね。できることを選択した……できる方向に行ったっていう。〝なんで？〟って言ったら食うためよ。鶴田さんは〝プロレスに就職します〟って言ったけど、たぶん、俺も同じような感覚だったんじゃなかったのかな。とにかく食っていかなきゃいけないんだから。鶴田さんもあれでサラリーマンだったら、やっぱり大変だったと思うよな。食っていくのが先決。俺たちみたいに、声を掛けられるだけでもラッキーと言えばラッキー。仕方ないと言えば仕方ない（苦笑）」

長州は飾ることなく、構えることなく、鶴田について本当に素直な気持ちを語ってくれた。だが、全日本のリングで対抗戦をやっていた時代のことは一切話してくれなかった。

「そんなことは、お前のほうがよく知ってんじゃん。そのまんまだよ。……不思議と飯を食った記憶がないんだよ。普通だったら先輩・後輩なんだけどな。俺の記憶の中にはないんだよ。全日本ではリングの上で試合をやっていただけで、会場で話すことはないからな。まったくない。……ああ、一堂に会した日本武道館（79年8月26日の『夢のオールスター戦』）で何か声を掛けられたことがある。あとはないな」

今、かつては〝俺たちの時代〟として鎬（しのぎ）を削っていた藤波、長州、天龍がイベントやテレビなどで和やかに談笑する姿を目にするが、感慨を覚えずにはいられない。そこには命懸けで戦った者同士ならではの信頼感、絆が感じられるのだ。

もし鶴田が存命ならば、きっと鶴田と長州も最高の笑顔で昔話に花を咲かせているに違いない――。

▲鶴田と長州の最後の激突は87年2･5札幌。この一戦のあとに長州は全日本を去った

第9章 鶴龍対決

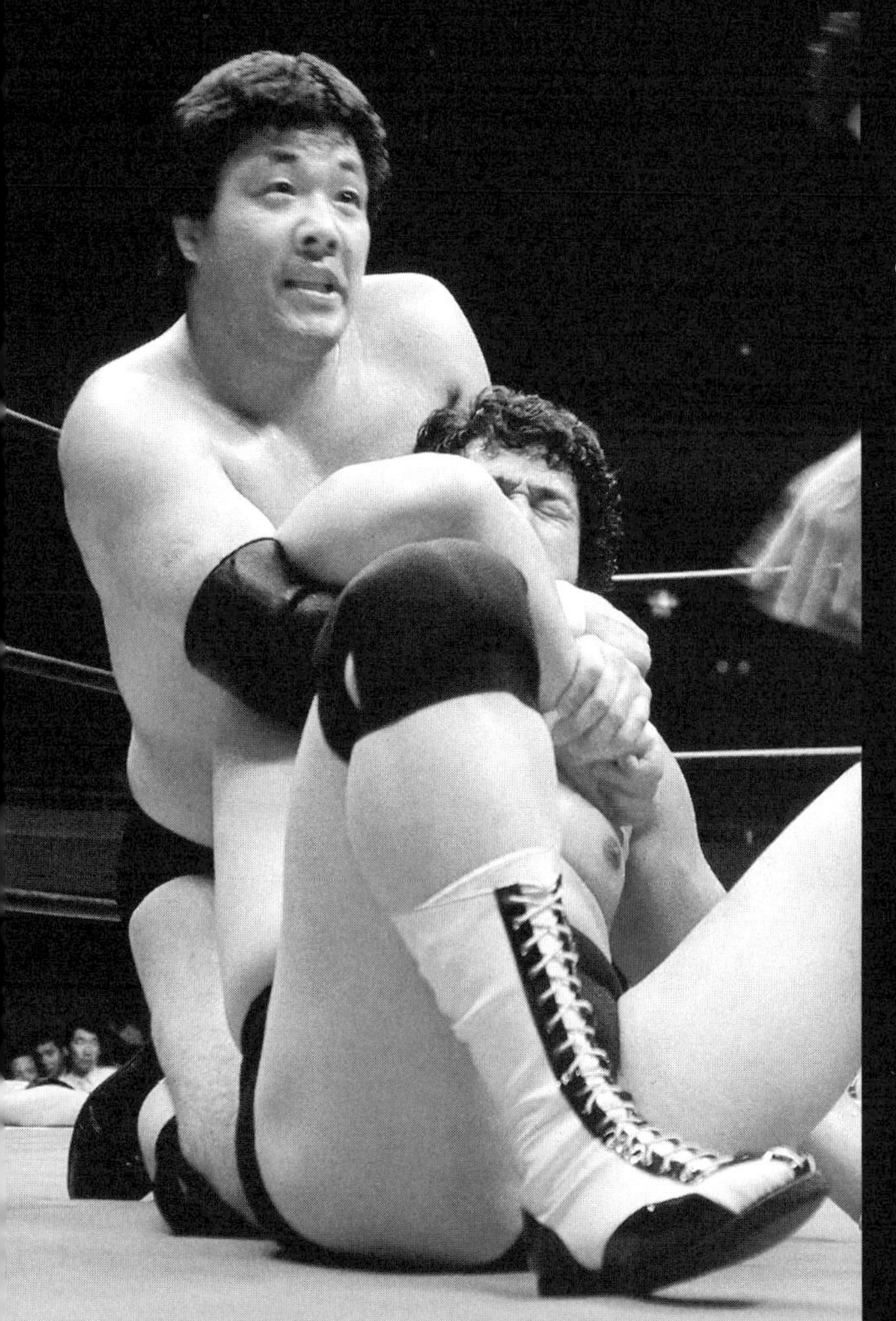

プライベートも共有した鶴龍の青春

「ジャンボ鶴田がライバル？　いや、ライバルと言うにはジャンボのほうが勝ちすぎていたよ。だから俺からライバルって言うと口幅(くちはば)ったい。戦友がピッタリ来るのかな。全日本プロレスで一緒に戦っている時には、仲間という気持ちもあったから〝お互いに生き抜こう〟って思ったし、何かがあると〝生き延びてほしい〟〝あいつが頑張ってるんだから、俺も頑張ろう〟って思ったしね。もしライバルだと言えるとしたら……俺が全日本を辞めて別れてからのほうがライバルだったね。全日本にいた時は戦友だったけど、別れたあとは〝生き様でジャンボに負けたくない！〟って意識してたよ」

そう語るのは天龍源一郎。そこにはさまざまな感情が含まれている。ひとことで言い表すことができないのが、鶴田と天龍の関係だ。

大相撲で前頭筆頭まで行った天龍がプロレス転向を決意した時、その背中を押したのは1976年6月11日の蔵前国技館におけるテリー・ファンクと鶴田のNWA世界ヘビー級戦だった。馬場元子夫人に誘われて2階席からナマ観戦した天龍は、相撲にはない華やかさ、制約の多い相撲とは違う自由な空気を感じたのだ。

「ジャイアント馬場という人がいなかったら、プロレスラーになっていなかっただろうと思うけど、最初にジャンボ鶴田に会ってなかったら続けていなかったかもしれないね」とも天龍は語る。

同年10月15日に全日本に入団した天龍は、2日後の新潟県三条から巡業に合流。だが巡業バスに乗り込んだ時、席が決まっていないから困ってしまった。

その時に「天龍選手、とりあえずこっちに座りなよ」と気さくに声を掛けて、奥の席に座らせてくれたのが鶴田だった。そして会場に着くまでの間、普通の若者のように芸能界やスポーツの話をしたり、鶴田も中学時代に朝日山部屋に入門しかけたこともあるだけに相撲の話で盛り上がったという。

「最初に声を掛けてくれたし、朝日山部屋に入りかけたっていう話を聞いて急に親近感が湧いたし、〝いい、あんちゃんだな〟って（笑）。もし〝元関取でもそうはいかない！〟みたいな態度を取られたら、北向きの天龍はプロレスへの取り組み方が違っていたかもしれないけど、おかげでスッと入ることができた。それはやっぱりジャンボが〝プロレスはそんなに難しいもんじゃないんだよ〟っていうような感じで、難しいところを易しく見せてくれていたからかもしれないね。ことさら〝そんな甘い社会じゃない！〟とか言う奴が多い中で、〝大丈夫だよ、源ちゃん〟って接してくれたのがジャンボだったよ。実際は大変だったんだけどね（苦笑）」（天龍）

当時、鶴田は25歳。天龍は1歳上の26歳だったが、後輩は大仁田厚、渕正信、薗田一治（ハル薗田）の3人しかいなかった鶴田にとっては、気軽に話ができる同年代の仲間が増えたことは嬉しかったに違いない。

天龍は入団から1か月もしない10月30日に渡米。かつての鶴田と同じようにテキサス州アマリロのファンク・ファミリーに預けられて修行を開始した。

翌77年3月、天龍は馬場とのアメリカ・ツアーでアマリロにやってきた鶴田にアパートで素麺（そうめん）をふるまったり、ドリーに頼んでチケットを取って、エルビス・プレスリーのコンサートに一緒に出掛けたりしている。

同年6月に天龍が凱旋帰国したあとは、新橋の『スコッチバンク』や、赤坂の『コルドンブルー』などの天龍の行きつけの店でふたりで連れ立って飲んでいたという。

こうして当初、私生活では友達関係にあった鶴田と天龍だが、プロレスラーとしては天龍にとって鶴田は大きな呪縛（じゅばく）になった。馬場も、アマリロで指導したドリーも、鶴田を尺度にして天龍を見ていたからだ。

天才・鶴田の呪縛で苦しみ続けた天龍

天龍も鶴田同様に各種スープレックスができて、ドロップキックができて、すべてがこなせるレスラーになることを要求された。

「馬場さんは俺にジャンボ鶴田と同等を求めただろうし、ドリーは俺のまえに修行に来ていたジャンボの例があるから、〝天龍も2～3か月でOKだろう〟ぐらいに思っていたと思うよ。でも、思うに任せない俺がいたし、何かにつけてドリーやコーチのジェリー・コザックに〝3か月もしたら、トミーに教えることは何もなくなってしまった〟って言われるのがプレッシャーだったね」（天龍）

天龍は相撲体型をプロレスラーのそれに変え、ダブルアームとサイドの2種類のスープレックス、ドロップキックをマスターし、さらに鶴田にはない技としてテリーの必殺技ローリング・クレイドルを伝授されて、77年6月に日本デビューを果たしたが、すぐにメッキが剥がれてしまった。

「ジャンボとタッグを組まされて、タッチされた時にはもう、ジャンボが4種類のスープレックスとかすべてやっちゃって、代わった俺は何をしていいのかわからなくて、相手の外国人選手の腕を持ってるだけ（苦笑）。〝別にタッチに来なくていいよ〟って思ってたよ。実際、ジャンボはとてつもなく素晴らしかったし、比較されるにはハードルが高すぎたね。俺の〝第三の男〟なんて名前だけで……上にジャイアント馬場、ジャンボ鶴田がいたら、とてもじゃないけど太刀打ちできるわけがないよ」（天龍）

スランプに陥った天龍はその後、アメリカに2回修行に出て、ようやく日本に定着したのはプロレス転向から4年半後の81年5月だ。

同年7月30日の後楽園で、ビル・ロビンソンと組んで馬場&鶴田のインターナショナル・タッグ王座に挑戦した試合で延髄斬りをやってのけ、その破天荒なファイトがファンの共感を呼んで馬場、鶴田に次ぐ〝第三の男〟に浮上する。

「あの試合は馬場さんもそうだけど、ジャンボが〝源ちゃんにやっと俺たちの相手方に回れるチャンスが巡ってきたんだな〟っていう感じで、俺がやる技のすべて受け切ってくれたっていう印象があるね。だから後楽園がやたらと沸いた。あの試合で俺は初めて〝ファンから支持されてるんだ〟と思ったよ」（天龍）

天龍が第三の男として頭角を現してきた81年夏すぎから、鶴田と天龍の関係は以前とは変わっていく。プライベートではいつしか右と左に分かれて疎遠になっていったのだ。

「ジャンボがシリーズの休みの時にギターを弾きながらコンサートをやったりして夜の街には繰り出さなかったから、俺はことさらそっちのほうに踏み込んでいきたいというのがあったんじゃないかな（笑）。趣味嗜好が合わなかったということだよ。やっぱり生き様が違うから、仲良くはなってもベストフレンドにはなれなかったね」（天龍）

リング上では83年の『世界最強タッグ決定リーグ戦』から、全日本の看板タッグチームは馬場&鶴田の師弟コンビから鶴田&天龍の鶴龍コンビになり、同年のプロレス大賞で最優秀タッグチーム賞に輝いた。翌84年9月にはインター・タッグ王座を戴冠、同年暮れの最強タッグに優勝して2年連続でプロレス大賞最優秀タッグチーム賞を受賞している。

そして85年に長州力らのジャパン・プロレスとの対抗戦が始まり、86年1月〜87年2月の鶴龍コンビと長州&谷津嘉章の抗争は〝タッグ名勝負数え唄〟と呼ばれた。

相手の攻撃を天龍が真っ向から受けまくって耐え、相手のスタミナをロスしたところで鶴田が仕留めるというのが鶴龍コンビのパターンだった。

天龍は鶴龍コンビを振り返って、「鶴龍時代なんて全然思ってなかったね。〝俺はジャンボ鶴田の添え物でしかない〟っていうのが正直なところだったよ。プロレスって不思議なもんで、ふたりが光ることってないよ。両雄並び立つことはあり得ないんだよ。鶴龍コンビのままだったら、俺はブレイクできなかっただろうね。ジャンボと組んだらそういう立ち位置になっちゃうね」と言う。

実際、人気面での差は歴然としていて、ふたりでサイン会をやると必ず鶴田のほうに長蛇の列ができた。自分に並んでくれた数少ないファンに対して天龍が「今は大して価値がないサインかもしれないけど、いずれ必ず〝もらっておいてよかった!〟と思えるサインにしてみせるから」と心の中で誓いながら、ペンを走らせていたのは有名なエピソードだ。

改めて鶴龍コンビ時代を振り返ると、ふたりは試合後に並んで取材を受けることはなかった。控室に戻ってくるや、右と左に分かれてしまうのだ。そうなると、どちらに先に話を聞きに行くべきか気を遣ってしまう。

マスコミ側も心得たもので、各社の記者が目配せをして、鶴田と天龍に同じ数の記者が集まるようにパッと分かれていた。

仲が悪いわけではないが、鶴龍コンビは決して仲良しこよしのタッグチームではなく、一種の緊張感を伴っていた。それがそのまま鶴田と天龍のふたりの関係でもあった。

鶴田への鬱憤(うっぷん)から天龍革命が勃発！

天龍が鶴田と相容(あいい)れなくなったのは、86年6月7日の高松市民文化センターにおける、鶴龍コンビVSザ・ロード・ウォリアーズだったとされる。

「ほらほら、いつまでも寝てないで起きて！」と、鶴田はホーク・ウォリアーに敗れた天龍の髪を引っ張って起こそうとした。

その時、天龍は「こういう俺みたいにひとりで相手の技を受ける奴がいるから、お前がいいカッコできるんだよ、この野郎！　金輪際、思いやりのないお前のお守りをするのは嫌だ！」と思ったという。

しかし鶴田への不満が芽生えたのは、実はもっとまえのことだ。全日本の社長が馬場から松根光雄に代わって新体制になり、リング上も馬場に代わって鶴田をエースにしようという路線になった頃からだった。天龍は新体制のブッカーに就任した佐藤昭雄の改革に戸惑う一方で、トップとして全日本を引っ張っていこうという気概が見えない鶴田に物足りなさを感じたという。

「ジャンボに〝会社のためにはこうしたほうがいいって馬場さんに言ってよ〟とかって言うと、〝源ちゃん、そんなことは俺もとっくにわかってるんだよ。でも、そんな簡単にはいかないんだよ！〟って怒ったからね。ジャンボは諦めちゃっていたのかな」（天龍）

第6章でも書いたが、「リングの中ではメインイベンターとして、しっかりと責任を持って試合をするけど、プロレスの会社の社長になろうなんて気はまったくないんだよ」というのが鶴田の姿勢である。

それは一貫して変わらず、85年1月に長州がジャパンとして全日本に乗り込んできて、「もう馬場、猪木の時代なんかじゃないぞ！　鶴田！　藤波！　天龍！　俺たちの時代だ！」と俺たちの時代を高らかに宣言したあとも鶴田はこう言っていた。

「僕が考える俺たちの時代は、あくまでもリング上。〝テレビの主役はBIではなく鶴田、長州、天龍、藤波だ〟という意識ですよ。それがマッチメークや経営にまで及ぶものではない。それまで含めてと言うなら〝俺たちの時代はない！〟としか言いようがないね。俺たちはオーナーではなくレスラーなんだから、マッチメークなどの無言の力を否定できないけど、とにかく試合で俺たちの時代を表現するしかない。それ以上を望まれたら〝俺たちの世代に、俺たちの時代はないよ〟ってことですよ」

リーダーシップを発揮してくれず、リング上では長州が去っても危機感が見られない鶴田についに天龍が爆発した。87年5月16日、『スーパーパワー・シリーズ』第2戦の小山ゆうえんちスケートセンターにおけるタイガー・ジェット・シン&テキサス・レッド戦が、鶴龍コンビのラストマッチになった。

「現状は現状として受け止めなければ仕方ないけど、お客さんには常にフレッシュ感を与えなければいけないし、強いインパクトを与えていかなければ失礼だし、ウチ（全日本）にとってもよくない。だから俺は今、ジャンボ、輪島と戦いたい。……ジャンボの背中は見飽きたし、輪島のお守りにも疲れたよ！」と、試合後に天龍がまくし立てたのだ。

ジャイアント馬場は選手のヒエラルキーを乱す言動、行動を嫌うだけに、これは思い切ったアクションだったが、馬場は天龍の主張を認めた。

6月1日の金沢におけるタイガーマスク（三沢光晴）の『猛虎七番勝負』第5戦の対戦相手として、低迷していたタイガーマスクの潜在能力を引っ張りだした天龍を目の当たりにして、「素晴らしい試合だったと思うな。タイガーは、負けはしたけれども、これを機に伸びていくだろう。これはタイガーに限らず、他の選手にも言えることで、どんどこういうカードを組んでいきたい」と、天龍のプランを受け入れることを決断したのである。

これを受けて天龍は6月4日、名古屋でのオフ日にシャンピアホテルで阿修羅・原と会談を持って龍原砲を結成し、「阿修羅とふたりで突っ走って、ジャンボ、輪島を本気にさせて、みんなに〝全日本は面白い！〟って言わせてやる」と、『天龍革命』を高らかに宣言した。

「あの当時、いろいろなことを言ったと思うけど、心の中にあったのは〝ジャンボ鶴田は凄いんだよ、元横綱の輪島大士は捨てたもんじゃないんだよ〟ってこと。ジャンボがみんなの評価以上のものを持っているってことは身近にいた俺が一番知ってたから、他団体やファンにジャンボ鶴田の凄さと全日本プロレスの素晴らしさをわからせたかった。タイミングとしては、ジャンボが〝天龍とやってもいいか〟って思うポジションに俺がきていたと思うよ」と、天龍は天龍革命の真意を語る。

天龍革命を全面的に支持した馬場

プロレスの〝革命〟というと、長州の『維新革命』にしても〝反逆〟のイメージが強いが、天龍革命が画期的だったのは、団体の責任者の馬場の了承を得ての〝無血革命〟だったということだ。

当時、新日本はUターンした長州を中心に藤波辰巳（現・辰爾）、前田日明らが団体の枠を超えてアントニオ猪木、マサ斎藤らに世代交代を迫っていた。

こうした2団体の流れから、時代を変えようとする〝ニューリーダーズ・ブーム〟が起こっていたが、馬場は天龍に全幅の信頼を寄せてこう言っていた。

「天龍が他のニューリーダーと、どこが違うか。それはな、私利私欲がないことなんだよ。どうすればプロレス界が、ウチの会社が良くなるかを常に考えて行動している。そしてアレ（天龍）は、プロレス界でトップを獲ること、スターになるにはどうしたらいいかを知っている。練習をして、常に一生懸命やるということをね。だから俺は天龍が何を言おうが、何をやろうが、全然心配しておらんよ」

天龍革命勃発後、鶴田と天龍が初めて激突したのは6月11日の大阪府立体育会館。鶴田&タイガーマスクVS龍原砲がメインで組まれた。

闘志を剥き出しにしたのは天龍よりも鶴田のほう。タイガーマスクVS原で試合がスタートして2分後、タイガーマスクのタッチを受けて原と対峙した鶴田は、いきなりコーナーに控えている天龍に先制のエルボーバットを見舞って挑発したのだ。

ここで原が天龍にタッチして、ついに4年2か月ぶりに鶴龍対決が実現。天龍は原との連係でダブルチョップを叩き込み、ブレーンバスターを見舞った。

天龍が原にタッチしたため、初遭遇は数十秒だったが、天龍がタイガーマスクをフォールに入ると、鶴田がすかさず飛び込んでストンピングの嵐。8分すぎの2度目のコンタクトでは鶴田がジャンピング・ニー、ストンピング、ジャンピング・ニー、ストンピングの喧嘩ファイトに出た。

「こういうジャンボの顔は今までなかったですよね。これがやっぱりジャンボに必要なんですよ。今まで一番ジャンボに欠けていたものが、この試合に出てきましたね。ですから、こういう試合はやっぱりやるべきですね、いいですね！」

思わず解説席の馬場が声を弾ませた。

鶴田が原にコブラツイストを決めると、天龍が「休ませてなるか」とリングに飛び込んで鶴田に痛烈なビンタ。そして龍原砲のサンドイッチ・ラリアットが爆発！

最後は乱戦の中で、天龍と原が鶴田にサンドイッチ・ラリアットを浴びせ続けたために反則負けを宣せられたが、馬場は満足気だった。

「もう解説するまでもないんですけどね、最後の判定が反則になったところに原、天龍の意地が見られましたね」と試合内容を賞賛したのである。

当時の全日本ではマイクアピールはほとんどなかったが、怒りが収まらない鶴田はマイクを掴むと「天龍、来い、この野郎！　いつでも！」とアピール。「ジャンボにはこういう気迫を見せてもらわなきゃいけないですね。今までちょっと大人しすぎたですね」と、またまた馬場は嬉しそうにコメントした。

馬場は、長州たちが離脱して沈滞ムードだった全日本を変えてくれる何かを欲していた。そしてエースの鶴田が覚醒する材料も欲しかった。それに応えたのが天龍だった。

「俺がジャンボや輪島のケツを叩くよりも、仲間だった天龍にこき下ろされて、リング上で喧嘩腰になって向かって来られれば、そのほうが発奮材料になるだろ」

馬場は、表面的には反体制でも全日本を活性化させ、鶴田を熱くさせる天龍革命を全面的に支持したのである。

鶴龍対決、ついに開戦！

天龍革命勃発以降、ファンの最大の関心事は「鶴田と天龍の鶴龍頂上決戦はいつ実現するか？」だった。タッグマッチによる抗争で気運を十分に盛り上げてからというのが従来の全日本の戦略だが、なんと龍原砲の本格発進2シリーズ目『サマー・アクション・シリーズ2』の天王山の8月31日、日本武道館で一騎打ち実現の運びになった。

これは「ファンが見たいものを出し惜しみしない！」という馬場の英断。天龍革命が長州離脱ショックを払拭したことで、馬場の意識も変わったのである。

「天龍は、ここ2〜3年で出てきた選手。13年間、トップを張ってきた俺の気持ちはわからないよ。追う人間のほうが楽とは言わないけど、こっちは常に最前線だからね。天龍に言いたいのは〝インター王座に挑戦してこい！〟と。UNとのダブル・タイトル戦という声もあるようだけど、UNはいらない。返上してインターを獲ったんだから。天龍は10年前の俺の道を歩いているということですよ」（鶴田）

「言われなくてもジャンボ相手にUNを懸ける気はないよ。ジャンボが返上して埋もれたUNチャンピオンをここまで持ってきた意地があるからね。13年間トップを張ってきた辛さ？　敢えて言わせてもらえば、長州がいた2年間と、俺と阿修羅がやった1シリーズと何試合かでその13年間が潰されたのが悔しくないの？　全日本の何割かをジャンボが背負っていた部分はたしかにあるけど、あいつには自覚がないんだよ。今のジャンボには魅力がないから、8月31日に火をつけてやるよ」（天龍）

こんな舌戦が繰り広げられたが、馬場が出した結論はノンタイトルマッチの60分1本勝負。これは「ベルトを意識して不透明な決着にならないように」という意味であった。

天龍革命勃発以前、ふたりは2回対決している。初激突は82年4月16日、福岡国際センターにおける『第10回チャンピオン・カーニバル』公式戦で結果は30分時間切れ引き分け。

「今でも憶えているのは〝ジャンボだけには負けたくない！〟っていう意識で戦ったことだね。自分の評価を自分で確かめたいって感じで、イケイケだった当時のジャンボに真っ向からぶつかっていったんだよ。それまではプロレスが巧い、俺より先に入ってソツなくこなしている人っていう感じだったけど、あの試合でジャンボを身近に感じることができたんじゃないかな。30分いっぱいやって引き分けて……。〝もしかしたら俺もプロレスで飯食っていけるかな〟って漠然と思った気がする。あの福岡の試合は、のちにレボリューションでジャンボにぶつかっていく原点だったかもしれないね」と、天龍は振り返る。

2度目は83年4月16日、東京体育館。この日、日本テレビの幹部がゴールデンタイム復帰を前提に視察に来ると知らされた馬場が、「全日本の面白さをアピールするには、このカードしかない！」と、急遽組んだもの。これも30分時間切れに終わっている。

だが、3度目の対決からは以前とは完全に別物。全日本ではタブーとされてきた感情剥き出しの日本人選手同士の頂上決戦なのだ。

試合は緊迫したムードの中、8分すぎに天龍が左右の張り手からお株を奪うジャンピング・ニーを放ったことで大きく動いた。

怒った鶴田が左右の張り手の逆襲から本家ジャンピング・ニーをぶち込むと、さらに右膝のサポーターを外して天龍の額に膝頭を突き刺すようなジャンピング・ニーで、天龍の額を割ったのである。

流血する天龍の額になおもパンチ、キック、ストンピングを乱打し、ブルドッキング・ヘッドロック、ジャンピング・パイルドライバー、お株を奪う延髄斬り、ブレーンバスター、卍固め、コーナー最上段からのダイビング・ニーパット……スケールの大きい鶴田の猛攻が続いた。これをことごとくクリアした天龍のタフさも大したものだ。

12分すぎ、鶴田がバックドロップを狙ったところで天龍が身体を入れ替えてジャーマン・スープレックス！　反撃に出た天龍は延髄斬りからパワーボムを炸裂させたが、これはロープ際でカウント2に。ここで勝負に出た天龍はロープを走ってラリアットに出たが、鶴田はそれをショルダースルーでかわし、天龍を場外に落とした。普通ならここで一息入れるところだが、鶴田はスライディングキックで追撃すると、コーナーポストから場外の天龍めがけてダイビング・ボディアタックを敢行！

ジャンボが右腕を掲げて「オーッ！」とファンにアピールしたのは、両者が場外からリングに戻ってジャンピング・ニーを炸裂させたあとの15分経過あたり。この日の鶴田にはまったく遊びはなかった。

15分すぎからは徐々に試合が荒れて、場外での展開に。鶴田がマットを外してフロアでパイルドライバーを仕掛けようとしたが天龍がリバース。それでも鶴田は延髄斬りで天龍を場外フェンスの外に吹っ飛ばす。リングに戻ろうとする鶴田。それを追って再び場外に引きずり下ろした天龍はテレビ放送席に鶴田を叩きつけ、さらにニークラッシャーだ。

今度は天龍がリングの戻ろうとするが、エプロンに上がった時点で鶴田が場外から延髄斬り。こうなると、以前だったら両者リングアウトになるのが濃厚だが……違った。

両者エプロンに立った状態で天龍が延髄斬り2連発！　2発目の勢いでリング内に転がり込んだ天龍は、エプロンに棒立ちの鶴田に延髄斬り、さらにロープに走ってラリアットへ。エプロン上のアントニオ猪木がハルク・ホーガンのアックス・ボンバーで吹っ飛ばされて失神した、83年6・2蔵前国技館におけるIWGP決勝戦を彷彿とさせる場面だ。

ここで鶴田も必死に左腕を出して、ラリアットの相打ちに。天龍がリングにダウンすれば、鶴田は右足をセカンドロープに引っ掛けたまま宙吊り状態に。和田京平レフェリーはカウント10を数え、判定は天龍のリングアウト勝ちになった。

ピンフォール、ギブアップではなかったが、決着がついたのである。

内容的には技の種類と攻め手の多さで鶴田が優位だったものの、最後の乱戦の中で天龍の執念が上回ったと言っていい一戦だった。

「俺は今までやられてばっかしだったから、瞬間的な防御が自然に出たんじゃないの？　あと、ジャンボはピンフォールを狙ったんだろうけど、俺は今まで何歩か差があったから、並んでからの勝負……ここで自分の手を挙げなきゃ始まらない、リングアウトでもなんでも勝ちたいというのがあったよ。そこのちょっとした差じゃないかな」と勝った天龍。

負けた鶴田は、「カウント3を取られないと抜かれたという感じはないね。まだ天龍は格下という感じがあるよ。キャリア10年と15年の差というものがあったと思う」と、プライドを滲(にじ)ませながらも、「でも天龍の気迫は凄かった。敵ながら天晴(あっぱ)れ……素晴らしい相手ですよ」と、天龍をライバルとして認めた。

放送席の馬場は、「ここまで来たら、どっちとも言えないですね。もう、どっちが勝ってもいいんじゃないですか？　出すものは全部出しましたしね。ふたりの気力もよく見えましたしね。本当に両者とも十分力を出し尽くしたんじゃないですかね」と称えた。

ブロディ乱入も、冷めやらぬ両者の熱気

当時の全日本プロレス中継は、プロ野球シーズン中は夕方4時から、野球が中止の場合には午後7時のゴールデンタイムで放映されていて、この鶴龍対決の第1章は、9月12日にゴールデンタイムで倉敷体育館の生中継（龍原砲VSハンセン&オースチン・アイドルのPWFタッグ戦）と抱き合わせで放映され、視聴率はビデオリサーチ＝9・4%、ニールセン＝12・4%をマーク。ニールセンは10%の大台を超えた。

「あの鶴龍対決第1章では普段はやらないジャーマンとか、ジャンボより先にジャンピング・ニーをやったりしたけど、たぶん、〝今までと同じ戦いをやってたら、ジャンボ鶴田を突破できない〟〝意外性で突破口を開くしかない〟ってところだったと思うね。ジャンボは同じパターンで自分のペースに入っちゃうと、プロレスを淡々とやるほうだから〝そうはさせまい！〟と俺は手を変え、品を変えてジャンボに向かっていったよ。俺がジャンピング・ニーをやったら、怒ってニーパットを外して真正面から顔面に膝をぶち込むニー

で逆襲してきたし、戦い甲斐があった。俺の得意としていた卍固めも仕掛けてきたから〝天龍が使える技は、俺は淡々とやれるんだよ〟っていうのをジャンボが見せたかった試合だったかもしれないね」とは、33年後の２０２０年の天龍の述懐である。

鶴龍対決の第2章は、わずか36日後の10・6日本武道館で早くも実現した。日本武道館2回連続でメイン……馬場は全日本の命運をこのふたりに懸けていたのだ。

この試合は鶴田のほうがスタートから荒っぽく突っ掛けた。ロックアップからロープ際でエルボーバット、右の張り手からロープに振ってジャンピング・ニー、天龍が場外にエスケープすれば、それを追って鉄柱、場外フェンスに叩きつける。

リングに戻ると、天龍は鶴田の動きを封じて、試合をリセットするためにヘッドロック投げでグラウンドに持ち込み、5分すぎまで執拗なヘッドロック攻撃だ。

それでも鶴田は止まらない。

ジャンピング・パイルドライバー、延髄斬り、ランニング・ネックブリーカー、ネックブリーカー2連発と鶴龍対決第1章と同じく大技攻勢に出た。

天龍もラリアットで鶴田の巨体をなぎ倒すと、コーナー最上段から背面式ダイビング・エルボードロップ、ジャーマン・スープレックスで反撃する。

17分すぎ、前回と同じようなシーンが生まれた。場外戦から先にリングに戻った天龍がエプロンに上がってきた鶴田に延髄斬り。そしてロープに走ると、今回はラリアットではなく頭から突っ込むような猛タックル！　鶴田がこれをかわしたから、天龍は頭から場外に転落だ。リングに戻った鶴田はエプロンに上がってきた天龍にジャンピング・ニー。エプロンの天龍は必死に左腕を出してラリアット――ジャンピング・ニーとラリアットの相打ちだ。

この攻防の勢いで鶴田は場外に転落。逆に天龍はリングに転がり込む形になったが、天龍の場外カウント7を数えていた和田は、鶴田が天龍と入れ替わりに場外に落ちてもそのままカウントを続行。10を数えて鶴田のリングアウト負けを宣告しようとすると、鶴田のセコンドのマイティ井上が猛抗議した。

これが受け入れられ、試合続行になったものの、鶴田は完全にエキサイト。天龍を鉄柱に叩きつけて流血に追い込み、リングに戻るとコーナーに詰めてパンチばかりか珍しくヘッドバットも乱打。制止に入る和田をボディスラムで叩きつけてしまい、反則負けのゴングが鳴り、日本武道館は騒然となった。

そこに87年4月に新日本に移籍し、その後は新日本とのトラブルで日本マット追放になったものの、この10月に馬場の恩赦で2年7か月ぶりに全日本にUターンしてきたブルーザー・ブロディが乱入してきた。

鶴田をゴリラスラムで叩きつけ、ギロチンドロップを投下する暴挙。鶴田はバックドロップで撃退したが、鶴龍対決第2章の余韻はかき消されてしまったのである。

「初めは純粋な試合をしようと思ったけど、途中で一度、リングアウト負けにさせられてカーッとなっちゃったね。負けたとは思ってないよ。むしろ勝ったと思ってる。最後は天龍をぶっ潰しに行ったんだから」（鶴田）

「ジャンボの気合は凄かった。反則の裁定は仕方ないけど、ジャンボがあそこまで来たのに納得しているし、あれがある限り、ジャンボ鶴田は捨てたもんじゃないよ」（天龍）

鶴田、天龍のお互いのボルテージが落ちていないのが救いだった。

なお、この試合は野球シーズンが終わって午後7時からのゴールデンタイムに戻った10月10日に放映された。ビデオ＝9・4％、ニールセン＝9・5％。ニールセンの視聴率が前回より下がってしまったのは、録画放映ということで反則決着が事前に広くファンに知られていたからだろう。

なお、87年プロレス大賞の年間最高試合賞には、8月の鶴龍対決第1章が選出された。

幻に終わった馬場の大構想

87年春、長州力らのジャパン勢離脱により存亡の危機に立たされた全日本だが、6月の天龍革命勃発によって、リング上の図式は鶴田VS天龍を頂点とする『正規軍』と、阿修羅・原だけでなく川田利明とサムソン冬木を加えて一大勢力になった『天龍同盟』による日本人抗争が主軸となり、一気に盛り返した。

ここにPWFヘビー級王者のスタン・ハンセンがジェラシーの炎を燃やし、さらに恩赦によってブロディが戻ってきたことで、戦火はさらに拡大された。

ブロディが、10月6日の日本武道館における鶴田VS天龍の試合後に乱入して鶴田を襲ったのは、「俺がカムバックしてきた以上は、全日本の選手全員は、この俺を相手にするしかない。こんなに大きく、こんなスピーディーで、こんなに飛べるレスラーはいない。日本人対決？　頑張って、早く終わらせろ」というアピールだ。

「いい試合だった。ジャンボがずいぶんと天龍を押して試合を進めていたが、天龍はこの5年間で必死に積極的に試合をこなしてきたのがわかった。あのジャンボのポーカーフェースにやる気を出させている頑張りは大したものだ。ジャンボは本当に自分を見せることができないレスラーだと思う。でも、私にはジャンボのやる気を表面に出させる力があると確信している。過去の私とジャンボの試合は名勝負だったと自負しているよ」と、ブロディは10月6日の鶴龍対決第2章について週刊ゴングのインタビューに答えている。

そして88年春には、インター王者の鶴田、UN王者の天龍、PWF王者のハンセンに、ブロディを加えた4選手による三冠統一闘争が勃発した。

3月9日、横浜文化体育館でまずはUN王者の天龍とPWF王者のハンセンが激突。ハンセンを首固めで撃破した天龍がUN&PWF二冠王者になった。

そして3・27日本武道館では、まず天龍がハンセンとの再戦を反則勝ちで退けて二冠防衛に成功。続く鶴田VSブロディのインター戦で鶴田が防衛すれば、三冠統一戦として鶴龍対決第3章が行われるだろうというのが大方の予想だったが、勝ったのはブロディだった。キングコング・ニードロップで鶴田を粉砕したブロディは、ロード・ブレアースPWF会長、さらにリングサイドの観客と抱き合って喜びを爆発させた。

当時、ブロディは私のインタビューにこう答えている。

「私は14年間、プロレスをやっているが、このスポーツは感情の表現の仕方も教えてくれた。ファンは85年からの経緯（新日本への移籍と離脱）を知っている。そこにはさまざまな問題や誤解があったし、私自身は真実を知っているが、ファンもブルーザー・ブロディを信じ、支え、理解してくれた。そうしたすべての感情があの瞬間に出たし、ベルトを獲れたことで、この3年間のあらゆることが吹っ切れた。現在、マスコミもファンも天龍を支持している。しかしジャンボは周りの評論や評価に惑わされることなく、自分のスタイルを押し通している。これは、ある意味で勇気がいることだ。自分の道は自分で選ぶ……ブルーザー・ブロディもそうしてきた。私は今でも天龍よりジャンボが上だと信じている」

ブロディが新インター王者になり、馬場は「4月4日の名古屋で谷津がブロディに挑戦し、その勝者が15日の大阪で天龍とやることになる」と、大阪での三冠統一戦を発表した。

谷津は、長州らが新日本にUターンしたあとも全日本に留まって永源遙、寺西勇、栗栖正伸、仲野信市とジャパン・プロレス軍団として全日本正規軍、天龍同盟に対抗していたが、前年87年10月にジャパン軍団を解散して全日本に正式入団。馬場は、鶴田に次ぐ正規軍ナンバー2になった谷津にもチャンスを与えたのだ。

しかし、谷津はタイトル戦4日前に右足首と右膝の靭帯を負傷。さらに腓骨と脛骨を亀裂骨折し、痛み止めの注射を打って手負いの出陣。最後は場外で動けなくなってリングアウト負けとなり、ブロディが天龍との三冠統一戦に駒を進めた。

果たして4月15日の大阪で三冠王座の統一はならなかった。30分の熱闘の末に両者リングアウトになり、天龍はUN&PWF二冠を、ブロディはインターを防衛という結果に終わってしまったのだ。しかしシビアな大阪のファンから文句ひとつ出ない好勝負だった。

さて、この三冠統一闘争で大きく出遅れたのが鶴田である。

「天龍だったら〝内容勝負！〟って言うんだろうけど、今日の俺は内容より結果だよ。いい試合なんて言うまえに、とにかくベルトを奪回しなきゃ話にならない」と、悲壮感を漂わせて4月19日の宮城県スポーツセンターでブロディのインター王座に挑戦した。

「内容よりも……」と言っていたが、大阪の天龍VSブロディと甲乙つけがたい好勝負になった。それは鶴田のファイトが熱かったからだ。

12分すぎ、鶴田がジャンピング・ニー、ラリアット、パイルドライバーで大技ラッシュをかければ、15分すぎからはブロディが大反撃に。フットボール・タックルで鶴田を場外に吹っ飛ばし、ロープ越しのブレーンバスター、ラリアット、ゴリラスラム、ジャンピング・パイルドライバーの猛攻。これを鶴田は歯を食いしばってことごとくクリアする。

圧巻だったのはコーナー最上段に上がったブロディに鶴田が張り手をかまし、１３５kg

の巨体を雪崩式ブレーンバスターで叩きつけたシーンだ。そしてヨロヨロと立ち上がるブロディの背中にしがみついてのバックドロップ！

鶴田のなりふり構わない必死のバックドロップを食らったブロディは、3カウントを聞くしかなかった。そしてこの必死さは観客にも確実に伝わった。

まるで津波が押し寄せてくるような熱い大・鶴田コールが発生したのである。

控室に戻ってきた鶴田は目を真っ赤にしながら、「無冠の23日間は辛かった。これでやっと〝天龍、どうだ！〟と、胸を張って言える」と、熱くコメント。その控室にはまだ観客の鶴田コールが聞こえていた。

「私にはジャンボのやる気を表面に出させる力があると確信している」という言葉どおり、敗れはしたものの、ブロディは〝必死な鶴田〟を引き出したとも言える。

そのブロディは、「8月に日本に戻ってくる」と言い残して帰国の途についたが、2度と日本の土を踏むことはなかった。

7月16日（現地時間）プエルトリコ・バイヤモンのホワン・ラモン・ロブリエル球場での試合前、一塁側のダッグアウト裏にある控室で、ブッカー兼レスラーのホセ・ゴンザレスと口論になってスイッチブレードナイフで腹部を刺され、翌17日午前5時、手術中に出血多量によって42歳の若さにして急逝したのである。

本来、ブロディが参加する予定だった8月29日の日本武道館は、馬場が密かに描いていた大構想のスタートになるはずだった。この大会は「ファン投票によって夢のカードが実現する！」をキャッチフレーズにファン投票を実施。シングル部門の第1位がハンセンVSブロディ、タッグ部門の第1位は鶴田&ブロディVS天龍&ハンセンだったのだ。

翌89年春に天龍&ハンセンの龍艦砲が結成されたが、この日本武道館の段階で天龍&ハンセンと鶴田&ブロディが、〝ファン投票第1位〟ということを名目に実現していたかもしれないのである。

馬場は日本人対決とか外国人対決という枠を越えて鶴田、天龍、ハンセン、ブロディの4人を軸としたスケールの大きい戦いを柱にしようと考えていたのである。もしブロディが生きていたら、その後の全日本プロレスの流れは大きく変わっていたに違いない。

躍動する谷津との五輪コンビ

鶴田と天龍の戦いはシングルだけでなく、鶴田&谷津の五輪コンビと天龍&原の龍原砲のタッグ抗争も生んだ。そこで気運が高まったのが、インターナショナル・タッグ王座とPWF世界タッグ王座のタッグ王座統一である。

88年4月の『チャンピオン・カーニバル』でのシングルの三冠統一は成されなかったが、翌シリーズの『スーパーパワー・シリーズ』最終戦となる6月10日の日本武道館に、前年3・12日本武道館で、鶴龍コンビからインター・タッグ王座を奪ったアニマル&ホークのザ・ロード・ウォリアーズの参戦が決定したからだ。

当時のPWF世界タッグ王者は龍原砲。この2大王者チームに五輪コンビがどう絡んで王座統一に向かうのか注目されたのだ。

ちなみにブロディからインター王座を奪回した鶴田に、「6月10日の日本武道館では天龍との三冠統一戦と、五輪コンビとしてウォリアーズのインター・タッグに挑戦するのと、どちらを望みますか?」と聞いてみたら、こんな答えが返ってきた。

「僕はどちらでも……。決まったら、それに対して全力を尽くそうと思ってますね。6月10日は最終戦だから、シリーズ前半戦に体調を整え、6月10日にピークを持っていく。どっちと戦っても大変な試合だからね。なんて言うのかなあ、僕は王監督に〝この日とこの日に登板だ〟って言われたら〝ハイ、わかりました〟って言う江川卓(すぐる)と同じタイプで、自分から〝登板するぞ！〟っていうんじゃないんですよ。西本（聖）投手じゃなくて江川投手のタイプなんです（笑）。決められたことをキチッとやるのが僕の主義。それがニューリーダー云々という問題の時に、いろいろ言われるんだろうけどね」

なんとも鶴田らしい答えだが、5〜6月の『スーパーパワー・シリーズ』のテーマはタッグ王座統一になり、6月4日の札幌中島体育センターで龍原砲のPWF世界タッグに五輪コンビが挑戦。その勝者が6月10日の日本武道館でウォリアーズとタッグ統一戦を行うことになった。

前述のように、87年春の長州らの大量離脱後も全日本に留まった谷津は、ジャパン・プロレスを名乗って全日本正規軍、天龍同盟に対抗していたが、同年10月25日の京都・醍醐グランドームで、ジャパン軍団を解散して全日本に入団することを表明。鶴田と谷津はその場で『五輪コンビ』を結成することを宣言した。

「結局、大将の長州が抜けちゃったからジャパン軍には浮上の目はないよね。で、最終的には馬場さんから〝対抗戦からの延長線上の役割は終わったから、もうジャパンは忘れて、本隊に入ってジャンボと組んで天龍たちと対抗してくれ〟って言われたんだよ。馬場さんは俺に一日置いてくれて、外様扱いしないでしっかり受け入れてくれた。正規軍のバスに乗ることになった時には〝谷津はジャンボの次だから〟ってことでジャンボの後ろの席が俺、俺の後ろが三沢。三沢あたりまでが馬場ファミリーみたいな感じなんだよ」（谷津）

そして、10月30日の千葉公園体育館でいきなりウォリアーズのインター・タッグに挑戦。龍原砲のサンドイッチ・ラリアットに対抗するようなサンドイッチ・ニーパット、かつての長州&谷津の十八番だった合体パイルドライバーなどの連係も駆使。試合は両軍リングアウトに終わってベルト奪取こそならなかったものの、看板タッグチームとしての可能性を感じさせた。

「サンドイッチのニーを考えたのはジャンボだったかな。俺はニーなんかやったことがないのにさ。あと、俺のブルドッキング・ヘッドロックとジャンボのニーの合体は、ジャンボが俺のブルドッキングのタイミングに合わせて飛んでくれてたの。ああいうところがジャンボは巧いよ」（谷津）

暮れの『87世界最強タッグ決定リーグ戦』では、12月4日の福岡国際センターにおける公式戦で龍原砲との対決が実現し、30分間ノンストップの時間切れ引き分けになった。

この最強タッグは、最終戦の12月11日、日本武道館でブロディ&ジミー・スヌーカを撃破した五輪コンビが優勝。87年の全日本マットは、中盤の6月から龍原砲が盛り上げ、最

▲暮れの風物詩『87世界最強タッグ決定リーグ戦』を見事に制した五輪コンビ

後は五輪コンビが締めるという形で終わったのである。

こうした経緯があって迎えた88年6月のタッグ統一闘争。龍原砲結成1周年記念日の6月4日に、札幌で行われた龍原砲と五輪コンビのPWF世界タッグ戦は、鶴田のジャンピング・ニーのアシストを受けた谷津がジャーマン・スープレックスで原をフォールして王座奪取。ウォリアーズとのタッグ統一戦に駒を進めた。

タッグ統一戦は波乱の展開になった。4選手がリングに入って乱戦になり、エキサイトしたホークがジョー樋口レフェリーを場外に放り投げる暴挙。レフェリー不在の中、ホークが鶴田にダイビング・ラリアットを見舞ってフォールに入り、ここで和田レフェリーがリングに飛び込んで3カウントを数えてウォリアーズの手を挙げたが、リングに戻ってきた樋口が3カウントを無効としてウォリアーズの反則負けを宣言した。

反則裁定でも王座は移動するというPWFルールによって、五輪コンビはPWF世界タッグ初防衛に成功すると同時に、第37代インター・タッグ王者になってタッグ統一を果たしたわけだが、この時代になっても不透明決着があったというのは残念な事実だ。

なお、このタッグ王座統一を受け、馬場はNWAに根回しした上で「NWA（ミッドアトランティック地区）にも世界タッグ王座は存在するが、今回の統一王座は純粋に〝真の世界タッグ王座〟とし、NWAとPWFが管轄するリング、さらに賛同するフロリダやテネシー地区などで防衛戦が行われることになる」と発表した。結果、名称はシンプルに「世界タッグ王座」となった。

五輪コンビは通算5回、世界タッグ王座に就いているが、谷津はこう語る。

「五輪コンビはやりやすかったな。ジャンボは頼もしかったよ。要するに長州と組んだ時は、あのリズムに合わせなきゃいけなかったでしょ。ホントに合わせられたのは浜さん（アニマル浜口）と俺だけだと思うよ。新日本時代は浜さんが長州のパートナーをやって、全日本では相手が大きいから浜さんに代わって俺がパートナーになったでしょ。それを考えるとジャンボは楽だった。長州よりもジャンボのほうが比べものにならないくらい複雑に試合を転がすよ。もっと複雑なのは天龍さん。天龍&阿修羅・原の龍原砲っていうのはインパクトあったし、対戦相手としてもよかったな。天龍さんは必死だったと思うし、阿修羅は阿修羅で、天龍さんに意気に感じて凄く頑張っていたよね。怪我だらけだったのに〝えっ!?〟って思うぐらい動いていたよ」

五輪コンビVS龍原砲のタッグ闘争は、鶴龍コンビVS長州&谷津に勝るとも劣らない名勝負数え唄だった。

鶴龍対決第3章は隠れた名勝負

鶴龍対決第3章……天龍革命が勃発してからの鶴田VS天龍頂上対決は、2度目の対決から丸1年の88年10月28日、横浜文化体育館で実現した。

なぜ1年もの空白が生まれたかというと、ハンセンとブロディが絡んだ三冠統一闘争、タッグ統一闘争というテーマが生まれたというのもあるが、何より馬場の「これは全日本プロレスが提供し得る最高のカード。ジャンボと天龍、そして俺の気持ちが一致しなければ実現しない」という考えがあったからだ。

前述のように、88年8月29日の日本武道館ではファン投票により、鶴田&ブロディVS天龍&ハンセンの夢のタッグ対決が実現したかもしれないが、ブロディの急死によって同大会は急遽『ブロディ・メモリアルナイト』に変更された。

ここで初代世界タッグ王者になった五輪コンビに龍原砲が挑戦。天龍が鶴田を首固めに決め、初ピンフォールを奪っての王座奪取に成功したが、翌30日の大阪府立体育会館の再戦では鶴田がバックドロップ3連発で天龍をKOして王座奪回している。

お互いにフォールを取り合い、鶴田と天龍が一気にスパークしたことで、鶴龍対決第3章は10月28日の横浜文化体育館で行われることになった。

天龍革命勃発当初は、「僕は一生懸命さとかをストレートに表現できないタイプなんですよ。損しているのは自分でもわかっているんだけどね」と、余裕のポーズを崩さなかった鶴田だったが、2連敗（リングアウト負け、反則負け）を喫しているだけに第3章への意気込みは凄かった。

「ここで負けたら、どんな負け方であっても言い訳できないからね。天龍は負けても〝もう一丁!〟って言えるけど、俺は負けたら終わり。トップを長くキープするのは大変なんだよ。何かのきっかけでトップにガッと来るのは難しくないけど、それを長く維持することは苦しいんだよ。俺は10年以上そういう立場にいるけど、天龍はまだその辛さを知らないんだ」

鶴田が「僕」ではなく、「俺」と言う時は感情的になった時だけだ。

試合は第2章と同じく、先に仕掛けたのは鶴田。天龍は執拗なヘッドロックで鶴田の機動力を封じようとしたが、鶴田は低空バックドロップでこれを突破。さらにドロップキックで天龍の顎を撃ち抜き、フロント・スープレックス、ジャンピング・パイルドライバーでフォールを迫った。

この間、試合開始からわずか5分。鶴田の〝本気〟と〝強さ〟に超満員5400人の横浜のファンは熱狂した。

鶴田のジャンピング・ニーを耐えた天龍が延髄斬り、それを耐えた鶴田が、天龍の顔面を踏みつけるなどの「この野郎！」というナマの感情が剥き出しの攻防が随所に見られたかと思えば、鶴田のコブラツイストを天龍が脇固めに切り返し、天龍の膝十字固めを鶴田がアキレス腱固めで切り返すという、今まではないサブミッションの攻防も生まれた。

この88年には、5月2日に前田日明が新生UWFを旗揚げして社会的なブームを起こしていたが、鶴田も天龍もUWF的な要素を取り込んでいたのである。

そして、天龍が意表をつくダイビング・ボディアタックを仕掛ければ、鶴田は身体を入れ替えて上になってフォール。ならばと天龍は身体をクルッと回転させて丸め込むカール・ゴッチ流のパッケージ・ホールドという意外な技を爆発させる。

これまでの2章より、確実にグレードアップされた戦いはついに30分を超えた。

天龍の顔面踏みにじり、サッカーボールキックにムッと表情を変えた鶴田は延髄斬り、コーナー最上段から前額部めがけて右膝頭をモロにぶち込むダイビング・ニーパット！

天龍が再び膝十字固めで鶴田の動きを封じようとするが、鶴田は身体を起こすと顔面を掻きむしり、エルボーを叩き込んで強引に外した。

一度火がついた鶴田は止められない。天龍のラリアットを膝蹴りで迎撃すると、掟破りのパワーボム。カウント2で返されるとフライング・ボディシザース、ランニング・ネックブリーカー、ジャンピング・ニー、串刺しラリアットと怒涛の猛攻だ。

そして制止に入る和田レフェリーを無視して、コーナーに詰まった天龍の額にパンチ、エルボーの雨あられ！

ここで天龍の表情が突如変わった。鶴田を左の張り手でなぎ倒し、立ち上がってくるところにキック、膝蹴り。この時、膝蹴りが鶴田の下腹部の急所に入ったからたまらない。鶴田は股間を押さえてコーナーにズルズルと崩れ落ちたが、天龍は構うことなくストンピング、張り手、キックの嵐。まるで、54年12月12日に蔵前国技館で行われた力道山と木村政彦の〝昭和・巌流島の決闘〟と呼ばれた日本選手権の幕切れのような殺伐としたシーンが生まれてしまった。

和田は即座にゴングを要請。反則負けを宣せられた天龍は、サッサとリングを降りて控室へ。好試合から突然の結末で取り残されてしまった観客は呆気に取られ、その中で鶴田は勝ち名乗りを受けたのだった。

「膝蹴り（急所蹴り）は故意ではないけど、あそこで意地を見せなければ、一生、あいつの上に紙1枚でも出られないと思った」と天龍。最後のジャンボの猛攻の中に天龍の怒りに触れる何かがあったのだろう。

和田が天龍の反則を取ったのは、「ここで止めなければ、プロレスの範疇（はんちゅう）を超えて試合が成立しなくなる」という判断だったのではないか。

「ジャンボは言うことを聞いてくれた。でも天龍さんは〝何考えてんだ⁉ 駄目だ、コラッ！〟って必死に、真剣に言わないと言うこと聞いてくれない。だから疲れるんですよ。ジャンボは〝それは駄目！〟ってカウントすると手を放すんだけど、疲れるカウントを取らせるのが天龍さんだよね。やっぱり戦いの中でもマナーがあるんだよね。だから試合が終わったあと、ジャンボが汗を流しながら〝あれはないよな。許せないよ、京平ちゃん！〟って、よく言ってましたよ」（和田）

あまりにも唐突な反則決着だったため、鶴龍対決全7章の中で語られることは少ないが、感情剥き出しの喧嘩ファイトと技術の攻防が程よくミックスされ、そこに年輪を重ねて進化した読み合い、お互いの新しい技など、最長の34分35秒の戦いを繰り広げた第3章は、鶴龍対決ベストバウトの呼び声が高い89年6月5日の日本武道館における第5章に匹敵する〝隠れ名勝負〟だったと私は確信している。

「あの試合は決着こそ反則だったけど、だんだんふたりの手が合ってきていたからお客さんの反応が凄かった。だから反則決着だけど、お客さんも納得していたと思うよ」と絶賛しているのは、鶴田の作戦参謀だった渕正信だ。

鶴田の怒りと怪物性が引き出された

鶴龍対決がプロレスファンの心を掴み、熱狂させたのは、プロレスラーとしての技量、主張をぶつけ合うだけでなく、生き方、価値観、人間性……それこそお互いの存在すべてをぶつけ合う戦いだったからだ。

「人生から価値観から、すべてが対極にいる人が反対側のコーナーにいたわけだから、これは面白かったよ。すべてが面白かったね。やってることすべてが……変な表現だけど、箸の上げ下げから気に食わないとか、やってることすべてがジャンボにつながるんだからさ。あの頃は毎日すべてがプロレスだったから。それはジャンボの言葉がどうであれ、ジャンボもそうだったと思うよ。余裕を持ちながらやっているっていうのが彼の美学だったからね。あのジャンボが真っ向から来てくれたのは俺の財産。俺はジャンボが〝天龍とやってもいいか〟って立ち止まってくれたからこそ、その後の天龍源一郎があると思っているし、みんなにジャンボは怪物だって言わしめたのは〝俺が真っ向から行ったからだ！〟っていう自負もあるよ」と、天龍は当時を振り返る。

当時、鶴田は「天龍によって本気にさせられた」と言われると露骨に嫌な顔をした。

「僕はある意味でプライドが高いんで、そうは思ってないですね。僕は本来、レスリングをしたいタイプなんですよね。若い頃、ドリー・ファンク・ジュニア、ビル・ロビンソン、ジャック・ブリスコと戦ってきた影響もあるんでしょう。でも日本人対決や天龍、原とかは喧嘩試合のニュアンスが強い。彼らはアップ・スタイルなんだけど、僕はマット・スタイルなんです、本来は。天龍や原と戦うと、こっちも感情的になって、レスリングよりも喧嘩……ジャンピング・ニーとかだけになるから、そう言われるんだと思うよ。今のレスラーはウォリアーズとか、アップ・スタイルばかりで、まあ、時代が要求しているのかもしれないけど、僕はスタイルを変える気はない。天龍とかのアップ・スタイルにはアップ・スタイルで、ドリーとかのマット・スタイルにはマット・スタイルで……と、相手に合った対処をしていくのが僕のスタイルですよ。天龍に厳しい攻めをする？　叩いても起き上がってくるから、あれだけの攻めをやるの。天龍には〝返してくる快感〟があるんだよ」と、鶴田は〝なんら変わらない〟ということを強調していた。

そして天龍のプロレスへの情熱が賞賛されるたびに、「僕はプロレスを好きだからやってるんであって、求道者ではないですね。日本から伝統的に育ったスポーツは、どうしても精神論とか、主従関係とか、道を極めるとかのニュアンスが強いけど、僕はバスケとかレスリングとか、アメリカから来たスポーツをやっていたし、ドリーに教えられたりしていたから感覚が違うのかもしれない。まあ、長州もレスリングだけど、僕の場合は大学の時にバスケをやめて、レスリングを始めて……週3回、自分でプログラムを決めて自衛隊体育学校でやってましたから。だから練習にしても、日本的感覚では〝辛い〟だけど、僕は〝好きだから〟〝強くなりたいから〟と、自分のためにやるものだと思う。プロである以上、根性とか闘魂は絶対に言わないようにしている。努力して当たり前なんだからさ。見せるか、見せないかの違いだけであって、僕自身は〝これだけやってます！〟っていうのは嫌なの。この世界、やらなきゃ上に行けないし、やって当然なんですよ」と、人生観の違いを強調していた。

鶴龍対決のひとつのテーマは「果たして天龍は、鶴田を本気で怒らせることができるのだろうか？」だった。その意味では、第3章は随所で鶴田の怒りを引き出した試合だったと言えるだろう。

「ジャンボには〝源ちゃん、すぐにムキになって……〟っていうのが常にあって、それが俺は嫌だったんだよね。俺はそういう彼が嫌だったから〝自分が熱くならなくて、高いお金を払ってきてくれるお客を熱狂させられるか！〟って張り手をかましたり、喉元チョップを盛んにやったんだよ。だからジャンボがニーパットを外してジャンピング・ニーをかましてくると凄いダメージがあったけど、〝よーし、この野郎！〟っていう気持ちがあったね。でも、やっぱりジャンボはシビアだったよ。今の俺がこんなに五体不満足なのは、ジャンボ鶴田の技を食らうだけ食らった結果だよ」と天龍は言う。

一方、鶴龍対決をレフェリーの立場で至近距離から見ていた和田はこう言う。

「ビンタを張ったりするのは別にいいんだけど、ジャンボは小馬鹿にされるのが嫌だったんじゃないかな。髪の毛を引っ張られるのも嫌がるし、天龍さんのちょっとした仕草……小馬鹿にしたような神経に触るようなことをすると〝それは違うだろ！〟って。天龍さんはわざとやるんだよね。レフェリーの俺の感覚からしたら〝それは天龍さんが悪いよ〟っていう時がありましたよ。それでジャンボが目の色を変えて怒って向かっていったら……天龍さん、逃げたもんね。逃げたっていうか、リング上からスッと退いたもんね。やっぱりわかったんだろうね。だからジャンボの怒りが収まるまで、ちょっとリング下にいようっていう。そういう時に天龍さんもやり場がないからイスや机をぶん投げてましたよ」

「怒ったらとてつもなく強い！」という鶴田の怪物性は、90年代の超世代軍との戦いでクローズアップされたが、それを最初に引き出したのはやはり天龍なのだ。

実際、鶴田は鶴龍対決を本音ではどう思っていたのだろうか？　今となっては本人に聞くことはできないが、渕はこう代弁する。

「鶴田さんにとってもけっこう、やり甲斐があったと思うけどね。ジャパンとの試合で対日本人を経験して、外国人とやるのとはまた違った感じでお客さんの反応が凄いというのがわかったわけだし、今までは自分が上の人間に向かって行く立場だったのが、今度は自分が迎え撃つ。それまでは向かって行っても、向かって行っても、弾き飛ばされて、よくて引き分けの善戦マンだったのが〝鶴田を目覚めさせてやるんだ！〟と向かってくる天龍さんを迎え撃つというのは、〝こっちのほうが俺に向いてる〟と思っていたんじゃないかな。なんだかんだ言っても、ふたりの気持ちは通じ合っていたと思うよ。あの鶴龍対決のおかげで鶴田さんの評価も上がったし、天龍さんのイメージも上がったし」

そして、渕は鶴龍対決の醍醐味をこう表現する。

「長州は逃げる部分もあったけど、天龍さんは蹴りにしても、エルボーにしても、ラリアットにしてもガンガン受けて、バックドロップで投げられて……鶴田さんのひとつひとつの技の凄さを知らしめたと思うし、天龍さんはそれによって受けの凄さで見せていた部分もあるよね。だからふたりの良さが出ていたと思う」

三冠の統一と天龍破壊事件

89年――平成元年3〜4月の『チャンピオン・カーニバル』のテーマは、前年から持ち越された三冠統一になった。争ったのは鶴田とハンセンである。

その1年前は、インター王者は鶴田、UN&PWF王者は天龍だったが、その後、UN&PWFの二冠がハンセンに移動。さらに天龍とハンセンは激闘を経たのちに握手をして、『龍艦砲』を結成。大きく状況が変わったのだ。

今回は、三冠統一を絶対に成し遂げるため「4月16日の後楽園ホールで統一戦を行うが、もし決着がつかなければ18日の大田区体育館で再戦を行う」と発表された。

「今日、変な結果に終わったら〝18日があるから〟って誤解されるからね。今日は〝攻めの鶴田〟だよ！」と語って後楽園のリングに上がった鶴田だったが、結果は場外乱闘からのノーコンテスト。場内には物が飛び交い、「金返せ！」「帰れ！」の怒号に包まれて、「ハンセン、聞いてろよ！　18日は必ず決着つけてやるぞ！」の鶴田のマイクアピールも野次にかき消されてしまった。

この年の正月、新生ＵＷＦブームでプロレスの価値観が揺らぐ中で、ジャイアント馬場は「みんなが格闘技に走るので、私、プロレスを独占させてもらいます」をキャッチコピーに純プロレスを邁進することを表明。〝明るく楽しく激しいプロレス〟を推進してきた全日本にとって、この後楽園騒動は汚点となった。

そして18日の大田区。試合前の鶴田は「鶴田が逃げたのか？　ハンセンが逃げたのか？　三冠統一戦は、またも決着つかず」という、週刊ゴングに掲載された4・16後楽園の私の記事を険しい表情で読んでいた。

「殴り合いだと場外にもつれる危険性があるから、今日はラフだけじゃなくてレスリングで勝負していくよ」と試合前に言っていた鶴田は、ラフに突っ掛けてくるハンセンに対し

▲"初代"三冠王者を巡って、鶴田とハンセンもまた激しく争った

て慎重になり、どうしても受け身になってしまったことで、試合は完全にハンセンのペース。ハッキリ言って試合内容は後楽園のほうが良かった。

そんな鶴田のジャンピング・ニーをかわしたハンセンは、バックドロップ、パイルドライバー、掟破りのジャンピング・ニーの猛ラッシュ。そして勝負のラリアット！

鶴田はこの一瞬を待っていた。ダッキングしてラリアットをかわすと、目標を失ったハンセンの身体はロープに直撃、その反動で後方に転倒した。それをすかさずクルリと丸め込んだ鶴田。形としてはスクールボーイで3カウントが入る形となった。どうあれ、ついに三冠統一は成されたのである。

「俺は胸を張ってリングを降りたが、ジャンボは空っぽの勝利だ！」と、ハンセンは控室で怒りをぶちまけたものの、鶴田は「ここにベルトがあるってことは、俺が一番強いんだよ。俺が全日本で一番強い！　天龍でもハンセンでも、いつでも挑戦を受けてやるよ」と、3本のベルトを手に興奮気味に叫んだ。

さらには「ファンのためとは言いたくない。自分自身のプロレス観、生き方を持ってプロレスをやっているんだ！」と、人生観も口にした。

初代三冠ヘビー級王者になった鶴田の初防衛戦は、統一からわずか2日後の4月20日、大阪府立体育会館で天龍を相手に行われた。

〝隠れ名勝負〟の第3章から半年……三冠戦として行われた第4章も気迫と技がぶつかり合う好勝負になった。天龍がボディにキックを入れて延髄斬り、水平チョップ、ロープを疾走してのラリアットでいきなり突っ掛ければ、鶴田もボディへのキックで天龍の突進をストップさせると第3章と同じように顎を撃ち抜く打点の高いドロップキック！　この頃になると、鶴田は天龍に読まれないようにジャンピング・ニーとドロップキックを巧みに使い分けるようになった。

鶴田が第2章で仕掛けられた膝十字固めを逆に仕掛ければ、天龍は場外に蹴落とした鶴田にトペ・スイシーダと、お互いに「これはどうだ？」と意外性のある技でも競い合う。

こうした濃厚な攻防に唐突にピリオドが打たれたのは15分すぎだ。ジャンピング・ニーで天龍をカウント2まで追い込んだ鶴田は、続いて掟破りのパワーボム！　高々と宙に浮いた天龍の体勢がやや崩れ、鶴田はつんのめるように天龍をキャンバスに叩きつける形になり、この時に天龍は首から突っ込んでしまったのである。

普通なら叩きつけてからエビ固めに押さえるが、バランスが崩れたために天龍の身体が横転。鶴田は天龍の顔を覗き込んで状態を確認すると、すかさず片エビ固め。レフェリーの和田はためらうことなく3カウントを叩き、16分3秒、鶴龍対決は4度目にして初めてピンフォール決着がついた。

初のピンフォール決着にも鶴田の顔に喜びはなし。倒れたままの天龍を複雑な表情で見下ろしながら右手を挙げた。

この試合は、鶴田の怪物的な強さが発揮された一戦として今も伝説になっているが、後日、鶴田にインタビューをすると次のような答えが返ってきた。

「自分では、あそこで決まるとは思わなかったから……あそこでバックドロップにつなげるつもりだったからビックリしちゃったんですよ。あまりにもタイミング良く入ったというか、意識的にやってできるもんじゃないですよ。スリーパーで長時間攻めたでしょ？それで汗をかいて、サポーターの中にも溜まっていて、持ち上げた瞬間にそれが出てきて滑ったんですね。〝危ない！〟と思って身体を引いたんだけど、首が中に入っちゃって、天龍の目を見たら死んでるというか、戦いの目じゃなかったから〝これはイッてるな〟と。変に起こしたら余計に危ないんで、そのままフォールしたんですけどね。あの時の心境？何も考えられないですよ。交通事故に遭ったみたいなものでね。あれはガッツ石松の〝幻の右〟じゃないけど、本当にタイミングですね」

つまり、あくまでもアクシデントだったとの主張だ。

この試合を裁き、3カウントを叩いた和田の見解は興味深い。

「天龍さんはジャンボが怒るようなことをけっこうやってたけど、ジャンボもひとつだけやっちゃいけないことをやったよね。それがあの時のパワーボム。ああいうことをやっちゃったジャンボはなんなんだろう？　レスラーは落とされた瞬間にちゃんと受け身を取るんですよ。でも、あの時、天龍さんは受け身を取りたくなかったんだよ、きっと。危ないのはたしかなんだけど、天龍さんが意識して受け身を取らずに落ちていると思うんだよね。天龍さんなりの〝ファッ◯ユー！〟かな。俺はわからないけど、ジャンボのパワーボムに対して許せないものがあったんじゃないかな。あれで綺麗に受けちゃったら〝ジャンボ鶴田のパワーボム〟になっちゃうから、そういった面で俺も〝ああ、これは掟破りだな〟って思ったし、天龍さんは返す気がないだろうなと思ったから3つ叩いたんですよ」

私も、あの時に「本当に天龍は返せなかったのか？」という疑問がずっとあって、つい最近も本人に聞いてみたが、返ってきた答えは「ガクッと変な角度で入って、下手に動いたらヤバいと思ったよ。だから京平が3つ叩いたのは正しい判断だったよ」だった。

実は今も腑に落ちていないのだが、そういう〝?の部分〟があることも含めて、やはり

89年4・20大阪の鶴龍対決第4章は、伝説の試合と言っていいだろう。

鶴田の人生観とプロレス観

ハンセンを撃破して初代三冠級王者になり、天龍をピンフォールして初防衛に成功。名実共に全日本のエースに君臨した当時の鶴田は自信に満ち溢れていた。

ファンの見方も変わって、以前は観客の笑いを誘った「オーッ!」のアピールが徐々に浸透して、純粋な応援、そして試合をエンジョイする「オーッ!」の大合唱が発生するようになった。鶴田自身も「今はファンのほうがコールで僕を乗せてくれるんで、戦いやすいね」と笑顔になっていたものだ。

この頃になると、鶴田も天龍に負けじと自身の人生観、プロレス観を語るようになった。これは大阪で天龍に勝った直後に行ったインタビュー取材。私自身、鶴田の取材の中でも最も手応えを感じたので、ここに再現してみよう。

――三冠統一のあたりから「鶴田は変わった」という声が多いですけど、自分自身ではどう思っていますか?

鶴田　自分では変わっていないと思っているんですけど、ファンの僕に対する見方が段々変わってきたというか。別に悪役になろうと思ってないしね（苦笑）。時代と共にファンの見方は変わるから、ここ2～3年は天龍革命なんかがあって、僕自身が中途半端になってカラーが出せなかったけど、「自分の生き方を持って、レスリングを一生懸命やる」っていう自分の信念を出したのが、こういう形になったのかもしれませんね。自分のあるがままを出すしかないですから、あとは観ている人がカラーをつけてくれればいいと思っています、今は。

――ブーイングや「オーッ！」についてはいかがですか？

鶴田　極論は、楽しんでもらえればいいんです。僕はいろんなプロレスがあっていいと思うし〝楽しい〟〝明るい〟〝激しい〟をすべて堪能しているってことはいいと思うし、プロレスだけじゃなく、野球にしてもストレス解消の役目があると思うから、野次も否定しない。ただ、ファンの皆さんの程度問題ですね。やっぱり楽しんでもらわなきゃいけないという部分と、真剣に観てほしい部分がありますから。

――私は三冠統一後の控室での、「ファンのためとは言いたくない」の発言を興味深く聞きました。

鶴田　いや、ファンあってのプロレスというのは、僕はよくわかってるんです。だけど、プロレスの歴史を振り返ると「ファンのために」という言葉で、いろんなことが繰り返されてきましたよね。僕はそれであっちゃいけないと思うんですよ。「ファンのために」はよくわかるんですけど、自分を殺してまで自分の生き方、プロレス観、人生観を曲げる必要はないと思ってます。

――具体的に鶴田さんのプロレス観、人生観はどういうものですか？

鶴田　プロレスラーっていうのは一生できないでしょ？　だから現役のうちに人生設計を立てて次の人生に困らないように、プロレス界に迷惑かけないように、一般社会に通用するものを築いておかなきゃいけないと思いますね。昔のサムライとか、豪傑ではスポーツマンとして認められなくなりますよ。世間の見方が変わってきてるでしょ？　昔は桂春団治の「芸のためなら女房も泣かす」で通用したけど、今ではそれでは見る側が許さない。仕事が終わったら、一般社会で通用する人間でいなければいけないし、家族を大切にするからこそ人生設計をするし、そのために一生懸命仕事をする。それをなんだかんだ言う人がいたら、それは間違い。俺のほうが正しいと思ってますね。

――サラリーマン・レスラーとか言われるのは心外だと。

鶴田　まあ、読者の人が「無茶苦茶やる人がいい」と言うなら仕方ないけど、僕はそういうのは好きじゃないし、決してプロレスを手抜きしているわけじゃないですからね。自分の人生設計をしっかりして、一生懸命にプロレスをやって、50代とか60代になって「プロレスをやってて良かったな」という人生を送りたいんですよ。だから「銀座で飲んでるから偉い」なんて論理はナンセンス。もちろん、その人の生き方としてはいいと思うけど、僕は全然したいなんて思わない。昔だったら、それで「さすがスター！」と思われただろうけど、今は見る側がそう思わないでしょう。だから、やる人はやる人でいいんですよ。だけど、人に強制する必要はないだろうし、それを言う必要もないだろうし。それはその人がやればいいんであって、「僕はそういう生き方じゃありません」ということです。横山やすしみたいな生き方をしろといわれても、僕は西川きよしなんです。まあ、僕自身「たかがプロレス、されどプロレス」と言ったら、どっちかっていうと「たかがプロレス」を強調しすぎているとは思うけどね（苦笑）。

――それは本当に言えることですね（苦笑）。

鶴田　ホントは「されどプロレス」で一生懸命やってるんですよ。だけど、あんまり口に出したくないっていうか……人が見ているところでやったりとか、努力しているのを見せるのはカッコいいもんじゃないっていう考え方があるんですよね。ジャンボ鶴田流の美学というか……「プロは舞台裏を見せない」「プロとはそういうもんだ」というのが信念なんです。そこが僕と天龍の違いなんだろうけど、考え方は違ってもプロレスへの情熱は持ってるし、そうじゃなきゃ、この商売をやってませんよ。それに一生懸命やってなきゃ、この世界で何年もトップを張れるわけないでしょ？ だから、よく会ったり、インタビューしてくれる人はわかってくれると思うけど、これはエリートでなければわかりません……なんて言うと、また反感買うね（笑）。

――そういう発言が鶴田さんらしいというか（笑）。

鶴田　もちろん自分ではエリートだとは思ってないけど、見てる人がそう思うなら、それでいいでしょう。たしかにプロレス界に入ってエリート街道かもしれないけど、それは置かれた状況であって、そこには僕の努力もあったわけだから。とにかく僕は眉間にしわを寄せて、常に考えごととして歩くみたいなのは好きじゃない。「ファンのためにプロレスをやっている。24時間、プロレスが命！」よりも、プロレスはプロレスで一生懸命やって、オフになったら自分の生活を楽しむ……リングを降りたら、明るく笑顔でいきたいですね。こう言うと、また「あいつは真面目にプロレスをやってない」って言われるかもしれないけど、仕事は仕事、私生活は私生活……キチッと自己管理ができればいいと思いますよ。プロ野球の選手とかもそうじゃないですか。そういう生き方が僕は好きなんです。

――話をリング上に戻しますが、三冠統一でトップとしての責任ができました。今後をどう考えていますか？

鶴田　自分としては一生懸命プロレスをやって、ファンの期待を裏切らないように頑張るということですね。他団体のこととかをよく聞かれるんですけど……僕は全日本の人間だし、そういう興味はありません。花火を打ち上げて、どうこうするんじゃなくて、テレビとか会場、契約とか、すべて決まってからマスコミに発表するタイプなんで、食い足りないかもしれないですけどね（苦笑）。馬場さんを十何年見てきて信頼しているし、間違ったことをする人物ではないから、リングの中では後継者になるべく一生懸命やるけど、会社の方針とか選手の使い方とか、経営面とか……そこまで入り込む気持ちはないですね。もちろんおんぶに抱っこじゃなくて、相談があった場合には自分の意見を言いますけどね。

――政治面には関知しない？

鶴田　それは第一線を退いてからでも遅くはないでしょう。現役バリバリの時はリング優先……両方やるとファイトにも影響すると思うんですよ。それがないもんだから雑誌とかに「真の後継者になれない」とか、よく書かれたけど、一国一城の主にならないと後継者になれないかっていったら、僕はそうじゃないという気持ちがある。そこまでしなきゃなれないと書かれるなら「僕は結構です。僕は真の後継者じゃありません！」って言うよ。リングの中で後継者として頑張るのが僕の姿勢ですからね。

――今日は鶴田さんの人生観、プロレス観を中心に話を聞かせてもらいましたが、改めて天龍さんとは全然違うと。

鶴田　そうですね、僕は大学までスポーツをいろいろやってきて、天龍は相撲からずっと格闘技の中で生きてきたという育った環境が違えば、性格、人生観、もちろんプロレス観……水と油とまでは言わないまでも、まったく違いますね。逆に言えば、自分にないものを持っているから魅力ある相手と言えるかもしれない。僕自身、ジャンボ鶴田と戦うとしたら「こんな奴とはやりたくない。何を考えているかわからない」ってなりますよ（笑）。違うカラーのふたりが戦うから「何色になるか？」って、面白いんでしょう。認めているというか……本当は認めたくないんですよ、いつか週刊ゴングのインタビューで僕のことを「認めてない」って言ってたからね。僕だって認めたくないですよ。でも天龍が言ってるのは、自分の発言を自分のバネにしようとしている。僕を認めているからこそだろうし、僕にしても認めたくないからこそ魅力ある相手。あのまま（＝パワーボムでKOされたまま）引き下がるような奴じゃないんで、これから全日本はもっと面白くなりますよ。僕は「強い奴が勝つんじゃなくて、勝った者が強い」って言ったけど、それくらい実力が接近しているんですよ。誰も、僕よりハンセンと天龍が弱いと思ってないだろうし、三冠統一したこれからが本当の勝負。いつ、誰が挑戦してきてもいいようにコンディションを整えておきますよ。（了）

これは38歳の時のインタビューだが、すでに鶴田は50代、60代になった時の自分を見据えていた。今現在を一生懸命生きる姿勢でファンの共感を読んでいた天龍に対して、鶴田は未来を見て生きていたのである。

鶴龍対決のベストバウトは第5章！

衝撃の4・20大阪からわずか46日……鶴龍対決第5章は6月5日の日本武道館で、鶴田の三冠王座2度目の防衛戦として組まれた。この日は天龍革命がスタートしてから2年と1日目。鶴龍対決は全日本の〝至高の試合〟としてファンに完全に定着し、同所新記録の超満員1万5200人の大観衆が詰めかけた。

試合前、緊張していたのは首のダメージが心配される手負いの天龍ではなく、王者・鶴田のほうだった。福澤朗アナウンサーの「いよいよですね」の呼び掛けに、しばし沈黙した後に「頑張ります」とひとことだけを残して入場の花道へ。三冠王者になってからの鶴田には〝全日本のエース〟の重みが感じられるようになった。

試合は天龍が先に仕掛けた。鶴田のジャンピング・ニーをかわすと、バックに回っていきなりのジャーマン・スープレックス！　これは「大阪の遺恨マッチにしたくないし、仕返ししようという気もさらさらない。俺の首は大丈夫だから、遠慮せずに攻めてこい！」という天龍からのメッセージだった。

ならばと鶴田はヘッドロックで天龍の首を捻り上げる。鶴田は鶴田で「手心を加えたら天龍に失礼。プロだったら相手の弱点を攻めるのは当然。そうしなければ次に自分に跳ね返ってくる」という気概を持っていた。

日本武道館は天龍コールと鶴田コールが伯仲する。思えば、87年の同所における第1章と第2章は天龍コール一色だったが、2年の戦いの中で鶴田のとてつもない強さがファンの心を動かした結果だろう。そしてそれは「ジャンボを本気にさせて全日本を活性化させてやる！」と行動を起こした天龍が出してみせた結果でもあるのだ。

鶴田の攻撃は非情だった。ブルドッキング・ヘッドロック、コブラクラッチで首を痛めつけ、さらにコブラクラッチからジャイアント・バックブリーカーで腰にもダメージを与える。実は、天龍は背面式ダイビング・エルボーの代償として腰にも爆弾を抱えていて、4・20大阪後、首だけでなく腰の治療もしていた。それを鶴田は知っていた。

ふたりの攻防は回を増すごとに高度になっている。鶴田のエルボーバット、ラリアットをいずれもダッキングしてかわし、ジャンピング・ニーをキャッチした天龍はロープを走ってラリアットに出るが、今度は鶴田がそれをカウンターのハイブーツ（フロントからのハイキック）で迎撃。お互いに二手も三手も先を読み合っているのである。

鶴田の首攻撃は続く。コブラクラッチ、首にパンチ、ダブルチョップの連打に思わず館内はブーイング。これは鶴田の非情さ、強さに思わず発生したものだ。

逆に天龍が膝十字固めで反撃に転じ、鶴田が両手をピクピクさせて苦悶の表情を見せると鶴田コール。以前は鶴田のピクピクに失笑が漏れたものだが、シビアな鶴龍対決の中でのピクピクは、思わずコールを生んでしまうのである。

「プロレスの技というのは、首を狙う技しかないというかね。すべてが首と後頭部につながっていってるんですよね、今のプロレスはね」と、解説席の馬場の言葉どおり、試合開始15分から20分すぎまでの5分間の鶴田の攻めは凄まじかった。

フルスイングのラリアット、ランニング・ネックブリーカー、2度目のブルドッキング・ヘッドロック、うつ伏せ状態の天龍の首筋にニードロップ、さらにコーナー最上段からのニードロップ。「オーッ！」とアピールすれば、またまたブーイングだ。

それでも鶴田はお構いなしにフライング・ボディシザース、首筋にニードロップ、天龍の頭がもげるようなドロップキック、コーナーからのダイビング・ニー。鶴田の攻撃は破壊力、迫力満点だが、それを真っ向から受けてことごとく跳ね返す天龍のタフさも大したもの。攻めも攻めたり、耐えも耐えたりである。

究極の攻防を繰り広げるふたりはいつしかバックボーンの引き出しを開けた。

鶴田が組みついてフロント・スープレックスを狙えば、天龍は相撲の外掛けで阻止して逆にぶっ倒し、鶴田はレスリングのがぶりからの外無双（そとむそう）で強引にフォールを狙うというシーンが生まれたのだ。

勝負の分かれ目は意外なところでやってきた。

勝利を確信した鶴田がラリアットを狙って全力疾走、それをかわした天龍が鶴田の頭を掴んでトップロープに喉を叩きつけると、その反動で鶴田は後方にダウン。立ち上がりざまに天龍の逆襲のラリアットがヒットした。

ふらっと立ち上がる鶴田に天龍は延髄斬り一閃。そしてパワーボムへ。これはカウント2で返した鶴田だったが、天龍の勝負を懸けた2発目の入魂のパワーボムは返せず、24分5秒、天龍に凱歌が上がった。

手数は明らかに鶴田のほうが多かったが、それを凌ぎきった天龍の執念の勝ちと言っていい大勝負だった。

鶴田は納得の表情で天龍に右手を差し出す。しかし、天龍が応じないと見るや、客席に両手を挙げ、静かにリングを降りた。

「それを人は〝器量が小さい〟って言うかもしれないけど、そういうのに凄くこだわりたいんだよね。そうだなあ、握手する時は、どっちが残っているかわからないけど、選手会代表として餞別(せんべつ)を渡す時だね。その時はジャンボの手を力いっぱい握ってやるよ。〝これで、もういいや〟って時は握手すると思うよ」（天龍）

この試合は、鶴龍対決全7章の中のベストバウトの呼び声が高く、天龍も「ジャンボとの試合はエグイことも多かったけど、三冠を獲った日本武道館に勝るものはないね。今も

▲鶴龍対決の最高峰と称された89年6·5日本武道館決戦。ジャンボも意地を見せた

たまにテレビで昔の試合が放送されるけど、龍原砲の一連の試合と、あの鶴田戦は今観てもフレッシュだね。〝ジャンボ鶴田がよくぞ感情をあそこまで出して〟というのが正直なところだね。彼は観客に〝見たか、天龍！〟っていうのをアピールしたかったんだと思うよ。それが〝今まで見たことない鶴田を見た〟っていうファンの歓喜だったと思うんだよね。俺も、そういうジャンボ鶴田を見て奮い立たせられて、今日のこの身体になっちゃったんだけどね。でも、だからといって何も悔いはない。それくらい俺を燃えさせてくれたよ、彼は。ホントにリングの中には嘘偽りはなかった」と現在も変わらぬ心境を語る。

「鶴田さんが非情に攻めて、天龍さんがやられて、やられて……だから完璧フォールで鶴田さんが負けたけど、鶴田さんの強さが際立った試合だったよね」と言うのは渕だ。

年月を経て、改めて鶴田の感想を聞けないのは残念だが、当時のインタビューでは鶴田はこう語っている。

「自分の全力を尽くした試合だから文句ないですよ。ハンセンとやった時以上に勝っても負けても嬉しい。同世代にいいライバルを持って幸せですよ。もちろん勝負なんだから勝たなければいけないけど、それがすべてじゃない。たとえ負けても〝凄い！〟って、ファンを魅了するものが出れば、それが本物だと思いますね。それと俺が持っているものは明るさ。天龍の持っているものは……育ったバックボーンの違いがあるかもしれませんけど、自分の世界、内面に向かっていくと。自分の性格にはそういうものがないから、俺は天龍の持ち味に魅力を感じているけど、〝それをやれ！〟と言われてもできないと思うんですよね。だから俺は自然体で、誰が相手でもレスリング、俺の人生観で対応しようと。自分をいくら作ったって、結局はバレますからね。それがファンには余裕に見えるのかもしれないし、天龍はムシャクシャするのかもしれないけどね。シリーズが始まったら、明るく、楽しく、激しくプロレスをやって、オフになれば家庭に戻って家族と過ごし、ディズニーランドにだって行く。それが俺の生き方ですよ」

激闘を経て過渡期を迎えた鶴龍対決

鶴田にリベンジのチャンスがやってきたのは128日後の10月11日、横浜文化体育館。谷津、テリー・ゴディの挑戦を退けてきた天龍にとって三冠王座3度目の防衛戦だ。

まずは、戦うたびに高度になる読み合いが展開された。

試合開始のゴング早々、天龍がジャンピング・ニーを水平チョップで迎撃。一方の鶴田も天龍の延髄斬りを両手で叩き落とすといった具合だ。

5分すぎには鶴田が本気で怒る場面が生まれる。喉元チョップが炸裂した時だ。後年の天龍の代名詞的な技だが、頻繁に使うようになったのはＳＷＳ後期の92年頃。もしかしたら、この鶴田戦が初めてだったのかもしれない。

喉を直撃された鶴田は、邪魔だとばかりにレフェリーの和田を突き倒し、天龍に往復ビンタ、ドロップキック。さらにスライディングキックで場外に蹴り落とすと、フェンスに叩きつけ、イスで頭と背中を殴打！　リングに戻るとカウンターのハイブーツ、マウント・ポジションから首筋にエルボーを乱打し、逆エビ固め、鶴龍対決では初めてのダブルアーム・スープレックスという猛攻だ。

和田の言うとおり、本気で怒った時の鶴田は手がつけられない。

この試合のひとつのテーマは、天龍の新型パワーボムが鶴田に通用するかということだった。従来のパワーボムは相手を高々と抱え上げるが、新型は相手の両脚に潜り込み、すくい上げるようにして叩きつける形だ。

この技が爆発したのは試合開始12分、まだまだ鶴田のスタミナが十分だっただけに3カウントを奪うことができなかった。

天龍が早めに勝負を仕掛けてしまったのは、前述の鶴田の怒りの大猛攻があったからだと思われる。普段なら攻撃に耐えに耐えて、鶴田が集中力を欠いた隙を狙って反撃するのが天龍の戦法だったが、鶴田のイスなどのラフ攻撃にエキサイトして、待ちきれなくなってしまったのだろう。

20分すぎ、天龍は左の張り手から再び新型パワーボムを仕掛けたが、鶴田はこの瞬間を待っていた。天龍が叩きつけるより早く身体をクルッと後方に回転させて天龍の上になるルチャ・リブレのウラカン・ラナ（高角度後方回転エビ固め）で3カウントを奪った。

やや呆気ない幕切れだったものの、鮮やかなピンフォール決着。残念だったのは、勝負が決まった瞬間、心無い観客が生卵をリングに投げ込み、それが鶴田の身体に当たってしまったこと。それでも鶴田が普通に振る舞ったことが救いだった。

この鶴龍対決第6章は、1年前の第3章と同様に印象が薄いが、その理由としては舞台が日本武道館ではないこと、そして6・5日本武道館の第5章がひとつのピークになったことが挙げられる。鶴龍開戦から2年以上が経ち、戦いはレベルアップしたが、ここからさらなる向上は難しいと言わざるを得ないところまで来てしまっていた。

さらに天龍が革命の当初の目標としていた、「ジャンボを本気にさせて全日本マットを活性化してやる」を達成したことも大きい。

長州離脱当初は空席が目立った会場も、いつしか大会場の日本武道館が超満員になり、カード発表前でもチケットが売れるようになった。鶴田は怪物的な強さを発揮するようになり、時には天龍コールを凌ぐ鶴田コールが起こるまでになった。鶴龍対決は第6章で過渡期を迎えたのである。

新日本のリング上でも変わらぬ姿を披露

年が明けた90年、鶴田は他団体との戦いに出陣する。新日本とＷＷＦ（現・ＷＷＥ）だ。この年の1月4日、新日本の坂口征二社長が全日本の馬場社長（89年4月に松根光雄に代わって社長に復帰）をキャピトル東急ホテル（現在のザ・キャピトルホテル東急）に表敬訪問。その後、集まったマスコミに囲まれたふたりは協調路線を発表した。

72年3月に猪木が新日本、同年10月に馬場が全日本を相次いで旗揚げしたあと、日本プロレス界は馬場と猪木のＢＩの対立によって動かされてきたが、89年夏に猪木が参院選に当選して坂口に社長のポストを譲ったことで、ＢＩ対立時代は終焉（しゅうえん）を迎えたのである。

マスコミは、89年11月に東西ドイツを分断していたベルリンの壁が崩壊したことがきっかけとなってアメリカとソ連が冷戦終結を宣言したことに重ね合わせて、「プロレス界のベルリンの壁が崩壊した！」と、センセーショナルに報じた。

この協調路線は、馬場が日本プロレス時代から坂口を可愛がり、信頼していたことが大きいが、何よりビジネスとして両団体の利害が一致したからに他ならない。

新日本は2月10日の東京ドームで、WCWの黄金カードのリック・フレアーVSグレート・ムタのNWA世界戦の直輸入を計画。当時、新日本はWCWと業務提携していたものの、引き抜き防止協定ではNWA世界王者フレアーは全日本のリストに入っているために、律儀な坂口としては馬場の承諾なしでは呼ぶことができなかった。一方、馬場は外国人の新たなスター候補として新日本のトップ外国人のスティーブ・ウイリアムスが欲しかった。

かくして協調路線第1弾は、ウイリアムスとフレアーの交換トレードとなった。

しかしその後、事件が起こる。東京ドーム大会まで1か月を切った1月11日、WCWが新日本に「フレアーとムタを派遣できなくなった」と通告してきたのだ。

このドタキャンは、WWF&全日本&新日本3団体共催による『日米レスリング・サミット』（4月10日、東京ドームで開催）の計画が進んでいたことを知ったWCWが、態度を硬化させたというのが定説になっている。

目玉カードが宙に浮いてしまった坂口は、「ハンセンなどの外国人選手を貸し出してもらえませんか？」と、馬場に協力を要請。これに馬場は「社長就任のお祝いだ！」と、ハンセンだけでなく主要日本人選手の派遣を申し出た。

こうして、2月10日の東京ドームでは、ビッグバン・ベイダーVSスタン・ハンセンのIWGPヘビー級戦、長州&ジョージ高野VS天龍源一郎&タイガーマスク（三沢光晴）、木村健悟&木戸修VSジャンボ鶴田&谷津嘉章という、新日本VS全日本の3大対抗戦が組まれたのである。

ファンが最も注目していたのは長州と天龍の3年ぶりの再会だが、鶴田が谷津との五輪コンビで新日本に出陣するというのもビッグニュースだった。谷津は84年9月の電撃離脱以来、5年5か月ぶりの古巣のリングだ。

「僕が新日本に上がるんだから、時代を感じますよ。カード的には気にしてないですよ。こうした大きなイベントに花を添えるというか、参加することに意義があるわけですからね。ドームだから、新日本相手だからといって僕のスタイルを崩すつもりはない。相手チームに関する知識はほとんどないけど、作戦参謀の谷津に攻略法を教えてもらいますよ」

鶴田が新日本出陣について気負うことなく、ケロッとコメントしていたのを思い出す。

五輪コンビと木村&木戸のタッグマッチは、3大対抗戦の第1Rとして組まれた。この試合をまえに、6万3900人（超満員札止め＝主催者発表）の東京ドームのムードは最高潮に達して客席でウェーブが起こり、それがジャンボ・スタンドにまで連鎖した。いかにファンが対抗戦を待ち望んでいたかを雄弁に語る光景だ。

木村&木戸の入場に続いて、鶴田のテーマ曲『J』が鳴り響き、鶴田と谷津がお立ち台に上がって腕を突き上げると「オーッ！」という地鳴りのような歓声が起こった。

五輪コンビのガード役としてセコンドに付いたのは渕、田上明、仲野信市、菊地毅。両団体のフロントは協調路線でも、リング上はあくまでも戦いである。

全日本の社長としては協力した馬場も、大会1週間前の2月3日、新潟県長岡市の後援会に招かれた際に、「私の口から言うのもおこがましいが、力の違いを見せつけます」と珍しく過激な発言をしている。大会当日はハワイに滞在していたために不在だったが、カブキに「何か変なことがあったら、引き揚げてこい」と命じていた。

普段は五輪コンビと火花を散らしている天龍も、控室から花道に出ていくふたりをチラッと見て、「ジャンボ、谷津、頑張れ！」と思ったという。

試合は新日本の先制攻撃で始まった。4選手が握手してクリーンな立ち上がりかと思いきや、ゴング前に木村が鶴田にドロップキック。木戸が谷津を場外に放り出す奇襲攻撃を仕掛け、リング上に孤立した鶴田に木村が稲妻レッグ・ラリアット、そして木戸とふたり掛かりでストンピングの雨を降らせて新日本ファンを喜ばせた。

木村は87年にベニー・ユキーデのジェットセンターで学んだマーシャルアーツ流のパンチ、キックの猛攻、木戸は鶴田のラリアットを脇固めに取る技巧派ぶりを遺憾なく発揮したが、鶴田は冷静さを失うことなく谷津を呼び込んで五輪コンビの代名詞サンドイッチ・ニーを披露し、ハイブーツ、ジャンピング・ニー、ボディスラムなど、東京ドームという大空間にふさわしいスケールの大きなファイトを展開。

最後は鶴田のフライング・ボディシザースが木戸にズバリと決まり、予想以上にスイングした対抗戦第1Rは、終わってみれば全日本の完勝だった。

鶴田は〝何事にも動じない余裕のファイト〟を新日本のファンに見せつけたのである。

「木戸さんが頑張っていた。あの脇固めは危ないと思いましたよ。でも、（ボディシザースで）乗ったら勝ちですよ」と、余裕しゃくしゃくの鶴田は、天龍のパートナーとして長州&ジョージとの試合に向かうタイガーマスクの背中に「頑張れよ！」と声を掛けた。

『日米レスリング・サミット』で魅せた鶴田と天龍

新日本の大会は大成功に終わり、続いて、4月13日には同じ東京ドームでWWF&全日本&新日本の3団体共催による『日米レスリング・サミット』だ。

表向きは3団体共催だったが、実際のところ、前年89年の時点でWWFが単独で東京ドームを押さえていた。84年から各テリトリーのトップ選手を引き抜いての全米侵攻を開始したWWFは、日本進出も狙っていたのである。

だが、実際にどうやって乗り込むかということについては具体的な策がなかった。「単独でやろうとしたら、新日本と全日本が手を組んで妨害してくるのでは」と懸念したWWFは、両団体に協力要請の親書を送ったが、返事はなかったという。これには後日談があって、全日本に送るはずの親書は全日本女子プロレスに送付されていたそうだ。

困ったWWFは89年11月、かつて全日本でブッカーとして手腕を発揮していた佐藤昭雄をレスラー&日本進出コーディネーターとしてスカウトする。

年明けの90年1月、全日本の『新春ジャイアント・シリーズ』にレスラーとして帰国した佐藤は、巡業に参加しながら、WWF総帥ビンス・マクマホン・ジュニアの代理人として馬場と交渉を開始した。

ビンスとしてはWWFの主催でやりたかったが、誰かの力を借りないと絶対にできないということで、当初は佐藤を通じて「WWFと全日本の五分五分で」という条件を提示。ところが馬場の「俺が坂口と話をするから、新日本も入れて……」という提案によって3団体共催になった。3団体共催は馬場発案だったのだ。

マッチメークに関してのWWFの条件は、世界王者ハルク・ホーガンと日本のナンバー1外国人レスラーの対戦ということで、裏の駆け引きの中でカード変更がありながらもホーガンVSハンセンが決まった。

その他のカードは佐藤が全日本、新日本の要望を聞きつつ編成し、新日本は長州現場監督の「ウチのスタイルを見せる試合にしたい」という申し入れでWWFの選手とは絡まない新日本同士の試合に決定。全日本では馬場の熱望により、馬場とアンドレ・ザ・ジャイアントの大巨人コンビが初めて実現し、アックス&スマッシュのデモリッションとの夢のタッグマッチが真っ先に決定した。

佐藤が頭を悩ませたのは、ホーガンの次に日本のファンに注目されていたランディ・サベージのカードだった。

「最初にジャンボを考えたんだけど、あまりにも身体のサイズが違うし、サベージがもうちょっとスープレックスを使うスタイルならばいいんだけど……とか、いろいろ考えたら源ちゃんしかいないなと。それで天龍VSサベージにしたんだよ」（佐藤）

当然、三冠王者の鶴田にもそれなりのカードを用意しなければならない。

「ジャンボをどうしようかと考えた時に、WWF世界タッグのチャンピオンで、もともとは全日本の所属だったトンガ（アンドレとのザ・コロッサル・コネクションで王者だったが、来日直前の4月10日、カナダ・オンタリオ州トロントにおける『レッスルマニアⅥ』でデモリッションに陥落）とのタッグを考えて、対戦相手にはAWA世界王座をジャンボから獲ったことがあるリック・マーテル、全日本に来日経験があって元AWA世界王者でもあるカート・ヘニングにしたんだよ」（佐藤）

トンガ（新日本の常連になっているタマ・トンガ、タンガ・ロアの父）ことウリウリ・フィフィタは74年10月、国王の命を受けて15歳の時にトンガ王国から来日。大相撲の朝日山部屋に入門し、福ノ島の四股名で東幕下27枚目まで昇進したが、部屋の後継問題によって76年9月に廃業を余儀なくされた。

その約1年後の77年7月に全日本に入門。相撲廃業後のブランクがあっても18歳の若さと天性の身体能力は大きな魅力で、将来のメインイベンター候補としてテキサス州アマリロのドリー・ファンク・ジュニアに預けられて鶴田、天龍と同等のエリート待遇を受けた。80年7月に凱旋したフィフィタは、プリンス・トンガのリングネームで売り出され、同年のプロレス大賞の努力賞を受賞。期待どおりの成長を見せたが、84年6月にドリーの要請で拠点をアメリカに移し、キング・ハクとしてWWFで成功したのである。

この『日米レスリング・サミット』の時に取材をしてみたら、6年近くも日本を離れていたにもかかわらず、日本語がペラペラで先輩たちには敬語で接する姿に驚かされたが、それは上下関係の厳しい相撲社会に2年間身を置き、最初に覚えた外国語が英語ではなく、日本語だったからだという。

さて、試合のほうはイメチェンしたマーテルとヘニングのゴング前の奇襲から始まった。マーテルは〝ザ・モデル〟として、ヘニングは〝ミスター・パーフェクト〟として、WWFではヒールに転向していたのである。

マーテル&ヘニング攻勢の中、ハクは徹底的に相手の攻撃を受けまくり、鶴田につなぐという日本流のファイト。「褐色のミサイル！」と称されたドロップキックを炸裂させた以外は鶴田を徹底的に立てた。

心得ている鶴田はマーテルをショルダースルーで宙高く飛ばし、ふたりを豪快なボディスラムで叩きつけるという東京ドームにふさわしい大きなファイト。最後はマーテルをバックドロップで沈めて、84年5月13日に、ミネソタ州セントポールでＡＷＡ世界王座を奪われたリベンジを果たした。

「僕はプロレス小僧ではなくて、レスリングを始めたのもプロレスラーを目指したわけじゃないけど、おじいちゃんがプロレス好きだったから、僕も普通にテレビで観てました。それで先輩の馳（浩）さんの関係で専修大学レスリング部にチケットが回ってきて、『日米レスリング・サミット』を観に行きましたよ。鶴田さんがリック・マーテルに勝った時、鶴田さんのバックドロップがオーロラ・ビジョンにいろんな角度から映し出されたんですよ。その綺麗さを見て鳥肌立ったのを憶えてますよ」と思い出を語るのは秋山準だ。

だが、この『日米レスリング・サミット』でベストバウトの評価を受けたのは天龍VSサベージだった。日本スタイルの天龍とショーマンシップの権化のようなサベージでは「水と油」と言われたが、見事にスイングしたのである。

「源ちゃんはサベージに全然見劣りしなかったよな。あの試合は予想以上のものだったよね。別に派手なスープレックスをやったわけでもなんでもないけど、攻防の妙で沸かせて、フィニッシュ（パワーボム）がボンと決まって、客がドッと来るという。源ちゃんはずいぶんとレスラーとしての株を上げたよね。ジャンボのタッグマッチは……ジャンボは恐ろしいと思ったよ。底力があるよ。無難に、綺麗にこなして、いくらでもできるからね。だからジャンボにとってはちょっと物足りない試合だったんじゃないかな」（佐藤）

実際、鶴田には物足りなかったようで、「別にジェラシーじゃないけど〝今は天龍だよなあ〟って鶴田さんが言ったのが『日米レスリング・サミット』の時。ランディ・サベージとの試合で天龍さんが最大級の評価を得た時だよね」と渕は言う。

鶴龍対決の終焉……90年4月19日の横浜文化体育館

さて、90年に入ってからたびたびマスコミで取り沙汰されたのが天龍同盟の解散、あるいは再編成である。前述のように、天龍革命当初の目標はすでに達成していたし、2年半が経過して天龍と川田＆冬木の3人だけでは行き詰まり感は否めなかった。

天龍も「たぶん、冬木も川田も疲れたんだと思うよ。それに対して俺は〝ありがとう〟

って気持ちだし、あいつらの身体の痛みとか、いろんなことがわかっているから、正規軍に行って気持ちが新たに奮い起こせるなら、なんら俺に遠慮することはない。ただし俺とジャンボの戦いは、人生観もプロレス観も違うんだから、マンネリは絶対にないよ」と、鶴龍対決の継続を宣言しながらも、川田と冬木が正規軍に戻ることは否定しなかった。

　また、全日本内にも「もう天龍同盟は役目を終えたのではないか」というムードが漂っていたのも事実だ。1月シリーズから天龍同盟との戦いの矢面に立ったのがマイティ井上、ラッシャー木村、高木功といったメンバーだったことを考えても、正規軍と天龍同盟の抗争は難しい時期に入っていたと言わざるを得ない。

　そしてひとつの事件が起こる。

　3月6日の日本武道館における、天龍&ハンセンの龍艦砲とゴディ&ウイリアムスの世界タッグ戦で、天龍がウイリアムスのインディアン・デスロックに屈して龍艦砲が王座転落。すると、天龍のギブアップ負けに激怒したハンセンが、ブルロープを天龍の右足首に巻きつけて殴打。そこに鶴田が天龍救出にリングに躍り込んだのだ。

　思わぬ展開に騒然となる日本武道館。ムクッと起き上がった天龍はブルロープを手にすると、なぜか助けてくれた鶴田を蹴散らし、返す刀でハンセンにも一撃を加えて収拾がつかない状況になってしまった。

普通に考えるなら、鶴田と天龍が電撃握手という感動的なシーンになるところだが、天龍は同盟の解散から鶴龍合体で新展開へという、〝見えざる意思〟にNOを叩きつけたとしか見えなかった。

「う〜ん……ジャンボを追い返したのはアドリブじゃないかな。あの辺から天龍さんはもう全日本を離れたかったんじゃないの？ 天龍さん自体に何かがあったんだよね。そこにメガネスーパーが入ってきたんだろうな」と語るのは和田である。

この大会直後の契約更改で提示された待遇は、天龍にとって満足のいくものではなく、「一生懸命やってきた冬木、川田のギャラも、俺に一生懸命向かってきてくれた中堅の選手たちのギャラも上げてやることができなかった」とこぼしていたものだ。

そして3月24日から開幕した『チャンピオン・カーニバル』の巡業中に、相撲の同期でもある桜田一男（ケンドー・ナガサキ）を通じて、メガネスーパーが設立する新団体（SWS）に勧誘されたのである。

そうした混沌の中で、天龍はシリーズ第12戦の高知・十和村十川こいのぼり運動公園特設リング大会で天龍同盟を解散した。

その翌日から冬木と川田は移動バス、宿泊ホテル、控室すべてが正規軍サイドになり、天龍と行動を共にするのは付き人の折原昌夫(まさお)だけになった。

4月19日の横浜文化体育館における、鶴龍対決第7章を3日後に控えた16日の大阪府立体育会館の控室。折原は雑用で部屋を出ていて、私と天龍のふたりだけだった。そこで私はとんでもないことを打ち明けられた。

「ジャンボに負けたら……辞めるよ」

「えっ!? 辞めるって……引退するっていうことですか?」

「いや、俺に引退はないよ。あるのは廃業。業を捨てるのが廃業だからね。……これ、内緒だぞ」

冗談とも本気ともつかない感じだったが、天龍は大事なことを素っ気なくサラッと言う人だということは取材を通じて理解していたから、心に引っ掛かった。

迎えた4月19日の横浜文化体育館は大盛況となった。前売りチケットは完売になり、当日券はわずかに70枚。チケットを買えずに帰ったファンもいた。主催者発表は超満員4900人——同所の観客動員数新記録である。

鶴龍対決第7章は、試合前からハプニングに見舞われた。入場してくる天龍をハンセンが襲撃し、ターンバックルにブルロープで括り付けると串刺しラリアット！　マイクを持ったハンセンは「第1コンテンダーは俺だ！　ジャンボ、俺と戦え！」とアピールした。

こうした状況に、鶴田はテーマ曲を待たずにリングに躍り込むとベルトを振り回してハンセンを撃退。コーナーでうずくまっている天龍を覗き込んで気遣う。またまた、鶴龍接近を暗示するような場面である。

ここで天龍はおもむろに左の張り手をバッチーン！　怒った鶴田が殴り掛かったところで試合開始のゴングが打ち鳴らされた。

パンチ、キックで天龍を追い込んだ鶴田は、ロープに振ってジャンピング・ニー。天龍は倒れずにロープに走ってラリアット、これをブロックした鶴田がバックに回ってバックドロップを放ったが、天龍は身体を浴びせて潰すと、延髄斬りから試合開始2分を待たずしてパワーボム！　いきなり試合のクライマックスのような展開になった。

ここからはエルボーバットの連打で盛り返した鶴田が攻めまくる。

ドロップキック、顔面や首筋にストンピング、ジャンピング・ニー、セカンドロープからのニードロップ、コーナー最上段からのダイビング・ニーパット、天龍が場外にゴロゴロとエスケープすればエプロンから場外の天龍にニードロップを投下だ。

再びダイビング・ニーを狙ってコーナー最上段に上がった鶴田を、天龍が延髄斬りで叩き落として反撃に移ったのは実に10分すぎ。

ここからは高度な読み合いと大技の勝負になる。フライング・ボディシザースにきた鶴田の首をロープに打ちつけた天龍はジャックナイフのエビ固め、それをさらに半回転させてフォールに入る鶴田。カウント2で返された鶴田はすぐさまラリアットを放つが、これをかわした天龍はバックに回ってフルネルソンに取ると、そのまま後方に回転してオースイ・スープレックス。今までにない丁々発止（ちょうちょうはっし）の攻防が生まれた。

こうした読み合いの中でフィニッシュは突如やってきた。

鶴田のバックドロップをカウント2で跳ね返した天龍は、続く鶴田のネックブリーカー狙いを逆さ押さえ込みに切り返してカウント2まで追い込んだが、サッと立ち上がった鶴田は2度目のバックドロップ……それもブリッジを利かせてのバックドロップ固めだ！12分32秒、ピンフォールによる完全決着。敗れた天龍は花道を下がる途中、一度だけチラッと振り返って鶴田を見た。

天龍敗戦……私は「ジャンボに負けたら辞める」という言葉を聞いていただけに複雑な想いだった。「内緒だぞ」とも言われたが、取材記者として看過することなどできないのだ。

▲最後の鶴龍対決のフィニッシュはバックドロップ・ホールドだった

結果、4月25日発売の週刊ゴング306号の表紙には『横浜決戦3日前、天龍が本誌記者に激白——「ジャンボに負けたら俺は辞める！」そして天龍は敗れた…』という見出しが躍った。

天龍が鶴龍対決に見切りをつけた理由

翌26日夕方、週刊ゴング編集部に、馬場元子夫人から清水勉編集長を名指しして電話がかかってきた。記事に対するクレームかと思いきや、そうではなかった。

元子夫人から代わった馬場は清水編集長に、「もう知ってると思うけど、天龍がメガネスーパーに行くことになったから。天龍とは今日を含め、何度か話し合いを持ったけど、すべて綺麗な話ができたと思うし、将来は天龍のところとウチで対抗戦が行われることもあり得る。円満退社という形なんで、くれぐれも変な記事は書かんでくれよ」と言った。

馬場はゴング——私が天龍とメガネスーパーの関係を知っていて記事にしたと思っていたから、「もう知っていると思うけど」と言ったのだろうが、私にとっては青天の霹靂だった。本当に何も知らなかったからだ。

なぜ天龍は鶴龍対決、全日本に見切りをつけてメガネスーパーに新天地を求めたのだろうか？

「あの日は入りきれないお客さんもいたって聞いたから、レフェリーの京平が〝天龍さん、調子はどうですか？〟って控室に来た時に、〝今日もガンガンいって、それこそイスや机でカチ食らわしてでもジャンボをやっつけてやるよ！〟って言ったんだよ。その後、京平はジャンボの控室にも調子を聞きに行って、俺の言葉を伝えたらしいんだよね。で、また俺の控室に来た京平に〝ジャンボはイスを使ったりとかは一切ノーだから。そんなのには付き合っていられないという感じのことを言ってましたよ〟って言われて、闘志が萎(しぼ)んじゃったんだよね。それに天龍同盟を解散して、今後のことを馬場さんと話した時に、馬場さんに事もなげに〝また正規軍に戻ってジャンボ、天龍で組んでやればいいじゃないか〟って言われたんだよ。そんな話があったあとに横浜でジャンボに負けて……改めて考えると〝それはできないな！〟と思ったね。今まで〝ジャンボをやっつけろ！〟って一生懸命に応援してくれていた人がいるのに、あの状況で組んだとしたら絶対に〝天龍&ジャンボ〟じゃなくて〝ジャンボ&天龍〟になるからね」というのは最近になって聞いた天龍の言葉である。

横浜の試合前の状況は和田もよく憶えていた。

「ジャンボに〝天龍さんは流血戦も辞さないぐらいに気合が入ってますよ〟って言ったら〝流血戦になるようなことには付き合えないから〟って言ったんだよね。あの時に〝肝炎だから、流血戦になるようなことは絶対に駄目だ〟っていう言い方をしてくれればよかったんだけど、当時、俺はもちろん天龍さんもジャンボが肝炎のキャリアだとは知らないから、〝源ちゃんにテイク・イット・イージーって言っといて〟っていうジャンボの言葉に天龍さんは〝やってらんねぇ！〟ってなっちゃったんですよ。ジャンボが亡くなったあと、天龍さんは〝京平ちゃん、あの時、ジャンボがひとことでも言ってくれればよかったんだよな。（全日本を退団したのは）あれがきっかけなんだよ〟って言ってましたよ」

天龍もこう打ち明ける。

「当時、すでにジャンボはB型肝炎のキャリアだったけど、それはジャンボ本人以外には馬場さんしか知らなかったんだよね。よくよく聞いたらジャンボは〝流血戦になるようなことには付き合えないから〟って言ったらしいんだよね。でも京平が〝流血戦〟を省いて〝そういうことには付き合えない。やめてくれ〟っていう言い方をしたから、俺は水をぶっかけられたような気持ちになっちゃったんだよ。たぶん、ジャンボには〝流血戦にエスカレートして血を出して、天龍に感染させちゃいけない〟っていう気持ちがあったんだと思うけど、俺はそんなこと全然知らないから、そこでふたりの間に気持ちの乖離があったよ。もしジャンボが〝源ちゃん、俺は肝炎で、いらんことしたら感染する危険性があるから〟って伝えてくれれば、俺も違うプロレスのやり方があったんだけど、あの頃の全日本は鶴田VS天龍が売りだったから、〝前回より内容を落としたくない〟っていう俺のレスラーとしてのプライドがあった。俺とジャンボが戦えば、そこそこのアベレージになるけど、それじゃ嫌なんだよね。そこに何かがないと。それだけにジャンボの反応に失望しちゃったんだよね。だから試合終わったあとに投げやりな気持ちになって、カブキさんを誘って飲みに行って〝俺はもう辞めますよ！〟って」

こうして馬場が、「これ以上はない！」と太鼓判を押した全日本の至高のプロレスは幕を閉じた。両雄の対戦成績は鶴田の4勝3敗、天龍革命勃発以前の2試合を加えると鶴田の4勝3敗2引き分けに終わった。

天龍は今、鶴龍対決を振り返ってこう言う。

「鶴龍対決は俺にプロレスの楽しさを教えてくれたよ。それと〝一生懸命やっていたら、誰かが見ていてくれる〟っていう天龍源一郎の存在感を生んでくれたよ。今思うとね、ボロボロにされたっていう印象だね。〝こんなにボロボロにされたのはジャンボ鶴田と真っ向から戦ったからだ〟という誇りもあるけどね。長州との戦いとはまた違うんだよ。破壊力と、プロレスのスタイルが違った。長州は一応、テクニックで攻めるプロレスだけど、ジャンボはぶっ壊しにくるプロレスだったからね。本当に俺をぶっ潰そうという気概で攻めてきてくれたよ。その後の三沢たちとの試合も凄かったけどね。俺は、あれを耐え切れたから、60すぎになって若いあんちゃんと試合をやっても、〝ジャンボとやった俺がこんなあんちゃんに！〟っていうのがやめるまでずっとありましたよ。いいプロレスの基礎と、いい思い出をジャンボによって与えられましたよ」

懐古ではなく、鶴龍対決は今でも最高のプロレスだと私は思っている。

１９６㎝、１２７kgの鶴田と、１８９㎝、１２０kgの天龍の激突は、スタートのバシッというタイアップ（全日本の選手は「ロックアップ」ではなく「タイアップ」と言っていた）だけで迫力があったし、両者の気迫が伝わってきた。

そして試合の中でいい加減な技、流す技はひとつもなかった。まさに心技体の勝負だった。読者の方々には、ぜひ当時の映像を見直していただきたいと思う。

第10章 完全無欠の最強王者

天龍の離脱と鶴田の疑念

1990年4月19日の横浜文化体育館におけるジャンボ鶴田VS天龍源一郎の三冠ヘビー級選手権を境に、全日本プロレスは激動を迎える。

鶴田に敗れた天龍は全日本退団を決意。激闘から4日後の23日月曜日に京王プラザホテルで辞意を伝えたが、「ここでは結論が出せないから、一度会社に持ち帰ってから返事をする」とジャイアント馬場は即答を避けた。

その後、日航ホテルでの話し合いを経て、26日にキャピトル東急ホテル（現ザ・キャピトルホテル東急）で最後の話し合いが持たれ、天龍の退団が決まった。天龍は馬場との最後の話し合いに先駆けて25日にメガネスーパーの田中八郎社長に会い、メガネスーパーが設立する新団体（＝ＳＷＳ）に参加することを決めていたのだ。

そして第9章に書いたとおり、26日夕方に馬場は「将来は天龍のところとウチで対抗戦が行われることもあり得る。円満退社という形なんで、くれぐれも変な記事は書かんでくれよ」とマスコミ各社に連絡を入れたのだった。

天龍の退団は、全日本の戦力的にはもちろんだが、馬場にとっては信頼していた人間が去るというショックも大きかった。

馬場が全日本で最も信頼していたのは天龍だった。天龍革命を認めたのも、根底に信頼感があったからだし、新日本の東京ドーム大会への選手派遣などの重要案件は天龍に相談していたのである。

「社長から会長に棚上げされたり、右肩下がりになった馬場さんが、たまたま開襟してくれた時に俺がちょろちょろっと寄っていったところだったからタイミングがよかったのかな。そうなったのは80年代半ばくらいからだね。馬場さんはみんなを寄せ付けない空気を持っていたけど、人恋しいところで俺がちょうどよかったのかもしれないね。まあ、馬場さんとはウマが合ったというのが正直なところよ。シリーズが終わって事務所でファイトマネーをもらったあとにキャピトル東急に行くと〝まあ、座れよ〟って、ポツンポツンといろんな話をしてくれて、俺も私利私欲なしに〝こうしたらいいんじゃないですか？〟って、会社のことを話すようになったんだよ」と天龍。

天龍を引き留めようとする中で、馬場は「お前を社長にするから」と言い、天龍は「それじゃあ、ジャンボの立場はどうなるんですか？」と言ったというが、馬場の腹心(ふくしん)の和田京平はこう証言する。

「俺も次の全日本プロレスの社長は天龍源一郎だったと思うね。馬場さんは〝天龍ぐらい考えてくれりゃあなあ。今のジャンボには全日本を任せられんもんな。やっぱりこれだけ考えてくれる天龍のほうが可愛くなるよなあ〟って、よく言ってたからね。〝ジャンボは俺の言うことばっかり聞いたからなあ。俺が余計なことを言わなきゃよかったかなあ〟と後悔していたのもたしかですよ。馬場さんは、こういうレスラーになっては駄目だってことを叩き込んで、〝金は貯めろよ〟〝酒を飲みすぎるな〟とかっていうのをジャンボに教えたんだけど、〝もっとプロレスのことを教えりゃよかったなあ〟って」

5月1日、天龍は役員としての退職届を提出するために全日本の事務所を訪れた。これを受けて翌2日に馬場が記者会見を開いて、「天龍が残念ながら全日本プロレスを退社しました。昨日、辞表を持ってきたので、次期シリーズに出場できなくなったことをファンの皆様にお詫びすると同時に、ここに正式発表いたします」と、天龍の退団を公式に発表した。会見では「まあ、引き留めたけど、俺の力が足りなくて、こういうことになった。（天龍は）正直に気持ちを話してくれたし、今までの出て行った人たちの〝夢がない〟とか、そういう捨て台詞もなかったし、契約等は弁護士同士でケリをつけるということだから、俺もああだ、こうだと言わない」と、天龍を非難する言葉は一切なかった。

馬場は円満退社を強調したが、ライバルに去られた鶴田の言葉は厳しかった。

「仲間としては、いい気持ちはしないですよ。やっぱり〝俺ぐらいには少しでも言っててくれても……〟って思いますからね。俺の気持ちとしては、今後どうなろうとも2度と天龍と戦うことはないし、彼とは人生観、価値観が交わることはないってことですよ。まあ、仲間だから温かく見守りたいけど……今は裏切られたという気持ちのほうが強いよ」と苦々しい表情で語り、馬場が円満退社を強調することに対して「馬場さんは裏でメガネスーパーと話ができているの？」という疑念を私にぶつけてきた。

だが、それから何日かして「源ちゃんから電話がかかってきたよ」と穏やかな笑顔を見せたから、経緯を説明されて納得できるものがあったのだろう。

天龍退団後、初めての大会となった5月14日の東京体育館。第4試合終了後に馬場以下の全日本所属全選手がリングに上がった。

「マット界は今、いろんなことが起こり、大変な時期ですが……最終的に決断、判断するのはファンです。僕と全日本プロレスはファンの皆様を信頼しています。これからのマット界は人間の信頼、信用でやっていくものだと思います。それはファンもレスラーも一緒です。全日本プロレスは、信用と信頼を背負って一生懸命やっていきます」

マイクを手に、そう挨拶したのは馬場ではなく鶴田だった。馬場は再出発にあたって「全日本のエースは鶴田である」と、満天下に示したのである。

マスクを脱いだ三沢光晴が決起！

天龍を欠いた東京体育館は、沈滞ムードに支配された。客席から「馬場さん、なんとかしてくれー！」という声も上がった。

メインイベントでは、馬場と鶴田の師弟コンビが久々に実現。テリー・ゴディ&スティーブ・ウイリアムスの〝殺人魚雷コンビ〟と激突したが、ゴディにコーナーに飛ばされた馬場がバランスを崩して背中から変な角度でコーナーマットに激突。するとズルズルと崩れ落ち、そのまま座り込むというアクシデントが起きた。

最後は足腰が立たない状態の馬場がゴディに強引に引きずり起こされ、ラリアットに轟沈させられた。それはまるで全日本の多難な未来を暗示するような結末だった。

そうした中で唯一の光明は、セミ前のタッグマッチで、川田利明と組んで谷津嘉章&サムソン冬木と対戦したタイガーマスクが、試合の途中で自らマスクを脱ぎ捨てて、三沢光晴だということを明かしてトップ獲りを宣言したことだ。

「左膝の手術で休んだ時にタイガーマスクのキャラでやるには限界かなと思ったし、〝無理して飛ばないでください〟っていうファンレターも多くて、もうタイガーマスクにこだわらなくてもいいかなと思ったんだよ。やっぱり〝いつかは三沢光晴で！〟っていうのもあったしね。天龍さんが抜けたから？　〝チャンスだ！〟とは思わないけど、やる気を起こさせてくれたよね。天龍さんもマスクを脱ぐことを勧めてくれていたしね。これはレスラーとしての三沢光晴への責任感。タイガーマスクにいつまでもおんぶされていては先がないからね」とは、当時の三沢の言葉だ。

三沢がマスクを脱ぐことはあらかじめ用意されていた演出ではない。

この日、ゲスト解説者として放送席に座っていたザ・グレート・カブキは、「三沢がまさかあそこでマスク脱ぐとは思わなかったよ。もう脱いだほうが楽じゃないかなとは思っていたけどね。彼がそこまで決意を固めていたとは思わなかったね。そういうのを表に出さない人間だから」と言う。

「あの日の唯一の救いは三沢がタイガーのマスクを脱いで、素顔になって全日本のトップを獲るという意思表示したことだったね。結婚式の時（88年5月10日）に、初めてマスクを脱いで正体を明らかにしてワイドショーの取材を受けたりしたでしょ。そうしたら〝三沢ってけっこう、いい男じゃないか〟っていう声をけっこう聞いたんだよね。それは馬場さんも耳にしていて、〝いつかは脱ぐのに最高の場を作ってやらないと駄目だな〟って言っていたんだよ。あの東京体育館では本人の意思で脱いじゃったけど、三沢にしてみれば、あれが最高の場面だったんだろうね。自らの意思で最高の場をチョイスしたってことだと思うな」と語るのは、90年代の鶴田軍VS超世代軍、四天王プロレス時代の全日本の現場責任者として手腕を振るった渕正信だ。

三沢がマスクを脱いだのが突発的なものだったことは、同月25日の愛知県体育館におけるシリーズ第9戦まで、タイガーマスクのタイツとシューズのままで試合をしていたことでもわかる。素顔用のコスチュームを注文していなかったのである。

素顔になった三沢は、コスチュームもテーマ曲も、もちろんファイト・スタイルもすべて自分自身で決めた。5月26日の後楽園ホールに届いたコスチュームはグリーンにシルバーが入ったロングタイツにシルバーのシューズ。初期にはグリーンだけでなくブルーやレッドのロングタイツも履いた。そして入場曲がジャッキー・チェンの映画『スパルタンX』

の主題歌になったのも三沢の選曲によるものだ。

「すべてを捨てて、ゼロになってトップを狙う」と、虎のマスクだけでなく、小橋健太（現・建太）と保持していたアジア・タッグ王座を、5月17日の広島県立体育館でデイビーボーイ・スミス&ジョニー・スミス相手に防衛した上で返上。そして、天龍というライバルが去って孤高のエースになった鶴田に照準を絞った。

全日本の風向きを変えた三沢のエルボー

鶴龍対決に代わる新しい何かを打ち出さなければ未来がない全日本は、この三沢に懸けるしかなかった。

「あの東京体育館の晩に三沢、小橋なんかと話をしたんだよ。マスクを脱いで若い力が鶴田さんに向かっていくという意欲を見せたのはいいんだけど、いくらマスクを脱いでも、あの時点の三沢には強いっていうイメージはないわけよ。それでどんな試合をやれば鶴龍対決とは違ったものを打ち出せるのかっていう話になって、俺が彼らに言ったのは〝スピード感、意外性……もう、若さを全面に出すしかない。それを鶴田さんや俺にぶつけて来い。全部受け止めるし、こっちも容赦なく行くから。とにかく鶴田さんを怒らせろ、本気にさせろ。今のままだったら天龍さんの迫力には勝てないから〟と。三沢は、天龍さんと比べたら身体の大きさも違うし、パワーも違うけど、受け身が巧い。それを生かすには鶴田さんが壁になってガンガンやってもらうしかないっていう感じだったね。鶴田さんを落とさずに三沢を上げるというのが大きな課題だった」（渕）

シリーズのマッチメークは、アジア・タッグ返上後から鶴田を中心とするベテランと三沢を中心とする若い世代の激突になり、5・21南国市立市民体育館、5・23福山市体育館、5・25愛知県体育館で、鶴田&カブキ&冬木VS三沢&川田&田上明の6人タッグが組まれた。三沢たちが勝ったのは、5・21南国大会で三沢が冬木をジャーマン・スープレックスでフォールした1試合のみ。まだまだ先輩たちとの力の差は埋め難かった。

ファンにしても、三沢が素顔になったことは歓迎したが、これまで天龍と激闘を繰り広げてきた鶴田のライバルとしては認めがたく、5・26後楽園ホールで6月8日の日本武道館におけるメインが鶴田VS三沢と発表された時も、観客の反応は思ったよりも薄かった。

しかし三沢はこの夜、ファンの見る目を変えさせた。

カードは鶴田&カブキ&渕VS三沢&田上&小橋。天龍の退団後、初めての聖地・後楽園ホールでの興行だけに、渕は現場責任者として三沢に「今までのものを全部変えて思いっきり来てくれ」と伝えたという。

その〝今までにないもの〟は試合開始7分、コーナーに待機していた鶴田の左側頭部に見舞った〝右のエルボーバット〟だった。

不意をつかれた鶴田は場外に吹っ飛んで、しばらく戦闘不能状態に。息を吹き返すと、試合の流れを無視してリングに躍り込んで三沢に殴り掛かり、応戦した三沢が馬乗りになってエルボーを乱打したから場内は騒然となった。

三沢と鶴田のエキサイト度は、両軍の選手が慌てて割って入るほどの熱さ。試合後も鶴田は「この借りは日本武道館で返す。死に物狂いで来い……ぶっ潰してやる！　横綱相撲を取ってやる」と凄い剣幕だった。

「鶴田を本気で怒らせた三沢はひょっとしたら……」という期待をファンに抱かせるほど衝撃的だった三沢のエルボーバット。この一撃で全日本の風向きは変わったのである。

「ぶっちゃけ言えば、偶然だよね。でも肘はとりあえず、残された一番怪我をしてない場所だったからさあ。それに大きい相手だと持ち上げる技はスタミナを消耗するし、有効なものってなると、やっぱり打撃系になるじゃん。でも蹴り系だと、どうしてもモーション、

動作が大きくなっちゃうからね。そうすると残っているのは肘だよね」（三沢）

馬場は脳天チョップ、天龍は逆水平チョップ、鶴田はジャンピング・ニーパットと、全日本のトップにはいずれも代表的な打撃技があった。三沢もまた、全日本のトップにふさわしい打撃技を手に入れたのだ。

三沢にとって鶴田の存在とは？

鶴田をエルボーバット一発で昏倒させた三沢は、「俺を甘く見るから、ああいうことになるんだよ。鶴田さんは怒らせないと勝機が見えてこない。リングの上では親の仇のつもりで行く。いつまでも〝お山の大将〟でいたら危ないよ」と、厳しい言葉を発したが、三沢にとって鶴田は初めて付き人を務めた師匠的な存在だった。

三沢が鶴田と初めて会ったのは、足利工業大学附属高等学校（現・足利大学附属高等学校）2年生の時の79年。当時の三沢はプロレスラーを目指してレスリング部に所属していたが、一日でも早くプロになりたくて寮を抜け出し、当時は東京・六本木にあった全日本プロレスの事務所を訪ねて入門を直訴。その時に事務所にいたのが馬場元子夫人、百田義浩、鶴田の3人だった。

「とりあえず高校だけは卒業してから来なさい。僕は大学を出てからプロレスに入ったけど、遅かったと思ったことは一度もないよ」

鶴田にそう諭された三沢は高校に戻ってレスリングを続け、3年生の時には県高校総体フリースタイル75kg級2位、関東大会同級2位、全国高校総体団体3位、10月の栃木国体では減量に苦しまなくていい階級のフリースタイル87kg級で優勝を果たした。

五輪代表候補として注目された三沢は、4つの大学と自衛隊体育学校から勧誘された。特に熱心だった自衛隊体育学校からは鶴田に「三沢を全日本プロレスに入れないでくれ」という電話も入ったというが、鶴田は「いや、全日本に来てくれてOKだから」と拒否した。

三沢は鶴田に言われたように卒業が決まってから全日本に改めて履歴書を送り、81年3月27日の後楽園ホールに呼ばれると、ジャイアント馬場の面接を受けて正式に全日本プロレス入門を許された。

当時、全日本には付き人制度がなく、馬場に越中詩郎が付いていただけだったが、デビューしてすぐの82年、カブキが「ジャンボと天龍は世間的に注目を集めているし、トップの選手が荷物持って歩いているのはカッコ悪いから付き人制度を復活させましょうよ」と馬場に進言。デビューしたばかりの三沢は、同じレスリング出身ということもあって鶴田の最初の付き人になった。

「付いていたのは、メキシコに修行に行くまえまでだから1年から1年半ぐらいだね。鶴田さんは自分から飲みに行くってことをしない人だったから、やることと言えば洗濯ぐらいでね。接待とかあれば付いていったけど、飲み終われば〝じゃあ、帰ります〟って人だったから。ただほら、プライベートの鶴田友美という部分をあまり人に見せなかったから。俺にぐらいだったんじゃないかな、そういうのを見せたのは。あの人でも機嫌の悪い日があって、そうなると全然しゃべらなくなるからね。意外とキレると怖い人だし。でも、怒っているのを持続できない（笑）。それと鶴田さんのジョークはあんまり面白くなかったよ（笑）。俺にとっては兄貴のような、それでいて師匠のような存在。俺にとっては最初で最後の付いた人だからね。オフに美味しいものを食べさせてもらったり、そういう意味では夢を見させてもらったよね。〝レスラーをやっていれば、こういう店にも来れるんだ〟って、やっぱり俺に目を掛けてくれていたし、特別視してくれたと思うよね」（三沢）

しかし付き人時代から8年の時を経て、三沢は時代の要請によって〝全日本の未来〟となり、大エースの鶴田を打倒することを決意したのである。

タイガーマスク時代から変わらない三沢の想い

三沢にとって鶴田との一騎打ちはこれが2回目。88年3月9日、横浜文化体育館においてタイガーマスクとして『猛虎七番勝負』最終戦でアタックして以来だ。

当時、正規軍でありながら、この時も鶴田に突っ掛かった。決戦6日前の3月3日、南足柄(みなみあしがら)市総合体育館で鶴田とタイガーマスクは谷津嘉章とトリオを組み、ハンセン&ゴディ&ジェリー・オーツに勝利したが、試合後に勝ち鬨(どき)を上げようとする鶴田の手を拒絶してバシッと払いのけ、さらに鶴田の胸を両手で突き飛ばしたのだ。

きびすを返してリングを降りたタイガーマスクは、控室にも戻らずに追いかけて来た記者たちに、「別に鶴田さんと喧嘩するつもりはないよ。でも、今度の鶴田さんとの試合に俺はすべてを懸けているからさ。天龍さんみたいにガンガン来る人ならいいけど、あの人はスロースターターだからね。自分自身を燃やすため、鶴田さんを本気にさせるための行動だよ」と言い残してサッサとバスに乗り込んでしまった。

素顔になってVS鶴田の姿勢を鮮明にした時に、「天龍さんは先輩として信頼を置けるし、プロレスに対する真剣な姿勢が好きだった。それが鶴田さんにはなかったよね。鶴田さんは突っつかないとマンネリ化するしさ。でも、俺は天龍さんになれないし、なろうとも思わない。俺は俺にしかできないことをやる。ありのままの三沢光晴を見せるだけだよ」と厳しい言葉を吐いたが、マスクを被っている時から同じ気持ちを秘めていたのである。

振り返れば、三沢は正規軍でありながらプライベートでは天龍と仲が良く、公私共に影響を受けていた。

だからこそ、天龍が全日本を退団してメガネスーパーに走って大バッシングが起こった時も、三沢は世論に流されることはなかった。

鶴田をエルボーバット一撃で戦闘不能に追い込んだ5月26日の後楽園ホールでは、試合開始前の午後5時から『三沢宣言』と題して、タイガーマスクから素顔に戻った心情をファンに直接伝えるシンポジウムが行われた。

天龍に関する質問に、「僕自身は天龍さんに裏切られたという気持ちは全然ないですね。天龍さんは悩んだ末に決めたんだろうし、周りの人がとやかく言っても始まらないですから。反対に僕は、これからも頑張ってほしいという気持ちが強いですね」と毅然と答える姿が印象的だった。

なお、88年3・9横浜の鶴田VSタイガーマスクは、「鶴田に勝ったら、マスクを脱いで天龍同盟入りか⁉」と話題になったが、馬場が「今のお前がそれをやるのは違う。3月9日にはタイガーマスクとしてクリーンな試合をするように」と厳命したために、握手で始まり握手で終わるという爽やかな同門対決的な試合になった。

タイガーマスクはダイビング・ヘッドアタック、リープフロッグからのドロップキックを織り交ぜながら、8分すぎまでヘッドロックを主体に鶴田をコントロールしようとしたが、鶴田はバックドロップで振り切ると、ジャンピング・パイルドライバー、ダブルアーム・スープレックスの大技で反撃を開始する。

その後はタイガーマスクのスピンキック、ダイビング・タイガードロップ（スワンダイブ式のトペ・コン・ヒーロ）、ミサイルキック、ジャーマン・スープレックスなどを受け切って、持ち味を出させた上で最後はバックドロップ。タイガーマスク時代の三沢は、鶴田の手のひらの上で試合をさせてもらったという印象だった。

しかし、それから2年3か月、素顔となった三沢はキャラクターではないナマの感情を鶴田にぶつける時を迎えたのだ。

鶴田も涙した90年6・8日本武道館

いよいよ全日本の命運を握る日本武道館決戦。鶴田を取り巻く状況は複雑だった。その3日前の6月5日、千葉公園体育館でゴディのDDTに敗れて三冠王座から転落、丸腰で三沢戦を迎えたからだ。しかも超満員1万4800人で膨れ上がった日本武道館には〝新時代のヒーロー誕生!〟への期待感が充満しているのである。

もちろん、鶴龍対決の面影(おもかげ)を求めて「強い鶴田でいてほしい!」というファンの声援も飛んでいたが、圧倒的に三沢コールが多い。

テレビ解説の馬場は「力の差はずいぶんあると思うんですがね、三沢がどうやってそれをカバーしてやっていくのか」と実力差を強調し、鶴田について聞かれると「やっぱり三沢には〝頑張ってもらわなきゃいけない〟というみんなの期待がありますからね、ジャンボはやりにくいとは思うんですけどね」とコメントしている。

そこには「三沢に頑張ってもらいたいけれども、格を度外視したカードでジャンボのプライドを傷つけている」という馬場の苦悩が感じられた。

試合は27歳の三沢がスピードと空間を利用したファイトで、鶴田の意表をつく形で必死に対抗した。天龍とは体格もスタイルも全然違うため、鶴龍対決のイメージをまったく引きずらないのがよかったかもしれない。

鶴田は随所で強さを誇示した。ボディスラムは力いっぱい叩きつけ、ジャンピング・ニーパットは正面から顎を撃ち抜いた。

だが、試合を進めながら鶴田の胸中は複雑だったに違いない。鶴田は三沢に対する周囲の期待をもちろんわかっている。だからといって、ここで簡単に三沢に譲るわけにはいかない。恐らく気持ちは振り子のように揺れていただろう。

試合を振り返ってみると、鶴田の攻めは「お前は全日本の未来を託すにふさわしい男なのか？」と問いかけるようなシビアさなのだ。それに対して三沢は逃げることなく真っ向から耐え、自分なりの技で返している。

フィニッシュは、三沢のバックドロップを鶴田が身体を浴びせて潰したが、さらに三沢が身体を半転させて上になってのフォール勝ち。このフィニッシュの直前にはドロップキックをかわされた鶴田が股間をトップロープに打ちつけるというアクシデントもあった。

それは遡（さかのぼ）ること20年前の70年5月29日、日大講堂における『第12回ワールド・リーグ戦』

決勝戦の3本目に、馬場がドン・レオ・ジョナサンのドロップキックをかわして、ジョナサンがトップロープで股間を強打。すかさず馬場が32文ロケット砲で勝利したフィニッシュを彷彿とさせるものだった。

私には、鶴田は返そうと思えば返せたのに、敢えて返さなかったようにも見えた。自分の強さをきっちり見せつければ、勝敗は三沢に譲ってもいいと折り合いをつけたのではないかと思ったのが正直なところだ。

危機的状況に陥り、なんとか盛り返そうと模索している全日本という現実の中で、熱い三沢コールを聞けば、忖度してしまっても不思議ではないだろう。

実際、プレッシャーから解放された三沢の涙、川田と小橋が三沢を肩車した新時代の風景に大観衆が熱狂したことを考えれば、それで正解だったと言っていい。

実況の若林健治アナウンサーは「三沢が勝った！」を3回連呼し、「その激しさ、全日本プロレスに新しい時代到来！　新しい時代到来！　ニューヒーロー誕生！　三沢が泣いている！」と絶叫した。

ただし、総評を求められた馬場は「ジャンボが三沢に負けたのは事実ですけども、ジャンボが弱いとは見受けられませんね。ですからジャンボも油断があったんじゃないかと思

▲三沢の涙が強く印象に残るが、実は鶴田も人知れず涙していた

いますね」と鶴田を擁護するようなコメントを出している。

この結末に怒りを見せたのが、全日本を離脱した天龍である。

「あそこは何がなんでもジャンボが勝たなきゃ駄目だろう。俺とあんなにムキになってやっていたのになんなんだよ⁉　急に物わかりがよくなりやがって！」と、テレビ中継終了後に天龍から私に電話がかかってきたのを憶えている。かつてのライバルにいつまでも強くあってほしいという天龍がそこにいた。

もちろん鶴田の胸中も穏やかなわけがない。この試合を裁いた和田京平レフェリーはこんなことを教えてくれた。

「ジャンボ鶴田は怪物なんだよ、やっぱり。負けても強いんだよ。三沢光晴が完璧に勝ったわけじゃないんだよね。武道館でお客さんが一体になったというのは、ジャンボはヒールではないんだけど、あまりに強すぎるから、日本武道館のお客さんが一体になって三沢を応援したんだと思う。その声援を聞いたらジャンボも〝負けるしかないじゃんか〟っていう感覚かな。でも、付き人だった三沢に負けるのはプライドが許さなかったんだろうね。さすがのジャンボも涙したから。〝ふざけるな！〟という涙だったと思うよ」

鶴田軍の作戦参謀と現場責任者というふたつの立場を持つ渕は、こう分析する。

「たぶん、ファンもマスコミも、善戦はしてもまさか三沢が勝つとは思っていなかったと思うよ。それを覆したのは凄い頑張りだったと思うし、試合後の三沢の涙には、リング上では敵の立場の俺も感じるものがあったな。でもハッキリ言って、あの試合を見ると、鶴龍対決とはやはり差があったよ。だから俺としては逆に〝よし、これからだ！〟と思ったけどね。あれで三沢が勝ったことでハッピーエンドで収まっていたらそれまでだったと思うよ。でも、それから鶴田さんの三沢に対する〝こんなもんじゃないぞ！〟っていう凄いファイトが生まれていくわけだよ」（渕）

そう、いよいよ怪物が覚醒するのだ。

鶴田の強さを際立たせた火の玉小僧

「まだ胸を貸しただけです。負けた気がしない。これで俺を制覇したと思ったら、まだまだ甘いよ。もっと三沢には大きくなってほしい。今後、三沢がハンセンやゴディとどれくらいできるかが問題だと思う」と、あくまでも余裕のコメントを出した鶴田が、その鬱憤（うっぷん）をぶつけたのは6月30日の後楽園ホールにおける『ワンナイト・スペシャルin後楽園』。

天龍が抜けたあとの『スーパーパワー・シリーズ』終了後にはサムソン冬木、仲野信市、北原辰巳（現・光騎）、折原昌夫、練習生の山中鉄也、フリーとしてレギュラー参戦していた鶴見五郎が離脱し、またまた暗雲が立ち込めた全日本だったが、超満員札止めの2150人（主催者発表）が詰めかけて熱気ムンムンになった。

「あの後楽園のワンナイト・スペシャルは5試合しか組めなかったけど、お客さんは温かったな。それからあり得ない大爆発が起こったもんね」と語っていたのは、14年2月15日に急逝した仲田龍リングアナウンサーである。

この日のメインは、鶴田&カブキ&渕VS三沢&田上&菊地毅。そして事実上の主役になったのは鶴田でも三沢でもなく、メイン初登場の菊地だった。

菊地は大東文化大学レスリング部出身。大学のレスリングの先生はかつて日本体育大学の重量級の選手で、自衛隊体育学校で練習していた時代の鶴田と面識があった。

その先生の紹介で、86年8月の全日本選手権のまえに鶴田と会うことができた菊地は、「プロレスラーになりたいんだったら、君は身長もないから、なんらかの成績を残しなさい」と激励されて発奮。全日本選手権のフリー100kg級で見事に優勝した。

実績を作った菊地は全日本に履歴書を送ったが返事が来なかったため、87年3月28日の

『チャンピオン・カーニバル』開幕戦の後楽園ホールで入門を直訴。ちょうど長州力らのジャパン・プロレスの多くの選手が試合をボイコットした日で雑用係が足りず、馬場との面接だけで入門を許された。

87年は新人の豊作の年だった。3月31日には元十両の卓越山（たくえつやま）こと高木功（現・嵐）がデビュー。また、長州離脱後のジャパンに入門したスーパー・タイガー・ジムの元インストラクターで『第1回プリ・シューティング大会』82kg級優勝の北原が全日本に合流。6月には小橋、8月には元十両の玉麒麟（たまきりん）こと田上が入門している。

大相撲で実績がある高木と田上は上位からのデビューだったが、一介の新弟子からのスタートとなった菊地、小橋、北原は〝三羽烏〟と呼ばれ、菊地は鶴田、小橋は馬場、北原は天龍&原の付き人をそれぞれ務めた。

「鶴田さんはお酒を飲むわけでもないし、仕事場とプライベートをキッチリと分けている人だから、巡業の時の身の回りの世話と洗濯をしていれば〝あとは自由にやっていればいいよ〟っていう感じで、付き人としては楽でしたね。いつも試合後に居酒屋で、鶴田さんはビール1杯ぐらい飲むと真っ赤になっちゃってウーロン茶飲んで、俺はちょっとだけ飲ませてもらう感じで。鶴田さんが飲めないのを〝代わりに自分がいただきます！〟って。

優しい言葉も掛けてくれるし〝この人に付いてよかったな〟って」と、菊地は鶴田の付き人時代を振り返る。

鶴田からプレゼントされた赤いショートタイツとリングシューズを身に着けて、88年2月26日に滋賀・栗東町民体育館で百田光雄の胸を借りて小橋と同日デビューを果たした菊地は、憧れのダイナマイト・キッドばりの小気味いいファイトで注目の若手選手となったが、177㎝、90㎏そこそこの小ささだったために、鶴田軍VS若い世代の流れには入ることができずにいた。

しかし選手大量離脱という危機によってチャンスが巡ってきたのである。

鶴田は屈辱の敗戦から初めての試合とあって大暴れをやってのけた。その怒りの矛先は三沢だけでなく、かつての付き人の菊地にも容赦なく向けられた。

まるで身体がキャンバスにめり込んでしまうようなボディスラム、身体がひしゃげてしまうような拷問コブラツイスト、背中が折れるような逆エビ固め、首が折れるようなラリアット。鶴田の豪技が繰り出されるたびに観客はどよめき、それでも必死に立ち上がって向かっていく菊地に大歓声が上がった。

気付けば、菊地コールが後楽園ホールを支配。最後は渕のダブルアーム・スープレック

▲怪物・鶴田を世に知らしめた(?)のは、実は菊地だという意見は根強い

ス・ホールドで3カウントを奪われたが、菊地は世代闘争参入にふさわしいファイトをやってのけたのである。
「俺が注目されたとしたら、それはあれだけ鶴田さんにやられたから。鶴田さんに容赦なくコテンパンにされたのは、ありがたかったですよ。でも当時の俺としたら〝たまったもんじゃない！〟って思ってましたけど（苦笑）。鶴田さんに背中を叩かれるのは痛かったなあ。あの痛みだけはどうも我慢できなかったなあ。それこそ自分は這いつくばっているのになんで叩かなきゃいけないのか。〝必要ないじゃん！〟って、思ってましたよ。今、ビデオなんかで観ても〝菊地殺、大丈夫か⁉〟って、自分で話しかけたいぐらいですよ。〝俺にはできないよ。お前、大丈夫か⁉〟って感じですよ（苦笑）」（菊地）
その後、鶴田と菊地のタッグでの激突は名物となり、「ハイブーツで顎が外れ、ラリアットを食らって顎が入った」というほどの菊地に対する猛攻は、鶴田の怪物的強さをより際立たせた。そして不屈の闘志と物凄い形相で向かっていく菊地は〝火の玉小僧〟としてブレイクした。
「遊んでたよね、菊地で。昔のプロレスだったら、あの大きいジャンボ鶴田とジュニアの菊地殺が試合をするなんていうことはまずあり得ない。ましてやメインでしょ。馬場さんにしても〝なんで、ここで菊地なんだよ？〟と。でも、そこに菊地がいることによって、普通にやってもジャンボの強さが倍に見えちゃう。余計な技をやらなくていいんだもん。菊地が必死に20発殴っても、ジャンボは背中を1発バーンと叩けばいい。放り投げるとポーンと飛んでっちゃうんだから（苦笑）。俺に言わせれば、ジャンボの強さを引き出したのは菊地なんじゃないかと。菊地は功労者だと思いますよ。三沢、川田の功績ではないよね。今は当たり前になっているけど、メインの6人タッグにジュニアの若い選手が入っているというスタイルを作ったのは菊地ですよ。で、ボロボロにされたけど、菊地もジャンボによって引っ張り上げられたよね。当時は小橋よりも菊地のほうが人気ありましたよ」（和田）

鶴田にとっての菊地は、天龍革命時代に凄まじいやられっぷりで天龍の凄さを際立たせた輪島大士と同じかもしれない。

全日本プロレスの新たな戦いの構図

6・8日本武道館の鶴田VS三沢、6・30後楽園ホールの『ワンナイト・スペシャル』で新時代への確かな感触を掴んだ全日本だが、7月7日に開幕した『サマー・アクション・

シリーズ』でも激震に見舞われた。

大宮スケートセンターでの開幕戦では、頸椎の負傷で欠場していた谷津嘉章がカムバックして鶴田との五輪コンビが復活。五輪コンビVS三沢&川田という好カードが実現し、鶴田が雪崩式バックドロップで川田に快勝して世代闘争がさらに激化すると思われた。

ところが谷津は、続く8日の横須賀大会に出場したあとに無断欠場。10日に辞表を提出して8月7日にSWSに入団したのである。

パートナーを失った鶴田は7月19日、武生(たけふ)市体育館でカブキと組んでゴディ&ウイリアムスから世界タッグ王座を奪取したものの、シリーズ終了後の7月30日にカブキが5年契約と役員昇格を固辞して辞表を提出。やはりSWSに去った。

谷津、カブキという大物ふたりが抜けたことで、世代闘争の継続が危ぶまれる中で、三沢、川田、田上、小橋、菊地の5人は、8月1日から3泊4日の日程で千葉・上総一宮(かずさいちのみや)海岸で強化キャンプを実施。3日には馬場も視察に訪れた。

ここから超世代軍が本格的に始動するが、状況の急変で立場が変わったのは田上だ。

田上は、キャリア的には三沢、川田よりも下だが、超世代軍最年長の当時29歳。相撲では西十両6枚目まで進んだものの、相撲界の体質が合わずに87年7月場所を目前に廃業し、馬場や天龍と親交のある落語家の三遊亭楽太郎（現・三遊亭円楽）の仲介で、同月8月17日に長州が去ったあとの谷津をリーダーとするジャパン・プロレスに入団した。

これは輪島、ジョン・テンタなど大相撲から全日本への入団が相次いでいたために日本相撲協会との摩擦を避けるためで、事実上の全日本入団である。10月に谷津がジャパン軍を解散して全日本に入団するのに伴って、田上も全日本所属となった。

馬場は192㎝、119㎏（入団時）の恵まれた体格の田上を可愛がった。のんびり屋の田上を「お前はナマクラだ！」と叱っていたが、将来のエース候補のひとりとして期待をかけて〝大きい人間のプロレス〟を教えていた。

田上も「馬場さんには〝身体が大きいのは得なんだから、大きく見せろ〟とか〝技を大きく使え〟とかって、よく言われたね。たとえば投げるにしても素早く叩きつけるんじゃなくて、大きくグワーッと持っていくとか。チョップをやるんでも、速くスパンと入れるんじゃなくて身体を使ってモーションを大きくして入れるとかね」と言う。

馬場はこの緊急事態に、田上を超世代軍から急遽外して鶴田のパートナーに抜擢した。それは大きい鶴田なら、田上に大きいプロレスを教えられるだろうと思ったからに違いない。

「あの時は〝千葉で合宿やってるから来い〟って言われて、他の4人より遅れて行ったん

▲幻となった田上の超世代軍入り。今となっては貴重なお宝写真だ

だけど、急に呼び戻されて、みんなより先に東京に戻ったの。それで鶴田さんと組むように言われて〝俺は何しに行ったのかなあ？　超世代軍の合宿はなんだったんだ⁉〟って（苦笑）。俺は一日しか行ってないんだよ。鶴田さんと組むのは、チャンスはチャンスだけど……けっこうプレッシャーだったね。足を引っ張っちゃいけないからね」と田上。

こうして8月18日の後楽園ホールにおける『サマー・アクション・シリーズ2』開幕戦では、鶴田&田上&渕VS三沢&川田&菊地が組まれた。

あの6・30後楽園以来のメイン登場となった菊地の突貫ファイトに大コールが起こり、田上はこれまで味方だった超世代軍のメンバー相手に体格差を利したスケールの大きなファイトを展開。最後は軽量の菊地をアトミックドロップからそのままバックドロップで叩きつける2段攻撃で快勝。鶴田の新パートナーとしての初陣を勝利で飾った。

田上と菊地の頑張りが、新しい戦いの図式を作ったと言ってもいいだろう。

総合的なプロレスの作り方を学んだ田上

以後、鶴田軍は、タッグでは鶴田&田上の鶴明砲、6人タッグでは鶴田&田上&渕が鉄板の組み合わせになる。そして、同年9月30日の後楽園ホールにおける馬場のデビュー30周年興行での鶴明砲VS三沢&川田の45分時間切れの熱闘にゼンニッポン・コールが発生した。

この試合の主役は、試合開始わずか5分で流血のアクシデントに見舞われながらも耐えに耐え、攻めに攻めた田上だ。「あの踏ん張りだよ。ああいう試合を何回も何回も経験しないと。今日は100点満点！　何も言うことはないよ」と鶴田が田上を評価した試合である。

翌91年4月20日の後楽園ホールにおける『ファン感謝デー』の鶴田&田上&渕VS三沢&川田&小橋は、実に51分32秒の大熱闘！　三沢がタイガー・スープレックスで田上をフォールした瞬間、三沢コールが起こり、それは超世代軍が花道のカーテン奥に消えるまで続いた。超世代軍が見えなくなると今度はゼンニッポン・コール。鶴田と渕が田上を抱え起こして3人で歓声に応えると「オーッ！」コール、フッチー・コールが起こり、最後は引き揚げる鶴田軍に再びゼンニッポン・コールだ。

この日は、前年90年11月30日に帯広市総合体育館で左大腿骨亀裂骨折の大怪我を負った馬場がテレビ解説席に座ったが、選手たちが全員引き揚げて、馬場が席を立とうとすると、馬場コールが爆発。ファン感謝デーは、全日本の選手がファンに感謝するというよりも、全日本の選手がファンに感謝される大会になった。

「若手からベテランまで全員が頑張っている。それに対してファンが熱い声援を送ってくれる。これが全日本プロレスですよ！」と、鶴田は熱く語っていた。

「あの6人タッグは俺も思い出深いね。当時は30分を越える試合はあんまりなかったんだよね。で、別に長期戦を狙っていたわけでもなくスタートからガンガンやり合っていて、俺たちにしたら普通と同じペースだったんだけど、気付いたら時間がドンドン経過していって〝えっ、もう30分？〟〝もう45分？〟って感じで、試合経過がアナウンスされるたびに客もワーワー言うわけよ。それで結果的に50分を超える試合になっちゃったんだよね。6選手全員がよく動いて、ホントにいい汗がかけた試合だったね。あの試合で鶴田さんの三沢、川田、小橋への評価は確実に上がったんだよ」と振り返る渕。

田上は当時を思い出して、「長いのがあったなあ、そう言えば。鶴田さんは強すぎるし、渕さんは狡いから、結局は俺が受けて（苦笑）。相手はみんな俺より若いんだから、羨ましかったね。あの頃はまだ俺も動けたけど、へばったよ。嫌になっちゃうよ（苦笑）」とボヤくが、超世代軍を外れて鶴田のパートナーになったのは大きな財産のはずだ。

「鶴田さんは普段の練習とかでは教えないんだけど、試合中とか、試合が終わったあとは〝タマ（田上の愛称）、ああいうところはこうだよ〟とか〝こうやらなきゃ駄目だよ〟っていう試合に関するアドバイスを多くしてくれたね。〝ここはこうやったほうがいいよ〟っていう言い方。試合中に戻ってきて渕さんにタッチして交代する時に細かいアドバイスをしてくれる。それで試合が終わったあとに全体の流れのことを〝あの時、こうしたけど、ああしたほうがいいよ〟とかって。試合の組み立ても、間合いも、やるべきことも……総合的なプロレスの作り方をいろいろ教えてもらったよ。鶴田さんは頭のいい人だから、作り方も上手だもんね。理に適った作り方を教わったのが、その後の俺のプロレス人生の財産になったと思いますよ」

鶴田の怒りと怪物性を引き出した三沢

さて、時計の針を90年夏の『サマー・アクション・シリーズ2』に戻そう。

同シリーズの最終戦の9・1日本武道館では、鶴田と三沢による三冠王座挑戦者決定戦が行われることになった。田上という新パートナーを迎えて心機一転の鶴田にとって、6・8日本武道館の雪辱を果たすチャンスが巡ってきたのだ。

そうした状況で鶴田が感情を露わにしたのが、開幕第2戦目の8・19後楽園ホールにおける鶴田&渕VS三沢&川田だ。18分すぎ、コーナーで待機していた鶴田の左頬に三沢が張り手を見舞うと、鶴田は場外に転落してしばらく戦闘不能に。5月26日の後楽園ホールで三沢のエルボーバットを食らって昏倒したことを再現するようなシーンだが、痛烈な張り手で鶴田の左耳の鼓膜が破れてしまったのである。

ムックリと立ち上がった鶴田の怒りは凄まじかった。試合の流れを無視して、トップロープに上がろうとしていた三沢に突進してエルボーバットで場外に吹っ飛ばし、場外で伸びている三沢を救出しようとする川田をイスで蹴散らす。

こうなると、誰にも鶴田は止められない。三沢にラリアット、バックドロップ、馬乗りになって往復ビンタの雨あられ。

バックドロップで叩きつけてもカウント2で髪を掴んで引き起こして、敢えてレフェリーに3カウントを入れさせない。完全に三沢を潰しにかかったのである。

川田が三沢の救出に入っても、そのたびに場外に放り出し、ついには止めに入った味方の渕にも蹴りを入れて場外に放り出す荒れようだ。

試合は川田が渕の回転エビ固めを潰してピンフォールを奪ったが、超世代軍のトップふたりは、鶴田独りの大暴れでボロボロにされてしまった。

試合後も鶴田の怒りは収まらず「今日、勝ったって意味はない。馬鹿野郎だよ！　武道館ではぶっ殺してやる！」と、普段は使わない言葉を発した。

こうして感情を露わにするようになった鶴田について渕はこう言う。

「あの頃は三沢たちが突っ掛かっていって、鶴田さんがムッとした顔をしただけで〝駄目だよ、ジャンボを怒らせちゃ！〟っていう空気になったもんな。その原点は天龍戦だろうな。お客さんが天龍さんを支持して、鶴田さんが〝何を！〟と感情を出すようになったからね。それがハッキリと出るようになったのがVS超世代。自分にとっては教え子みたいな人間にエルボーで半失神するような屈辱を味わわされて、それがパフォーマンスではない怒りの感情と物凄い報復になるという状況だったよね」

鶴田は三沢らにナマの感情を引き出されて、かつて馬場に指摘された「技術的に凄いものを持っているのに表現力が駄目なんだ」を克服してしまったのである。

鶴龍対決も、鶴田VS三沢も裁いていた和田は「ジャンボを本当に怒らせたのは、三沢のほうが多かったんじゃないかな。天龍さんとジャンボは対等なんだよね。でもジャンボと三沢だとジャンボのほうが上なんで〝源ちゃんはいいけど、お前は違うだろ！〟みたいなところがあったと思うな。座る時の作法じゃないけど〝お前が俺の前で座布団敷くとはどういうことだ!?〟みたいな。天龍戦とは怒りの種類が違うというか。〝こしゃくな!〟というパワーを出したのは三沢であり、川田、小橋に対してだよね」と言う。

91年10月14日の大阪府立体育会館では、鶴田が三沢の鼻を骨折させるというアクシデントもあった。鶴田&田上&小川良成VS三沢&川田&小橋の6人タッグの20分すぎ、鶴田と三沢のエルボーバットが交錯したが、上背がある鶴田の振り下ろす肘が一瞬早く三沢の鼻を直撃し、鼻骨に亀裂が入ってしまったのだ。

翌15日の後楽園ホールのメインは鶴田&田上&渕VS三沢&川田&菊地。テーピングをした三沢の鼻に容赦なくナックルを叩き込み、菊地をバックドロップでKOした鶴田は「リングに上がった以上、潰すのが当たり前。それが嫌なら上がってくるな。順番どおりに(超世代軍)を潰してやるよ。次は(10月14日の横浜文化体育館で一騎打ちが決まっている)川田だよ。リングに上がったら容赦しない」と言ってのけた。

超世代軍の台頭と共に鶴田はより怖く、より強くなった。爆発的人気を誇る三沢や超世代軍への不快感を隠さなかった。

「あの頃、馬場さんの気持ちはジャンボより三沢に行っていたし、お客さんも三沢たちを支持していたから、ジャンボはジェラシーを持っていたよね。だから普通だったら、三沢の鼻を折っちゃったらレフェリーを通して〝大丈夫?〟って言うんだけど、あの時のジャンボは何も言わなかったもんね。〝折れちゃったの?　ああ、そう。俺は故意にやる気はなかったよ。でも向こうが来たから。向こうが来た反動のアクシデントだから〟ってあっけらかんとしてたからね。エルボーひとつでも力が入ったエルボーだから、普段より威力倍増だよね。そこがジャンボの怖さだよね。もうその当時は三沢に対して元付き人という感覚はなかったと思うよ。潰しにかかっていたよ。だから、あの頃のジャンボが一番怖かったな」(和田)

三沢を始めとする超世代軍が頑張ったからこそ、鶴田の怪物性が引き出された。若い力がグングン伸びる一方で、鶴田が最も強く見えたのが鶴田軍VS超世代軍の時代だった。

「それがあの当時、全日本プロレスがガーッと勢いをつけた要因だと俺は思うな。三沢、川田、小橋たちが伸びるのは間違いない。でも、伸びる過程で目標となるジャンボ鶴田が強くないといけない。そこで天龍源一郎というライバルを失ったことでジャンボ鶴田の評価が落ちたとしたら全日本プロレス全体が落ちてしまうから、鶴田さんには〝天龍戦以上に頑張って怒ってくださいよ!〟って言ってたよ。三沢たちの人気が出てきたのと同時に今までと違うブーイングという声援が鶴田&渕組に起きたんだよね。人気絶頂の若いレスラーをいじめるという強さに対するブーイングだよね。試合前に鶴田さんが〝今日もガン

ガン行ってブーイング浴びようよ、渕君！〃って、言ってたし、鶴田さんと俺にとってはやった甲斐があったよ」（渕）

デビュー2年7か月の小橋が体感した鶴田

さて、90年9月1日の日本武道館における鶴田VS三沢の再戦前日の8月31日には、大阪府立体育会館で鶴田VS小橋のシングルマッチが組まれた。

小橋は若手時代、雑誌のインタビューに「天龍さんと鶴田さんを足して2で割ったような選手になりたいです」と答えている。

「若い頃にそう答えたのは、鶴龍対決を目の当たりにして、〝人間的な闘志をリングに出している天龍さんと、スタミナのある鶴田さんをミックスしながら、自分のオリジナリティを出せる選手になれれば〟って思ったんです」と小橋。天龍革命が勃発した頃に全日本に入門した小橋にとって鶴田と天龍はひとつの目標だったのだ。

87年2月、20歳の誕生日を目前に京セラ株式会社を退職した小橋は、全日本の新人募集に応募したが「もう20歳という年齢で、格闘技の実績がないから」と、書類選考で落とされている。諦めきれず、通っていたジムの会長のツテで改めて全日本を紹介してもらい、同年5月26日の滋賀県立体育館でジャイアント馬場の面接を受けて入門を許された。

この時、小橋は鶴田に初めて会った。

「馬場さんに〝みんなに挨拶してこい〟って言われて、控室の中に入って挨拶したんですけど、タイガーマスクの三沢さんが〝頑張れよ〟って言ってくれたぐらいですね。あと鶴田さんが例の口調で目を見ないで〝ハイ、ハイ！〟って（苦笑）。〝どうせ、こいつもやめていくんだろう〟っていう感じだったと思います」

当時の全日本は、新弟子が入ってもすぐにやめていく状況が続いていたため、先輩レスラーたちの間では、「入門したからって挨拶に来るなんて顔じゃない。ちゃんとデビューが決まってから来い」という雰囲気があったのだ。

同年6月20日に上京して、当時は東京・世田谷区砧にあった合宿所に入った小橋は、86年のレスリング全日本選手権フリー100kg級優勝の実績を持つ菊地、『第1回プリ・シューティング大会』82kg級優勝の北原に負けまいと練習の虫になり、道場に入り浸った。

そんな小橋を時たま道場に顔出す鶴田は練習相手にした。

「天龍さんは合同練習と時間をずらして毎日夕方に来るんですけど、鶴田さんは時間に関係なく突然現れて〝ちょっと相手しろ〟って。鶴田さんはバーベルを上げるとかの器具を使うんじゃなくて、自重トレ……僕は今、プロレス・エクササイズというのを教えているんですけど、鶴田さんとの練習が基本になったんですかね。器具はそんなに上げないんですけど、タオルを引いたりとかの練習は強かったですよ。鶴田さんと渕さんがよくタオル引きの練習をやってましたね。それでスパーリングとかの練習相手もさせられました。スパーリングは、レスリングのスパーリングもそうだし、プロレスのタイアップから入って、関節を取ったりとか……。グラウンドになったら、ガッと極めにきたりするんですけど、あの大きな身体で乗っかられるときついですよ。その時に〝こういう時はこうしたほうがいいよ〟とか、いろいろ教わりました」

小橋が初めて鶴田との一騎打ちに臨んだのは、90年1月27日、後楽園ホールでの『小橋健太7番勝負』の第6戦だ。

先にリングインしていた小橋は、入場してきた鶴田がエプロンに上がったところでドロップキックの奇襲を仕掛け、さらにプランチャの追い打ち、試合開始のゴングが鳴ってからは3分近くもヘッドロックで締め上げ続けた。

しかし鶴田はこれをバックドロップでクリアすると、ジャンピング・ニー、ハイブーツの大反撃。小橋のミサイルキック、さらには、この7番勝負用に開発したムーンサルト・プレスを跳ね返し、12分45秒、バックドロップで貫録の勝利だ。

「やっぱり正面から行っても崩せないんで、奇襲を仕掛けて行ったほうが突破口を開けるんじゃないかと思ったと思うんですよね。風穴をこじ開けたいっていう思いがあったんじゃないかな。でも、鶴田さんは余裕でしたね」（小橋）

それからわずか7か月での再戦だが、状況は大きく変わった。〝若手の試練〟としてではなく、超世代軍のひとりとして鶴田に立ち向かうのである。

三沢戦前日に組まれたことで、周囲は「鶴田が三沢戦に弾みをつけるための試合」という見方をしていたが、小橋は「僕はその当時、そういう試合を組まれることが多かったですけど、何か爪痕を残せれば、何かが変わると思って臨んでました」と言う。

試合前、鶴田が握手を求めると、小橋はそれをバッと払うなど気後れなし。怒った鶴田は小橋の先制のドロップキックを自爆させると、強烈なジャンボ・ラリアット！　この一撃で小橋は意識朦朧（もうろう）となり、いきなりペースが狂ってしまった。

それでもなんとか体勢を立て直してジャーマン・スープレックス、ムーンサルト・プレスで反撃したが、鶴田はジャンピング・ニー、トップロープからのダイビング・ニー、パワーボムで計3回フォールにいって小橋のダメージを確かめる貫禄のファイトを展開。最後はバックドロップでとどめを刺した。勝負タイムは17分53秒で、1月の初対決よりも2分8秒長かったが、鶴田は「小橋はたしかに成長しているけど、三沢に手の内を見せずに済んだ」と余裕の言葉を残している。

「鶴田さんの余裕をなくさせる、鶴田さんが焦るような試合をやりたかったけど、鶴田さんの余裕を奪うことはできなかったですね。よく天龍さんが〝本気にさせる〟って言ってましたけど、その言葉の意味と、僕らの超世代軍の〝焦らせよう〟というのは、全然違っていたと思います。天龍さんの〝本気にさせる〟は〝戦いに本気にさせる〟というイメージがあったんですけど、僕らは〝こいつに余裕を見せられないな!〟という試合を鶴田さんにやらせたいと思ってたんです」

まだキャリア2年7か月の小橋にとって、鶴田はあまりに強大だった。

怒れる怪物!　三沢に衝撃の雪辱

あの6・8日本武道館から85日。鶴田VS三沢の再戦には前回より500人多い、1万5

３００人（超満員札止め＝主催者発表）の大観衆が詰めかけた。2か月半で鶴田VS三沢が全日本の新たな看板、黄金カードになった証明である。

連敗は許されない鶴田、前回の勝利がまぐれではないことを証明したい三沢……初戦よりも張り詰めた空気がリング上を支配した。

初戦では、三沢がノンストップで動き回って鶴田の意表をつこうとする展開だったが、今回は真っ向勝負。こうなると12㎝、17kg上回る鶴田が有利になる。三沢のエルボーの連打を食らっても、鶴田はハイブーツ、ダブルチョップでぶっ倒し、さらにロープに振って顎にジャンピング・ニーをぶち込めば、一気に攻守が逆転するのだ。

10分すぎ、三沢のキックの連打にムッとした鶴田は、走り込んでのエルボーバット1発でぶっ倒すと、「オーッ！」とアピールしてから、改めて顎に痛烈なエルボー。そしてパイルドライバー、ダブルアーム・スープレックスで攻守を簡単にひっくり返した。

圧巻だったのは15分すぎだ。三沢のエルボーの連打に往復ビンタで報復し、馬乗りになってパンチを乱打してからの「オーッ！」。

三沢は場外にエスケープして試合をリセットしようとしたが、鶴田はそれを追ってフェンスに叩きつけ、さらにフェンスの外に放り出して、なんとイスで一撃。これにはさすがにブーイングが起こった。

とにかくこの日の鶴田は怒っていた。20分すぎの三沢のエルボー連打には、感情を露わにして珍しくヘッドバットの乱れ打ちで対抗し、助走なしのドロップキックで吹っ飛ばすと、これもまた珍しいパワースラム！　その次に狙ったパワーボムは、三沢がメキシコ修行時代を思い出したようにウラカン・ラナで切り返したが、三沢がコーナーに上がると、すぐさま雪崩式ブレーンバスターで叩きつけて、またまた「オーッ！」。

ここから試合は一気に動く。次の瞬間、鶴田は真後ろに叩きつける最上級のバックドロップ。三沢がカウント2で跳ねたのは、まるで奇跡だ。

そして、三沢も踏ん張る。ここから必死にエルボーの連打で対抗。さらにランニング・エルボーを狙うが……それよりも先にジャンボのラリアットがクリーンヒットした。

「相打ち！　ジャンボの勝ち！」と、絶叫する若林アナ。このフレーズからドラゴンゲートの横須賀ススムの必殺〝ジャンボの勝ち！〟（全日本ファンだった横須賀は自らのラリアットをこう命名した）が生まれた。

ラリアットで打ち勝った鶴田は、今度は念には念を入れて、バックドロップから両手のクラッチを外さずにそのままフォール。〝バックドロップ・ホールド〟で完璧に三沢を仕留めた。

▲十分すぎるほどのリベンジを三沢に果たした“怪物”鶴田

「素晴らしい試合でしたけれども、三沢にしましたら、上から落とされて、バックドロップを食って、せっかく跳ねた後に攻めていくものがなかったんですね。あそこにもうふたつ、3つ攻めていくものがあったら……。三沢の課題はそこかと思うんですがね」というのが馬場の試合評だった。

「気迫も、技も、スタミナも全部足りなかった。初戦よりも相手が見えたけど、それがかえってよくなかった。あの人に作戦どうのこうのは通じないんだね。最初からガーッと行くぐらいでちょうどいい。鶴田さんがあと10年トップでやるのは無理だと思うから、鶴田さんが落ちるまえに俺が不動のものを築きたい。でも、あの人なら10年以上できるかもしれないな（笑）。あの体質、スタミナ、スピード……あれが何年経っても落ちないのが不思議なんだよね。まあ、ガクッと落ちられたら寂しいものがあるけど。でも、バケモノだよね。あの人が怪物だから倒し甲斐があるんだよね。バケモノを倒してこそ、頂点を極められるんだと思うよ」と、三沢は当時の週刊ゴングの清水勉編集長に語っている。

三沢も鶴田を怪物だと認めたのである。

「あの再戦では、鶴田さんが三沢を完璧に叩き潰したね。怒ると怖くて強いんだっていうことで、天龍戦の時以上にジャンボ鶴田の存在感は大きくなったと思うよ」と渕は言う。

天龍、そしてSWSへの意地

鶴田の三沢戦後のコメントには興味深いものがあった。

「ダテに十何年もメインを取ってないよ。正直、今日は超満員になってよかった。大量離脱があって、そんな状況で支えてくれたファンの期待に応えなければいけないと思って頑張った。会社がピンチに立たされた時に、どれだけ頑張れるかもトップの条件。今日は絶対に全日本プロレスのエースはジャンボ鶴田なんだよということをファンにわからせたかった、俺は！」と、エースのプライドを口にしたのである。

オフに入って、週刊ゴングの金沢克彦記者のインタビューにはこう答えている。

まず、三沢が怪物だと認めたことについては、「僕は怪物じゃないよ。どんな人間だって年を取れば体力が落ちてくるんだよ。それを本人の努力によって、いかに最小限に食い止めるか。僕は人の見ていないところで独自のトレーニングをして体力を維持している。だから18年、トップを張ってきた。プロレスは努力しないでメインを張れるほど甘くない。僕は怪物でもなんでもないし……これだってトップの条件ですよ」と、トップ論を語った。

そして三沢戦直後にエースのプライドを口にしたことについて、こう語っている。

「僕はこれまで天龍とやってきたでしょ？　その中で、何か天龍にはそういう試合ができて、ジャンボ鶴田には凄い試合、ハードな試合ができないんじゃないか、みたいな感じで捉えられていた。それが非常に悔しかったんだよね。天龍が抜けたら全日本から激しさがなくなるような、そういうニュアンスで雑誌に書かれてたからね。だから、これはとんでもない間違いをしてるな、じゃあ一回見せてやろうと。全日本はそんなもんじゃないよ、天龍ができるんじゃなくて俺ができるんだよと、そういう部分が試合後に出たんだろうね」

鶴田はずっと天龍、そして天龍が参加したSWSを意識していた。この時点でまだSWSは旗揚げしていなかったが、こんな熱い言葉も残している。

「個人的に言えば、レスラー仲間ですからね。やっぱりハンセンじゃないけど、新天地で頑張ってくれ、グッドラックってなるよね。ただ、企業としては絶対負けられないし、潰さなきゃいけない。SWSは短期的に見れば、今年は超満員になると思いますよ。だけど、それが3年後、5年後がどうなのか？　僕は全日本の選手やスタッフが〝残って頑張ってきてよかったな〟って言い合えるように、リングの上で一生懸命やっていきたい。5年後にはそういう結論が出るように、リングの上でいいファイトをしていきますよ。全日本が絶対、向こうに劣らないというのは言い切れますよ。果たして天龍が、俺抜きで年間最高試合賞を獲るようなファイトをやれるのか、今はお手並み拝見というところだね。その結果によってマスコミ、ファンに判断してもらいたい。どっちがどれだけ力があったのか、それが改めてわかると思う」

行く道は分かれても、鶴田にとって天龍はやはりライバルだった。「〝彼がいて僕がいた〟というのは、ある時代において確実にあったことだし、それはいいことだったと思う。だからレスリングだけじゃなく、人生の勝利者と考えれば、あと5年、10年後を見て……その時、僕は絶対に負けないけどね」という言葉で締められている。

個人的な話になってしまうが、三沢のインタビューを清水編集長、鶴田のインタビューを金沢記者が担当しているのには理由がある。私はこの年の7月に週刊ゴングの副編集長になったが、天龍の離脱とSWS問題によって、全日本の複数の関係者から〝要注意人物〟と見られてしまったのである。

私としては副編集長に就任しても、天龍及びSWSも取材しつつ、今までどおり全日本の担当も続けたかった。鶴田とは気心が通じていたと勝手に思っていたし、同年代の三沢や川田がトップになっていくのだから、これほど取材がやりやすいことはないからだ。

しかし、そうした大人の事情と、疑われたことへの反発心から、私は自ら全日本担当を降りた。

その後、94年8月に編集長に就任するまで、プライベートでは今までどおりにつながっていても、全日本の選手を取材することはなかった。

今にして思うと、あの時代の鶴田、四天王にインタビューできなかったのは本当に残念だが、私が自発的に全日本の担当を降りなくても、全日本から個人的に取材拒否を食らっていたと思う。それほど当時のプロレス界はピリピリしていた。

さて閑話休題、当時の鶴田の心情に話を戻そう。

ＳＷＳが横浜アリーナで旗揚げ第2戦を行った90年10月19日、全日本は後楽園ホールで興行。メインの鶴田&田上&渕VS三沢&川田&小橋は25分25秒の熱闘となり、小橋をバックドロップで仕留めた鶴田は、「今日は最強タッグの前哨戦というよりも感情が先立った。横浜アリーナを意識したよ。俺じゃなく、全日本が総合力で負けられないという気持ちでね」とのコメントを残している。

やはり天龍とＳＷＳを強く意識していたのだ。

鶴田の華やかな試合に惹かれた川田利明

91年、いよいよ怪物・鶴田の強さは際立つ。

まずは年明け早々の1月19日、松本市総合体育館でハンセンから三冠王座を奪取。前年6月5日にゴディに明け渡したあと、ハンセン→ゴディ→ハンセンと外国人の間で行き来していた全日本の至宝を、7か月ぶりに取り戻したのだ。

それもハンセンのラリアットをダッキングしてかわし、ランニング・ネックブリーカーでのピンフォール勝ちだったことが大きい。

89年4・19大田区体育館で三冠を統一した時もピンフォールだったが、その時はハンセンの自爆を丸め込んでのものだった。今回、返し技や丸め込めではなく、完璧な形でハンセンをフォールしたのは、猪木、馬場に次いで日本人として3人目の偉業でもあった。

春には『チャンピオン・カーニバル』で9年ぶりにリーグ戦が復活。A、Bの2ブロックに分かれて各リーグの首位同士が4月16日の愛知県体育館で優勝戦、さらに2日後の4月18日のシリーズ最終戦では鶴田VS三沢の三冠戦が決定した。

まずリーグ戦のほうは川田、田上がいるBブロックにエントリー。川田との初対決、パートナーの田上との初対決が実現するという、なんとも心憎い選手の振り分けだ。

3月26日の秩父（ちちぶ）市民体育館の初戦でカクタス・ジャックをバックドロップで撃破した鶴田は、29日の長岡市厚生会館で田上との公式戦を迎えた。

シングルで初めてのメインとなる田上はドロップキック、ハイブーツで先制し、捨て身のトペ・スイシーダ、ＤＤＴ、デビュー当時からの得意技ブロックバスターで善戦したが、10分すぎからはラリアット、フライング・ボディシザース・ドロップ、ダイビング・ニー……と、鶴田の一方的な攻撃になった。田上も相撲ラリアット、延髄斬りで反撃に出たものの、もう技がない。それを見透かした鶴田はハイブーツからラリアット、そしてバックドロップ！　12分38秒でケリをつけた。

「あそこでもう少しできるといいんだけどね。でも、田上は成長したよ」と鶴田は余裕のコメントだった。

現在、茨城県つくば市茎崎（くきざき）で『ステーキ居酒屋チャンプ』を経営する田上は鶴田との唯一のシングルマッチについて、「やってて、嫌になっちゃうような人なんだよね。攻めてても、平気な顔して立ってきたりするから〝効いてんのかよ⁉〟って、攻めてて嫌になっちゃう。〝俺が疲れてるのに、この人は全然疲れてねぇ。いつになったら疲れるんだろう?〟ってね(苦笑)。精神的に嫌になっちゃうんだよね。技としてはハイニー(ジャンピング・ニーパット)がけっこう痛いんだよ。バックドロップは身長があるし、身体が柔らかくてけっこう反るから効くしね。やっぱり、あの人は常人ではなかったよ」

田上戦後、ダニー・クロファットを4月2日の豊岡市総合体育館においてバックドロップで葬った鶴田は、6日の大阪府立体育会館で川田との初一騎打ちに臨んだ。

川田にとって、鶴田はプロレスのイメージを変えてくれたプロレスラーだった。

小学生の頃、父方の祖父母の家に家族で同居していた川田は、プロレスが嫌いだったという。プロレス好きの祖父は土曜の夜には全日本プロレス中継を観ていたが、川田は裏番組の『8時だョ!全員集合』を観たかったからだ。

その後、父が亡くなり、祖父母の家を出て、母と妹との3人暮らしになった川田は中学2年生の時、それまで嫌いだったプロレスを何気なしに観た。それは77年8月25日に田園コロシアムで行われた鶴田VSマスカラスだった。

「おじいちゃんと小さい頃に観ていたプロレスのイメージとは全然違って、凄く爽やかに感じて〝あれっ、プロレスってこんなのだっけ?〟って。それですぐにプロレスにハマったわけじゃないんだけどね。その年の暮れのファンクスVSアブドーラ・ザ・ブッチャー&ザ・シークでハマっちゃった。今思えば一番嫌いな試合だよね（笑）。でも、要するにコテコテのほうが人を惹きつけやすいのかなっていうのは思うよね」

それから毎週、全日本の中継を観るようになり、続いて新日本の『ワールド・プロレスリング』も欠かさず視聴するようになった。ついには、中学3年生の時の78年秋に新日本の入門テストを受けた。なぜ新日本だったかというと、全日本にも履歴書を送ったが返事が来なかったからだ。

東京・世田谷区野毛の新日本道場で、スクワット500回、腕立て伏せ30回1セット×10セット、柔軟、首の運動、ブリッジなど基礎体力を難なくパスした川田は、現役の若手レスラーとのスパーリングに勝ってしまったから大変なことになった。続く藤原喜明とのスパーリングで容赦なくボコボコにされてしまったのだ。

藤原には血だらけにされてしまったが、テストは合格。事務所での山本小鉄との面接にもパスして数日後、新日本から「卒業したら来るように」という連絡が入った。

この時点で川田が新日本に入っていたら、当時の新日本のレスラーの最年少記録。闘魂三銃士よりも5年も先輩になり、新日本の歴史……いや、日本プロレス界の歴史も大きく変わっていたかもしれない。

しかし「高校だけは出てほしい」という母親、先生の説得でレスリングの強い足利工業大学附属高校に進学して、三沢と同じレスリング部に入部。3年生の時の81年6月の関東大会、8月の全国高校総体、10月の滋賀国体のフリースタイル75kg級でいずれも優勝。滋賀国体ではのちの獣神サンダー・ライガーとも対戦して勝っている。

そして、卒業前に1年早く全日本に入門してすでにデビューしていた三沢に、「自分もプロレスラーになりたいんですけど」と相談。82年2月4日の東京体育館で馬場の面接を受けて「高校を卒業したら来なさい」と入門の許可をもらったが、実は馬場に会う前にプロレスのイメージを変えてくれた鶴田に会っている。

「まだ東京体育館で馬場さんに会うよりも前に、三沢さんに〝後楽園ホールに来い〟って言われて、後楽園ホールの裏の階段のところに三沢さんが鶴田さんを連れてきてくれて1回挨拶したの。テレビで観ているイメージとそんなに変わらず、爽やかで軽いノリで〝頑張ってね！〟みたいな感じだったね」

当時、三沢は鶴田の付き人。川田もレスリング出身ということで鶴田に可愛がられたと思うが、そのあたりはどうだったのだろうか？

「同じアマレス出身っていうけど、バスケットボールをやってた人間が、たかが何か月かアマレスやったらオリンピック行っちゃったなんて、普通じゃ考えられないことだよ。自分がやっていただけに、なおさら考えられないよね。じゃあ、それまで頑張っていた人はどうなのって感じじゃん（苦笑）。あの人は、なんに関してもずば抜けてたからね。三沢さんが付き人をやってたんで、たまに地方巡業で時間が空いた時に三沢さんと一緒に鶴田さんのタニマチにご馳走になってたよ。でも、合宿所ではシゴかれたこともありますよ。当時の全日本は最後にスパーリング、スパーリングで、相撲で言えば入ってきた新弟子が先輩たちに回されて可愛がられるようなものだよ。鶴田さんに〝動け！　動け！〟って引きずり回されて。何人もの先輩とやった後にそれだからね（苦笑）」

川田の顔を陥没させたジャンピング・ニー

川田のプロレスラーとしてのターニング・ポイントにも鶴田の存在があった。

85年11月から86年12月までの1年1か月、テキサス州サンアントニオ、カナダのカルガリーとモントリオールで武者修行した川田だが、ランクは上がることなく、相変わらずの前座戦線で悶々とした日々を送っていた。そんな時に勃発したのが天龍革命だ。

87年8月21日、仙台・宮城県スポーツセンターでの『サマー・アクション・シリーズ2』開幕戦のメインは鶴田&カブキVS天龍&阿修羅・原の龍原砲だったが、ゴング前にカブキが天龍の顔面に毒霧を噴射したから騒然となった。すると正規軍のセコンドにいた川田が突如としてリングに駆け込んで鶴田に殴り掛かったのである。

これが川田の自分の殻を破る意思表示だった。

そこにアメリカ遠征から帰国した天龍の元付き人のサムソン冬木が駆け込んできて、同じく天龍の加勢をするかと思いきや、天龍に殴り掛かり、試合は馬場の判断で鶴田&カブキ&冬木VS天龍&原&川田の6人タッグに変更された。

川田は怒りの鶴田にバックドロップで叩きつけられて負けてしまったものの、カブキに側転エルボーをぶち込み、冬木をジャーマン・スープレックスで投げ、鶴田にはラリアットからフライング・ニールキックを爆発させて充実感を味わうことができた。

試合後は天龍に「詫びを入れて、今日は向こう（正規軍）に戻れ」と諭され、正規軍の控室に戻って「今日はありがとうございました……」と言ったが、「何しに来た⁉」と荷物を放り出され、鶴田とカブキに袋叩きにされて再び龍原砲の控室へ。翌日から川田は天龍、原と行動を共にするようになった。

一度は正規軍に戻るように言った天龍だが、実は「アマレスのバックボーンがあって、いいものを持っているのに、なんでスポットライトが当たらないんだろう」と川田のことを以前から買っていた。それだけに帰る場所を失った川田を拒絶する理由はなかったのだ。

「海外修行って、それまでは帰ってきたら上のほうで試合ができることになってたじゃない。それが帰ってきてもずっと第1試合なんてあり得ないと思ってさ。ここで何か仕掛けなければ、俺はこのまま終わっちゃうんだろうなと思って〝これは一番目立つところだ！〟って鶴田さんに突っ掛かっていったの」（川田）

だが、当時の川田にとって鶴田と戦うのは荷が重かったようだ。特に88年11月に原が解雇されてからは天龍の正パートナーとして連日タッグ、6人タッグで鶴田と当たった。

「あの頃でも俺は110kgぐらいあったんだけど、あの人は大きすぎたよ。それに一流外国人相手だって手のひらで遊んでいたようなもんだから、下手したら、笑いながら試合してんじゃないかっていうぐらい余裕があったよね。何か、ホントにね、オモチャにされているような感じがしたね。普通は持久力がないとか、瞬発力がないとか、身体が小さいとか、どこか欠けているものなんだけど、あの人には欠けてるものがなかったもんね。今で

▲川田の攻撃にカッとなる時もあったが、その余裕を崩されることはなかった

も憶えてるのは、地方でジャンピング・ニーを食らって左の頬骨が陥没骨折しちゃったこと。鼻をかんだら、ほっぺたがプーッって膨れちゃって。骨が折れて陥没してるから、空気が頬に全部入っちゃったんだよ。俺なんかにやるジャンピング・ニーは凄い角度で来るからさ。昔は膝の横から当ててたのに、膝頭を突き立てて来たからね」

〝完全無欠のエース〟、11年ぶりに春の祭典を制覇

この年のチャンピオン・カーニバルの公式戦での初一騎打ちの前までには、川田にとってはこれだけの長きにわたる物語があったのだ。

そしていざ、試合へ。鶴田は超世代軍のナンバー2に成長した川田に強烈なキチンシンク、ボディへのエルボーを見舞い、巨体を浴びせてのＳＴＦなどシビアな攻めを見せた。川田はローキックの連発でなんとか鶴田にストップをかけ、執拗なヘッドロックとスリーパーで封じ込めにかかるが、鶴田はヘッドロックをかけられたまま川田を宙高くリフトすると、そのまま前方にぶん投げる豪技を披露する。

そして、再三の顔面ステップキックにイラッときたようで、強烈な張り手、エルボーバ

ットからロープに振ってかつて川田の左頬を陥没骨折させたジャンピング・ニーを叩き込んで「オーッ！」の雄叫び。最後はパワーボム、バックドロップの大技2連発からフォールにいかずに再び「オーッ！」の雄叫びを上げ、駄目押しのバックドロップ。17分13秒で川田を沈めた。「こんなに顔面を蹴ってきやがって。ピンフォールよりKOのほうがあいつには似合うと思って2発目のバックドロップを入れたよ。でも、いい根性してる。ああいうファイトは三沢より上かもしれないね」と、鶴田は怒っているようで、余裕だった。

　鶴田との初一騎打ちを川田はこう振り返る。

「いつも余裕こいてるから、怒らせることをやろうと思ったよ。怒らせたら面白いじゃん。まあ、怒らせたら止まらなくなるから大変なんだけどね（苦笑）。でも、あの人は怒らないと本当のジャンボ鶴田を出さないから、とにかく顔面を蹴り上げたんだけどさ。しつこくヘッドロックやスリーパーをやったのは、ああいう技は身長差関係ないから。でも結局は、あれだけ余裕こいてやっている人を怒らせるのは、やっぱり難しかったよ」

　鶴田は突っ走った。その後、4月10日の大分県立荷揚町体育館でジョニー・スミス、15日の静岡産業館でダニー・スパイビーをいずれもバックドロップで仕留めてBブロックを6戦全勝で通過。16日の愛知県体育館におけるハンセンとの優勝戦に駒を進めたのである。

▲圧倒的な強さでチャンピオン・カーニバルの覇者となった

鶴田が初めて春の祭典『チャンピオン・カーニバル』で優勝したのは、遡ること11年前の80年大会。馬場、テリー・ファンク、ブッチャーらを抑えて勝ち上がり、ディック・スレーターをジャーマン・スープレックスで下しての優勝は「ジャンボ時代到来！」と話題になった。優勝戦をまえに「あの時は、まだ星マークが入ったタイツを穿いていたよね。思えば29歳の時だから、ちょうど今の三沢みたいだったよ。アイドルから実力派に移ろうとしている時期だったなあ」と当時を振り返った鶴田は、すでに40歳を迎えた〝完全無欠のエース〟である。ここで負けたら、2日後の三沢との三冠戦の意義が薄れてしまうだけに「少しでも攻めておくと、あとで食ったとしても効き方が違う」と、ハンセンのウェスタン・ラリアットを封じ込むべく左腕に一点集中攻撃を見せた。

10分すぎ、鶴田は1・19松本で三冠王座を奪取したランニング・ネックブリーカー、さらにフライング・ボディシザース・ドロップでラッシュ。対してハンセンは早くもラリアットを爆発させた。普段はフィニッシュを確信するまで繰り出さない必殺技を早い段階で出してきたのはハンセンが焦っている証拠。ハンセンの心理状態を読んだ鶴田は、2発目のラリアットを巧みにダッキングしてサイドからクルリとスクールボーイで丸め込む。これをカウント2でクリアしたハンセンは作戦を変更。3発目のラリアットはロープに飛ばさずに至近距離から左腕をフルスイングしたが、これも鶴田は読んでいた。両腕でブロックすると、ステップバックしてロープの反動を使ったジャンピング・ニー！　この不意をつく一撃にハンセンは立つことができず、ジョー樋口レフェリーは3カウントを入れた。「オーッ！」の雄叫びを連発した鶴田は、11年ぶりに優勝トロフィーを抱くと「これがエースの証明ですよ」と最高の笑顔を見せた。

バックドロップ3連発で〝最強〟の証明

その48時間後の聖地・日本武道館での三沢戦。24日前に40歳になった鶴田は、28歳の元気いっぱいの三沢に大きく分厚い胸を突き出した。

鶴田のゆったりしたリズムを嫌う三沢は、チョップにはエルボーバット5連発で返し、鶴田が場外にエスケープするとエルボー・スイシーダなどで間合いを詰めていく。

だが7分すぎ、コーナーでの三沢のエルボー・スマッシュ、エルボーバット、張り手の連打が鶴田の逆鱗（げきりん）に触れた。和田が言う「お前は違うだろ！」という怒りだ。仁王立ちになった鶴田は往復ビンタから三沢の頭を鷲掴（わしづか）みにすると、顔面に膝をガンガン叩き込む。

ここで怯まずにビンタで返していった三沢もなかなかのものだが、怒った鶴田は止まらない。おもむろに三沢をロープに振ると真正面から顎にジャンピング・ニーを突き刺して「オーッ！」。ボディスラム、逆エビ固めで自分のリズムを作ると、三沢を場外に放り出して本部席にニークラッシャー。リングに戻ってアキレス腱固めで三沢の動きを封じ、STFで足を極めると同時に127kgの巨体を乗せて三沢のスタミナを奪う。

防戦一方になった三沢だが、ラリアット、ジャンピング・ニーを相次いでかわすとフライング・エルボーバット、フライング・ラリアットで反撃へ。さらに飛びつき十字固めを狙うが、これは鶴田が体重を乗せながら後方に叩きつけてクリア。直後、鶴田はラリアット3連発で一気に試合の流れをひっくり返した。

鶴田のピンチは17分すぎ。三沢のランニング・エルボーバットがクリーンヒットしてダウン状態になった場面だ。それまでは三沢コール、強すぎる鶴田にブーイングが起こっていたが、この局面では「ツルタ、オーッ！」コールが発生。大観衆はこの試合で初めて鶴田のピンチだと認めたのである。

三沢の延髄斬り3連発で場外に転げ落ちる鶴田。エプロンに戻ってきたところで三沢はエルボー3連発から延髄斬り。さらにリングに戻ってきた鶴田をロープに振って正面打ちのエルボーバット、コーナー最上段からダイビング・エルボー。だが鶴田はカウント2でクリアする。なおも三沢の攻撃は続く。DDTはカウント2、フロッグ・スプラッシュもカウント2……まさに鶴田の大ピンチに思えるが、冷静に映像を見直すと鶴田が敢えて受け止めているようにも見える。

大技を食らって、ダメージで起き上がれないように見せながら、体力の回復を待って自分のリズムを作っているようにさえ思えるのだ。

三沢の攻撃は、ラリアットをかわしてのジャーマン・スープレックスまで。今まで一度も決めることができていないタイガー・ドライバーにチャレンジしたが、今回もまたリバース・スープレックスで叩きつけられてしまった。

三沢を叩きつけて先に立ち上がった鶴田は助走なしの強烈なラリアット。そして握り拳を作り、勝利を確信したかのように真後ろに垂直に落とす最上級のバックドロップ！　なんとか立ち上がった三沢は執念のエルボーを放ったものの、後ろ向きに倒れてしまった。

三沢を引き起こした鶴田はまたまた最上級バックドロップ！　フォールにはいかずに「オーッ！」とアピールすると、3度目の最上級バックドロップ！　今度はガッチリと片エビで3カウントを奪うと、「オーッ！」の8連発、さらにベルトを腰に巻くとコーナーに上

▲三沢に放った"最上級"のバックドロップ３連発は今なお語り継がれる

がり、改めて「オーッ！」の6連発、計14発の「オーッ！」で大勝利をアピールした。

三沢は持てるものをすべて出して大善戦したが、それでも勝てなかった。「あそこまでやっても勝てない」という現実が鶴田の怪物的な強さを雄弁に語っていた。

「鶴田さんのは、高さも滞空時間もスピードも他の選手とは違うんだよ。天井の次に向こうの客が見えて〝ドーン！〟ていう感じなんだよね」とは、後年になって三沢から聞いた鶴田のバックドロップの感想だ。

さて、試合後の鶴田は珍しく饒舌（じょうぜつ）だった。

「全日本プロレスのナンバー1は、絶対にジャンボ鶴田だと。誰でもない、ハンセンでも三沢でもない、俺なんだと。それをファンのみんなにわからせるためには、これくらいやらないと。まあ、同世代がね、天龍にしろ、長州にしろ、ちょっと元気がないみたいなんでね、この年代はまだまだ負けないというところを見せないと。自分個人としてはね、世界一と言われるハルク・ホーガンと一回でもいいから戦って……もう、負けてもいいから真正面から行って、力いっぱいのファイトをして、それをファンに観てもらいたいというのが今の防衛した心境ですね。世界一決定戦というか、東京ドームであろうが、国立競技場であろうが、全力で戦いたいと思ってます」

ナンバー1の証明はわかるが、他団体の天龍、長州にエールを送り、さらに当時は全日本と交流はなく、SWSと業務提携していたWWFのハルク・ホーガンの名前を挙げたのだから、それだけ気持ちが高揚していたということだろう。

「鶴田さんは、三沢との三冠戦で武道館をあれだけ熱狂させたっていうのが嬉しかったみたいだね。三沢も前年の2試合とは比べて、身体では負けていても、気持ちでは負けないで堂々と対等に向かっていけた。鶴田さんが三沢を対戦相手として認めた試合でもあると思う」と、当時の鶴田の心情を語ってくれたのは渕だ。

なお、同世代の天龍、長州にエールを送った背景だが、その当時、天龍はSWSの派閥争いが表面化する中で、4月1日の神戸ワールド記念ホールでジョン・テンタと対戦した北尾光司が「八百長野郎！」という暴言を吐いた責任を取って取締役、理事会長、道場主の3つの役職の辞任を表明。慰留されて再出発を図ろうとしていた。そして長州は前年暮れにIWGP王座を藤波辰爾に明け渡して一段落し、レスラーよりも現場責任者のイメージが強くなっていた時期だった。

鶴田の言葉を伝え聞いた天龍は、「ジャンボに〝元気がない〟なんて言われたら、俺も大したことないなと思う反面、言われても仕方ないと思ったよ。実際、今のジャンボは元気がいいし、知り合いから〝ＳＷＳはつまらないよ。全日本を観てみな、面白いから〟って言われたしね（苦笑）。元気いい奴だからこそ、ああいう発言が出るんであって、俺の口から出ないのが情けないよね。まさかジャンボに言われるとは夢にも思わなかったよ（苦笑）」と、天龍節で鶴田からのエールに感謝していた。

カーニバル優勝、三沢に完全勝利をやってのけた鶴田は、週刊ゴングの清水編集長のインタビューでこう語っている。

「善戦マンとか言われながら、実績を積んで、精神的にも鍛えられて、どんなものが来ても怖くない肉体と心が作られたわけですよ。自分は、たとえば普段はメガネをかけた新聞記者だけど、リングに上がる時は強いスーパーマンに変身するって感じだね。日本で言えば中村主水（もんど）だよね。リングに上がる時だけ仕事人になる。この２面性がジャンボ鶴田のいいところなんですよ（笑）。いざ、リングに上がった時にキラッと光ればいいんですよ。いつも〝強い人だ〟って突っ張っていたら、疲れちゃいますよ。その辺がジャンボ鶴田の良さであり、またカリスマ性がないところかもしれませんね。カリスマ性を出すには、いつも肩をいからせていないといけないけど、僕は性格上できないと思うんですよ。できる人とできない人がいますからね。僕はこれでいいと思っています（笑）」

▲やはりジャンボ鶴田には三冠のベルト姿がよく似合う

小橋が改めて語るジャンボ鶴田の凄さ

カーニバル公式戦で田上、川田、優勝戦でハンセン、三冠初防衛戦で三沢を撃破して無敵ぶりを見せた鶴田は、次の『スーパーパワー・シリーズ』では5月24日の札幌中島体育センターで小橋に胸を貸した。

通算3度目、超世代軍になってからは2度目の鶴田戦となる小橋は、執拗なヘッドロックで主導権を奪いにかかった。鶴田が場外にエスケープすれば追いかけて鉄柱攻撃、さらにエプロン上から鶴田の頭を鷲掴みにしてフェース・クラッシャーと積極策だ。

しかし鶴田は追撃を受けながらもゆっくりと立ち上がるなど、自分のペースを決して崩さない。テレビ解説席の馬場も「ジャンボの間の取り方が巧いのか、それとも小橋の攻めが足りないのか……」と、表面的には押せ押せムードの小橋に対して辛口コメントだ。

とにかく小橋は前に出る。足をフックしてバックドロップを防ぐと、逆にバックドロップを放ち、なんと卍固め！　試合は初めて20分を超え、ムーンサルト・プレス、2度目のバックドロップも身体を浴びせて防ぐことに成功した。

だが、当時の小橋の体力はここまでだった。フライング・ボディシザース・ドロップからのバックドロップも足をフックして防御したが、延髄斬りからのバックドロップは防げずにカウント3。試合タイムは今までで最長の22分23秒だった。

「あの試合は時間が伸びただけで、まだまだでしたけど、20分を超える試合ができたっていうのは、ひとつの自信にはなりましたね。鶴田さんも〝これまでとは違うな〟って、ちょっとは感じてくれたんじゃないですかね。執拗なヘッドロックを仕掛けたのは、馬場さんのVSルー・テーズ（66年2月28日、東京体育館）のイメージがあったんですよね。僕は直接テレビを観てないですけど、話は聞いていたんで。バックドロップが得意な人にわざわざヘッドロックにいって封じ込めるっていうやり方ですよね。でも、よく考えたら馬場さんはテーズより大きいから封じ込めるヘッドロックにいったんでしょうけど、僕の場合は鶴田さんのほうが大きいのにヘッドロックにいったのは、今考えると無謀だなって（苦笑）。でも、ヘッドロックで締め続けてスタミナを奪えたのは事実なんで、自分のヘッドロックに対する自信が付いた試合ですね」

その後はあまり使うことはなかったが、あの試合で卍固めを使ったことを問うと「その頃、猪木さんのプロレスっていうのを観て、研究していたんです。力道山先生から馬場さん、猪木さんと受け継がれて、馬場さんの教えは猪木さんに通じるものがあると思ったんですね。馬場さんはどうしても大きすぎるんで、身体のサイズ的に近い猪木さんを研究している時期があって。馬場さんが内に秘めるのに対して、猪木さんは表面に出てくるエネルギッシュな闘魂……外に出す表情とかは素直に勉強になりましたね。で、馬場さんは僕が僕なりに表面に出すことをけっこう、認めてくれていたと思います」とのこと。

小橋にとって鶴田との最後のシングルは、翌92年2月27日の松本市総合体育館における鶴田軍VS超世代軍シングル全面対決。菊地が小川、川田が渕、三沢が田上に勝ったあとのトリで、小橋にとってはテレビ中継で初めてのシングルでのメインイベント登場だった。

これまでとは逆に鶴田が執拗なヘッドロック攻撃。小橋はインディアン・デスロック、テキサス・クローバー・ホールドで足攻めに出て、過去の試合とは異なる展開になった。

そして、やはり鶴田は強かった。小橋のダイビング・ボディアタックを膝で迎撃すると、すかさずランニング・ネックブリーカーからのバックドロップで決着。最後の対決は21分39秒でピリオドが打たれた。

「最近、その松本の試合を観る機会があったんですけど……結局、最後まで鶴田さんの余裕を崩せなかったかなって。でも、それが鶴田さんのスタイルなんだなっていうのを感じ

▲若かりし日の小橋もまた全力で立ち向かっていき、鶴田に鍛え上げられたひとりだ

ましたね、ずっと試合をやって。平気な顔してるから〝効いてないのかな？〟と思っちゃうんだけど、そうじゃないんです。〝余裕のあるジャンボ鶴田を見せる〟というのが鶴田さんのスタイルなんです。内面では焦っていたとしても、表面は余裕でいるのが鶴田さんのスタイルなんだなって思いますよ。〝焦るジャンボ鶴田を見せたい〟っていうのがずっとあったんですけど、そこを崩せなかったですね」

4回対戦してみて、小橋が肌で感じた鶴田の凄さとはなんだろうか？

「鶴田さんはもちろんスタミナもありますけど、攻めてる時もけっこう息を整えている。大きいから相手は乗っかられているだけできついんです。そこでゆっくり自分で呼吸を整えて、次の攻めの体勢を整えるのが巧かったです。いかに自分の身体を休めて、次の体勢に行くかっていうのに長けていたというか。身体が大きい人がみんなそうだとは限らないですからね。やっぱりスタミナがあって、相手の攻撃をしっかり止められないと成り立たないわけですよ。相手にダメージを与えながら、自分は呼吸を整えたり、スタミナを戻す。ずーっと自分が攻めっぱなしでもスタミナがあったんですね。だから天龍さんとの鶴龍対決にしても、ずっと攻めている時だって鶴田さんは息切れをしなかった。でもどっかで〝オーッ！〟とか、ちょっと間隔を空けるところがあるんですよ。それは間を取ってるんだと思うんです。攻め続ける時はボン、ボンと行くんですけど、そこで〝オーッ!〟って間を取って呼吸を整えていた。鶴田さんの身体能力が人より凄いというのがあった上で、間隔を空けて自分のスタミナ、ペースを保つ。逆に言えば、そこに付け入る隙があって行くんですけど、跳ね返されてしまう。その当時、僕の攻めもまだまだ足りなかったと思いますけど、相手にダメージを与えて、自分の体勢に行くっていう鶴田さんの呼吸の取り方は絶妙でしたね」

思えば、小橋が鶴田とシングルで戦ったのは、まだ三冠王座に一度も挑戦していない発展途上の時期だった。あと1年、鶴田が身体を壊さなければ、また違った展開が生まれていたかもしれない。

「鶴田さんの技は、ジャンボ・ラリアット、ジャンピング・ニーも効きましたけど、フライング・ボディシザース・ドロップも効きましたね。大きいから、畳がバーンと覆い被さってくるみたいなもんですよ。バックドロップは……鶴田さんがずっと元気だったらウイリアムスのデンジャラス・バックドロップも生まれてないかもしれない。鶴田さんが第一線を退いた93年からウイリアムスがデンジャラス・バックドロップを使い出しましたからね。自分の実力がガンガン上がってきたのも93年頃ですから、もうちょっと自分が上がったところで鶴田さんと対戦して、鶴田さんのバックドロップを受けたかったなと思います。

あの頃は鶴田さんのバックドロップに太刀打ちすることができなかったのが正直なところですけど、成長していく中で絶対に耐えることができるようになったと。それこそウイリアムスのデンジャラス・バックドロップも受けていたわけですから。そうなると、鶴田さんは相手によって角度を変えていたんで〝これが効かなくなったら、もっと凄い角度で！〟って変えてきたかもしれない。そういう凌ぎ合いがあって、プロレスは進化していくんだろうし、ファンのみんなが観ていて〝面白い！〟と思えるものだと思うんですね。プロレスが危ないのは当然なんです。それに耐え得る身体を作って、受け身を覚えていくからこそ進化があるんです。だから93年以降、受け身が進化した自分として、鶴田さんの究極のバックドロップを受けてみたかったという思いはあります。あと、若手の頃に、鶴龍対決で天龍さんがチョップをバシバシ打っているのを観てたから、僕も自分なりに突き詰めていった逆水平を鶴田さんの胸に打ちたかったですね」

若き日の小橋が鶴田から学んだものはなんだったのだろうか？

「鶴田さんみたいな大きな人に通じるか、スタミナでも対抗できるか……そういう気持ちがあったからたぶんスタミナも付いたんでしょうね。どんな長い試合でもスタミナをしっかり持つってことと、相手との間合いとかが試合をやりながら勉強になりましたね」

初めての三冠戦で川田が受けた衝撃

91年5月に小橋を撃破したあとに時間を戻すと、鶴田は7月20日、横浜文化体育館でスティーブ・ウイリアムスの挑戦を受けて三冠初防衛戦に臨んだ。

ウイリアムスはオクラホマ州立大学時代にオールアメリカンに4年連続で選出され、NCAAディビジョンIトーナメントのヘビー級で1年＝6位、2年＝5位、3年＝3位、4年＝2位の好成績を挙げているレスリングの猛者。91年当時はゴディとの殺人魚雷コンビでハンセン、スパイビーらとトップ外国人のポジションを争っていた。

その後、94年7月28日には日本武道館で三沢を破って三冠王者にもなり、四天王時代の全日本マットでデンジャラス・バックドロップを武器にトップ外国人のひとりとして、特に小橋と名勝負を繰り広げた。

00年6月の選手大量離脱の時も残留して全日本に忠誠を誓い、03年1月の『新春ジャイアント・シリーズ』まで全日本に貢献している。09年12月29日に咽頭がんにより49歳の若さで亡くなったのは残念だ。

この91年夏時点のウイリアムスは、まだまだ粗削り。三冠初挑戦のプレッシャーと鶴田の懐の深さに攻めあぐねて本来の突進力を活かせず、鶴田はバックドロップで貫録の初防衛を果たした。

カーニバル公式戦で田上、川田、優勝戦でハンセン、三冠防衛戦で三沢、その後に小橋、そしてウイリアムスをことごとく倒して「もはや誰も鶴田を止められないのではないか？」という空気が漂う中で、必死に巻き返しを図ったのが三沢と川田である。

三沢は鶴田に叩き潰されたあとの5月17日、後楽園ホールにおける『スーパーパワー・シリーズ』開幕戦でフェースロックを初公開した。

この日のメインの鶴田&渕VS三沢&菊地のタッグマッチは、鶴田が三沢相手にエルボー封じの執拗なアームブリーカー攻撃、さらにはチキンウイング・フェースロックを初公開するなど、三冠戦の続きとばかりに優位に立ったが、鶴田の猛攻をエルボーの連発で振り切った三沢は、渕のバックを奪って左腕を足でロックするや、首をねじ切るような〝フェースロック〟で一気に勝負を決めてしまった。

「もう返し技は知られてしまっているし、オリジナル的なことをやっていかないとね。研究も必要だよね」と、三沢はこの新技で再び〝打倒！　鶴田〟を目指したのである。

7月24日に石川県産業展示館で、川田と組んでゴディ&ウイリアムスから世界タッグ王座を奪取した三沢は、初防衛戦の相手として9月4日の日本武道館で鶴田&田上を迎えた。

ここで三沢は大仕事をやってのける。フェースロックで鶴田からギブアップ勝ちを奪ったのである。鶴田が日本人選手にギブアップしたのは初めてのことだった。

そして特筆すべきことは、勝った三沢の株が上がるのは当然だとして、負けた鶴田の評価も下がらなかったのである。

「あの鶴田さんをギブアップさせた三沢の株が上がって、なおかつ負けた鶴田さんの株も落ちなかったということは、三沢が鶴田さんの位置まで上がっているということだよな。ということは鶴田さんと三沢の2本柱で並び立っていけるんだってことを認識できた大きな意味のある勝利だったんだよ」と、渕は分析する。

この三沢の快挙に続けとばかりに、10月24日に横浜文化体育館で鶴田の三冠王座に挑戦することが決定した川田は、9月27日の後楽園ホールにおける『ジャイアント・シリーズ』開幕戦の鶴田&田上VS川田&小橋で、ドラゴン・スリーパーとコブラツイストをミックスした〝ストレッチ・プラム〟を初公開。それまでギブアップ技を持っていなかった川田が開発した新しい武器である。

「ストレッチ・プラムは別に鶴田戦用に開発したわけじゃなかったと思うよ。まえまえから自分のオリジナルの技を作りたいなと思っていたから。レスラーってけっこう、人の技を盗んで、それを自分のものにしていくパターンが多いけど、その中でも〝この人にしかない技〟っていうのがないとね」と川田。

渕はギブアップ技の重要性をこう語る。

「長い試合を提供する全日本にはギブアップ技は必要不可欠なんだよ。カウント3は前後何秒かの攻防だけど、ギブアップ技は仕留めるまでに10秒から20秒かかるし、あるいはその技に入る、入らないの攻防で30秒とか1分間、お客さんを集中させられるからね。だから鶴田さんも大きな身体を利してスリーパー・ホールドをよくやっていたでしょ。それに対抗するべく三沢のフェースロック、川田のストレッチ・プラムが生まれたわけだよ」

そして迎えた10・24横浜決戦。実は38度を超える熱を出していた川田は、無駄な動きを控えて、確実に鶴田を倒せる戦法に出なければならなかった。

川田は開発したストレッチ・プラム、タイトルマッチ4日前の10・20七尾市城山体育館における鶴田&田上&渕正信VS川田&小橋&菊地毅の場外戦で鶴田を失神に追い込んだ胴締めスリーパー、さらにはキャメル・クラッチ式のスリーパー……と、前哨戦から使っていた絞め技で積極的に勝負に出たが、１９６㎝、１２７㎏の鶴田の巨体をコントロールするのにはやはり無理があった。

一度はバックドロップをカウント2でクリアしたものの、ラリアットの相打ちで吹っ飛ばされ、フライング・ボディシザース・ドロップを浴び、ドロップキックから「オーッ！」の雄叫びと共に爆発した急角度のバックドロップ固めを返すことはできなかった。

「よく他のレスラーが大事な時に熱出したりして〝馬鹿じゃないの！〟って思ってたら、普段、気をつけてる自分がそういう時に限って高熱出しちゃって（苦笑）。鶴田さんとの初めての三冠戦だったから、とにかく頑張るしかなかったよね。シリーズ中に一回、場外でのスリーパーで鶴田さんを失神させたよね。気が付いてからブチ切れられたんだけど（苦笑）、それがあったからいろんなバリエーションのスリーパーを使ったんだけどね。正直、どうやったって敵わないだろうなって感じだったよ。バックドロップのまえのドロップキックだって凄かったもんね。あの身体が飛ぶんだよ。それも物凄い瞬発力で飛ぶんだから。昔、鶴田さんのドロップキックで馬場さんだって顔をボッコリ蹴られてたもんね」

川田が鶴田と最後に一騎打ちを行ったのは、翌92年『新春ジャイアント・シリーズ』の大一番となった1月21日の大阪府立体育会館だった。

川田が今こそ語る〝鶴田最強説〟

このシリーズでは鶴田軍、超世代軍、ハンセン軍の三軍対抗戦が行われ、大阪では鶴田軍と三沢軍のシングル全面対決が組まれた。

小橋が小川を倒して超世代軍が先制すれば、田上が菊地に勝利して五分の星に。セミで三沢が渕をフェースロックでギブアップさせて超世代軍が2―1でリードという形で、メインの鶴田VS川田を迎えた。

「今の俺じゃ、どうにもなんないよ、鶴田さんは。この前の三冠戦の時より緊張している」と、試合前はナーバスな川田だったが、あわやセコンドの渕がタオルを投げ込んでしまうのではないかというほど、ストレッチ・プラムで絞り上げ、追い込んでいった。

そしてパワーボムの体勢に入ったが、これまでと同じようにリバース・スープレックスで叩きつけられて万事休す。川田の攻撃をすべてクリアした鶴田はパワーボム、DDT、延髄斬りからバックドロップ。これはカウント2で跳ねられたものの、川田を踏みつけて「オーッ！」とアピールすると、最上級のバックドロップで一気にケリ。青コーナー、赤コーナーに上がって、それぞれ5回の「オーッ！」で大会を締めた。

「シングルで3回やったけど、パワーボムを1回もやれなかった。決まらないよ、あの人には。あの当時は太刀打ちできなかったね。〝やるまえに負けること考える馬鹿がいるかよ！〟って猪木さんがアナウンサーにビンタしたことがあったじゃん。たしかにそうだけど、勝てる気がしなかった。目に見えない圧力があるし〝どうやったら勝てるんだろう？〟って。〝天はいくつの物をあの人に与えたんだよ？〟って。強いて与えれなかったのは……音程かなっていうぐらいだから（笑）」

小橋は鶴田の無尽蔵と言われるスタミナについて、「相手にダメージを与えながら間隔を空けて、呼吸を整えて自分のスタミナ、ペースを保つ」と言っていたが、川田は「相手に攻めさせて休んでいた」と証言する。

「あの人は攻めさせて休んでるの。それは余裕があるから。あの耐久力、持久力は生まれつき持っていたものだと思うよ。バスケットやってた人間が、何か月かアマレスやったらオリンピックに行っちゃうぐらいなんでも吸収する力が凄いし、それだけの体力、センスを持ち合わせていたんだよ。身体測定やったら凄い数値を出したと思うよ。あの人の場合は球技もやれたじゃない。球技が上手な人間は運動神経いいから。だから体力もあって、運動神経も良かった。ましてやあの身長であの体格っていう人はいないと思うよ」

川田に鶴田の効いた技について聞いてみると、「全部！」という答えが返ってきた。

「全部、嫌だったな（苦笑）。あの人が余裕でやってることは、俺なんかにとってみれば、えげつないんだよ。昔、馬場さんを軽々とサイド・スープレックスで投げたでしょ。普通は馬場さんの胴に腕を巻くだけで力が入らないわけよ、大きいから。それを余裕で投げていたのは考えられないよ。ジャーマンだって、あの身体で軽々やってたじゃん。バックドロップもね、余裕あるバックドロップ。相手によってコントロールして余裕で決めるんだよ。えげつなく投げるっていうのを俺はやってきたけど、そうじゃないんだよ。鶴田さんのはガッシリ、ガツッって決めるやつだから」

川田に鶴田は怪物だったのか、最強だったのかを聞いてみた。

「昔は体力面じゃないところで怪物をアピールするプロレスラーが多かったじゃない。たとえば〝肉をこれだけ食った〟みたいな。人とは違った怪物ぶりをアピールして、名前を売っていた時代に比べると、鶴田さんは〝全日本プロレスに就職します〟って言ったぐらいだから、入ってきた時からそういう意識はまったくなくて、プロレス界でお堅く生きていこうって思ったんじゃないかなと思うから、それまでの怪物とは全然違うよね。でも最強かって聞かれれば……最強だと思いますよ。プロレスラーとして最強かどうかっていうのは、また別で、お客さんに喜んでもらえるとか、人を惹きつけるとかいう面では違うと思うけど、フィジカル的なものでは最強だと思う。ファンの人たちに共感されにくかったのは、強すぎるがゆえにというのがあったと思うよ。でも超世代軍とやっていた時に支持されたのは、鶴田さんが俺らみんなを余裕を持っていじめたからだよ。もう、みんなが鶴田さんの強さを理解しちゃっていたからね」

そんな鶴田から川田が学んだものとは？

「なんだろうな、あの人は全部余裕でやってたから、俺たちが学べるものはないんだけど、強いて言えば……〝攻めさせて休むっていう手もあるんだな〟って。でもあの人は休まなくたって全然平気で1時間戦えるような人だからね。ああいう体格、体力、センス……そういうものは欲しかったなと思うんだけど、ただそこまで全部揃っちゃっていると、努力しなかったんじゃないかなと思う。何もないから俺は人一倍練習したしね。それって何も自分に揃っていないからこそ、そこに追いつくためにしてきたんだけど、生まれながらに全部揃っちゃっていたら努力しなかったんじゃないかなって。鶴田さんなんて、何もしなくたってできちゃう人だから。もしかして陰で努力していたかもしれないけど、その可能

▲川田は鶴田のことをフィジカル面では“最強”と語った

性は少ないかもしれないな。でも、陰でやっていたら、それは正解だと思うよ。今のレスラーは自分の練習を動画で公開してるじゃない。プロレスラーっていうのは、そういうものをベールに包んでいたんだから。だからプロレス界は変わってきちゃったのかなって思うよ」

三沢の鶴田超えはならず

鶴田と三沢の最後の対決は92年4月2日、横浜文化体育館における『92チャンピオン・カーニバル』公式戦30分1本勝負だ。

92年も前年同様にA、Bの2ブロックに分かれてのリーグ戦が行われ、鶴田と三沢は渕、菊地、ゴディ、ジョニー・エース、ダグ・ファーナス、ジョー・ディートン、マスター・ブラスター、ジャイアント・キマラ2と共にAブロックにエントリーされた。

この日を迎えた時点で鶴田はゴディと時間切れ引き分けになった以外は全勝で、残るは三沢戦と渕戦のみ。三沢は無傷の5連勝で鶴田、ゴディ、エース、ファーナスとの4試合を残していた。なお、トップを走っていたのは鶴田と引き分けた以外は全勝で、三沢戦だけを残すゴディ。鶴田にとっては自力で優勝戦に進むには勝っておかなければいけない一戦だ。

　こうした状況での1年ぶりの激突は、鶴田が攻めっぱなしだったという印象しかない。エルボーバットをかわして頭を掴んでフェース・クラッシャーで叩きつけると、フライング・ボディシザース・ドロップ、スリーパー、ハイブーツ、逆エビ固め、ジャンピング・ニー、キチンシンク、キャメル・クラッチ式フェースロック、ラリアット、ＳＴＦ……と、10分すぎまで攻めっぱなしなのだ。

　途中、三沢はラリアットをかわしてのエルボーバット、ジャーマン・スープレックスなどで反撃を試みるが、いずれも単発に終わり、鶴田が危ないと感じられる場面は皆無。特に、19分すぎ、鶴田が１２７kgの巨体を躍らせて放った走り込みドロップキックとコーナー最上段からのダイビング・ボディアタックはド迫力だった。

　鶴田がピンチになったのは実に試合開始から26分。前年９・４日本武道館でギブアップ負けを喫したフェースロックを極められた時だ。ロープにエスケープする鶴田、再びフェースロックに入る三沢、髪を掴んで投げる鶴田、残り時間２分で３度目のフェースロックが極まったが、これも髪を掴んで投げてクリアする。

　残り10秒でバックドロップを炸裂させた鶴田はカバーにいったが、カウント２で30分時間切れのコング。結果的に最後となった鶴田VS三沢は決着がつかなかったものの、鶴田の

▲この試合でも、鶴田は三沢に対して強さを遺憾なく発揮した

強さが改めて浮き彫りになった一戦だった。

同時に、2年間の鶴田との戦いを通して、決して心が折れることのない精神の強靭さと、受けの凄さを身に付けた三沢の成長も見て取れた。

「三沢の凄さってスタミナなんだけど、そのスタミナを作ったのがジャンボ鶴田。敵わないからジャンボにやるだけやらせて、ジャンボが疲れたのを見極めてやっつけに行く三沢だったよね。ジャンボ鶴田を疲れさせるための受け身によって、あの時代の三沢は出来上がったんじゃないのかな。三沢は受けながら、自分のスタミナをコントロールできた。だから相手の技を全部吸収したよね、逃げることなく」と言うのは和田だ。

通算成績は鶴田の2勝1敗1引き分け。三沢のタイガーマスク時代を含めると、鶴田の3勝1敗1引き分けで終わった。

結果的に三沢は鶴田を超えることはできなかったが、あの一連の死闘が、のちに究極のプロレスと言われた四天王プロレスの下地になったのは間違いない。

後年、三沢は鶴田についてこう語っている。

「戦ってみて、初めて本当の鶴田さんの凄さがわかったよね。鶴田さんの凄さっていうのは、ほとんど天性のものだから。バネといい、スタミナといい、プロレスラーのトレーニングというよりも、言い方は悪いけど、他のスポーツで遊びながら鍛えていくというのかな。試合中にも全然疲れた顔を見せないし……見せないというか出さない⁉ 痛いっていう顔はしていたけどさあ（笑）。とにかくいつも元気な人で、戦っているこっちが不安になってくる人だったよ」

なお、この年のカーニバルの行方だが、これでリーグ戦6勝2引き分けとなった鶴田の自力での優勝戦進出は消滅。最後の渕戦に勝って7勝2引き分けにしたものの、三沢がファーナス、ゴディに連勝して8勝1引き分けで優勝戦に進出。優勝戦は三沢VSハンセンとなって、ハンセンがラリアットで初優勝を果たしている。

鶴明砲で結果を出すも病魔が襲う

92年の鶴田は、1月28日の千葉公園体育館でハンセンに三冠王座を奪い返されてしまったが、三沢との最後のシングルマッチの1か月前の3月4日の日本武道館において、田上との鶴明砲でゴディ&ウイリアムスから世界タッグ王座を奪取している。

90年8月から田上をパートナーにしたものの、同年と91年の『世界最強タッグ決定リーグ戦』で優勝できず、ゴディ&ウイリアムス、ハンセン&スパイビー、三沢&川田が保持していた世界タッグに挑戦するもいずれも敗れていただけに、1年7か月にしてようやく結果を出せたことは、鶴田にとって本当に嬉しいことだった。

90年以降の全日本のタッグチームというと、三沢&川田、川田&田上、三沢&小橋、小橋&秋山を思い浮かべるファンが多いと思う。しかし、もし鶴田&田上の鶴明砲が世界タッグ奪取以降、ずっと継続されていたとしたら、全日本プロレス史に残る名タッグチームになっていたかもしれない。

今回の執筆にあたって鶴明砲の試合を見直してみたら、とにかく理屈抜きに強いし、そのスケール感が半端ではないのだ。今のプロレス界を見ても、これだけスケールが大きいヘビー級のタッグチームはいないと断言できる。

2017～19年に史上初の3年連続年間最優秀タッグチーム賞を受賞した、現在の全日本の諏訪魔&石川修司の暴走大巨人も、鶴明砲の映像は勉強になるはずだ。

王座奪取に成功したゴディ&ウイリアムスとの試合もド迫力だった。この殺人魚雷コンビのパワーとエネルギッシュさも凄いが、それにまったく引けを取らないのである。

まだ30歳の田上も元気いっぱいで、その強烈なタックルは、タフなゴディが一時戦闘不能状態になるほどの当たりの強さだ。

ゴディにアトミックドロップ&バックドロップの合体技を決め、最後は田上がゴディを場外に落としてトペ・スイシーダで追撃をしている間に、鶴田がウイリアムスをバックドロップで仕留めるという阿吽(あうん)の呼吸による見事な王座戴冠劇だった。

かつての鶴龍コンビは天龍が相手の攻撃を受けまくって、攻め疲れさせて鶴田につなぐというパターンだったが、鶴明砲は、田上が引き立て役に回ることなく、自由に暴れていたのが大きな特徴だ。

「いやあ、鶴田さんは強いから、別に俺が特に引き立てる必要もなかったよ。俺は光りようがないんだけどさ(苦笑)」と言う田上だが、鶴田は自分を落とすことなく、しっかりと田上を光らせていたのである。

6月5日の日本武道館における三沢&小橋相手の初防衛戦では、鶴田が敢えて勝負を田上に託し、これに応えた田上が小橋をネックハンギング式喉輪落としでフォール。鶴田は「技とかじゃなく、田上の精神面の勝利だ」と称えた。

鶴明砲の試合をずっと裁いてきた和田は、「あんなに人に教えることをしないジャンボが田上には厳しかったね。きっとジャンボ鶴田がジャンボ鶴田を見てるみたいなもんだっ

▲田上とのコンビで世界タッグ王座を手にした鶴田は田上の活躍に笑顔を隠せない

たと思うよ。三沢、川田、小橋について行けない、貪欲さがない田上に〝お前もこいつらと一緒なんだから頑張れよ！〟っていう歯痒さをジャンボは感じていたよね。〝俺が三沢をやっつけるんじゃなくて、お前がやるんだよ！〟って。あのあたりからジャンボは一歩退き出したんじゃないかな」と言う。

41歳になった鶴田は、この頃から後進に道を譲り始めたというのが和田の見方だが、たしかにそうだと思えることが年明けにあった。それは92年1月4日、銀座東急ホテルにおける『91年度プロレス大賞授賞式』でのことだ。鶴田は83、84年に続き3回目のMVPを受賞。天龍が12月12日の東京ドームにおけるハルク・ホーガン戦でベストバウトを獲得し、表彰式では鶴龍が1年9か月ぶりに並び立つシーンが生まれたが、パーティ会場では右と左に分かれてふたりが言葉を交わすことはなかった。

そこで鶴田のいるテーブルに行って新年の挨拶をし、久しぶりに話をしたら「小佐野君、僕も3月でもう41になるんだよ。まあ、プロレスはできて45歳まで……僕の計算では、あと5年ぐらいだろうから、しっかりと計画して後継者を育てないとね」というようなことを言っていたのだ。雑談なのでメモは取っていないから、おぼろげな記憶である。それを思うと、田上に勝ちを譲るようになったのも合点がいく。

しかし、現実は計算どおりにはいかなかった。

鶴田は世界タッグ初防衛後、7月4日に横須賀市総合体育館で開幕した『サマー・アクション・シリーズ』を全休に追い込まれてしまうのである。

表向きの理由は、開幕戦直前の練習の際に左足首の古傷を悪化させたためということだったが、85年8月5日のジャパン・プロレス主催の大阪城ホール大会（VS長州力）を右肘の緊急手術で欠場して以来、実に6年11か月ぶりの欠場だけに、マスコミ関係者の誰もが「これは只事（ただごと）ではない」という違和感を覚えていた。

そう、その右肘の手術の際の血液検査で、母子感染のB型肝炎のキャリアだということが判明し、ウイルスを撃退するために86年後半頃からインターフェロンの投与を始めていたが、肝機能の状態を測るGOTとGPT値が上昇して昭和大学病院に検査入院していたのだ。鳴りを潜めていたウイルスがとうとう暴れ始めたのである。

付き人を務めた秋山準の証言

鶴田が復帰したのは76日後の8月20日、後楽園ホールにおける『サマー・アクション・

シリーズ2』開幕戦。メインイベントで田上&小川とトリオを組み、三沢&川田&菊地と対戦して、いきなり27分35秒の激闘をやってのけ、菊地をバックドロップで沈めた。

髪を短くし、こんがりと日焼けした身体は精悍（せいかん）そのもの。少し痩せたようにも見えたが、日焼けはそれを隠すためだったかもしれない。

久々に、谷津との五輪コンビで着用していた背中に五輪マークが入ったジャンパーで入場したのは、今になって考えれば、そこに何かしらの思いがあったのかもしれない。

「休みの間？　左足首を負傷していて下半身は動かせないからね、子どもと元気玉を飛ばして戦ってましたよ。『ドラゴンボール』っていう漫画、知ってる？　僕がデッカイ元気玉を飛ばすとね、子どもはもっとデッカイ元気玉を飛ばしてくるんだよ。1シリーズ休んだぐらいで〝全日本のエースが代わった〟とか〝鶴田はもう駄目だ〟とか言われるとカッとくるんでね。まあ、書きたい人はドンドン書いてください。でも、今度怪我するのは向こう（超世代軍）だからね！」と、鶴田は表面的には元気いっぱいだった。

しかし実際のところは、GOT、GPTの数値が正常値に近づいたことで治療を切り上げて退院、開幕戦に間に合わせたのである。

1シリーズ休んだことで時代は確実に動いていた。

シリーズ第3戦の8月22日の日本武道館で、三沢がハンセンから三冠王座を初めて奪取し、時代を引き寄せる一方で、鶴田はセミで田上との鶴明砲でゴディ&ウイリアムスと対戦してゴディのパワーボムにピンフォールを許してしまった。

ノンタイトルマッチだったことで世界タッグ王座からの陥落は免れたが、鶴田時代から三沢時代に移行したことを示唆するような日本武道館大会だった。

しかし、その後は復調し、超世代軍相手のタッグマッチ、6人タッグは常に20分を越える戦いとなり、最終戦前日の9・8諏訪湖スポーツセンターの鶴田&田上&小川VS三沢&川田&小橋は実に30分58秒のロングマッチになった。

続く『ジャイアント・シリーズ』の10・7大阪府立体育会館では、鶴明砲としてゴディ&ウイリアムスの挑戦を受けて世界タッグ2度目の防衛戦。24分すぎにゴディに喉輪落とし&バックドロップの合体技を炸裂させ、鶴田がウイリアムスをスリーパーで捕えている間に田上が高角度喉輪落としでゴディをフォール。自分がゴディに雪辱を果たすのではなく、敢えて田上に勝利を譲った鶴田は、「僕の体調も戻ってきたし、コンビネーションも巧くいった。これで気持ちよく世界タッグを返上して最強タッグに出られます。心の中では……一応、優勝だと思ってますけどね」と、上機嫌でコメント。『世界最強タッグ決定リーグ戦』に向けて強い意欲を見せた。最強タッグ開幕前に世界タッグ王者はベルトを返上し、優勝チームが王者になるというのが当時の慣例だったのだ。

この時の鶴田について聞くと、川田も小橋も田上も異口同音に、「病気のことは全然気が付かなかった」と証言する。

「その時点では病気のことは知らなかったな。1シリーズ休んでカムバックした時に馬場さんから〝実はちょっと肝臓があれだから〟って言われたんだよな。本人は何も言わなかったけど、カムバックした時に少し痩せていたよね」と言うのは鶴田の側近だった渕だ。

誰も気付かなかった中で、鶴田の異変を密かに感じ取っていた人間がいた。

それは付き人を務めていた秋山準である。

専修大学レスリング部主将だった秋山は、大学4年生の時の91年7月に馬場にスカウトされ、92年2月3日に全日本に入団。同月21日に合宿所に入ると、同じレスリング出身ということもあってか、デビュー前から鶴田の付き人になった。

「付き人をやっていた頃は、技がどうの、プロレスがどうのというよりも社会人としての心得みたいなことをよく話してくれましたね。〝すぐにトップのレスラーになると思うけど、テングになっちゃいけないよ。一般の人と普通にお付き合いできる人間でいなきゃ駄目だよ〟とかっていうことですね」

もちろん、スパーリングなど、稽古もつけてもらっている。

「正直、僕はレスリングの現役バリバリで入ってきているのに対して、鶴田さんは40すぎていたんで、動かしたらすぐに息が上がるだろうと思ったんですけど、まったく息が上がりませんでした。あれはビックリしましたね。簡単にクルクル回されましたし、〝この人、凄いな！〟って思いましたね。鶴田さんは動かそうと思っても動かせませんよ。乗られたら動けない。体幹が強いというのか、まったくブレないですね。上に乗られて背中の痛い部分を肘でグッと押されて腕を極められちゃうとか。渕さんもそうですけど、昔の人はそういう急所を知ってるんですよ。そういう練習を熱心にやったのは僕らの世代ぐらいまでかもしれないですね」

そんな秋山は7月の欠場前から鶴田に異変を感じていたという。

「病気のことはまったく知らなかったですけど、ただ、疲れている感じはありましたね。当時の鶴田さんはベントレーに乗っていて〝これに乗るのが夢だったんだよ！〟と喜んでいて、鶴田さんが運転して、新弟子で付き人の僕が助手席に座っていたんですけど（笑）、後楽園ホールとかに行く時に〝このところ、ちょっと疲れるんだよなあ……〟と言っていたのを記憶していますから」

9月21日の後楽園ホールにおける、『旗揚げ20周年記念謝恩祭』のセミファイナルで小橋の胸を借りてデビューした秋山がラッキーだったのは、第一線を退く前の鶴田を体感できたことだ。

初対決は、デビュー5戦目となる10月13日の鶴岡市体育館における鶴田&渕VS小橋&秋山。秋山のミサイルキック、ダイビング・ボディアタックを敢えて受け止めた鶴田はパワーボム、バックドロップで叩きつけて勝利すると「技術面は何も言うことはないね。技のタイミングが微妙にずれているのを直すだけ。経験を積めば凄い選手になる。戦ってもみたいし、組んでもみたい。育ててもみたいよ」と、秋山をベタ褒めした。

その後も10・15いわき市総合体育館（鶴田&田上&小川VS三沢&菊地&秋山）、10・16会津体育館（鶴田&田上&小川VS川田&小橋&秋山）で対戦し、拷問コブラツイストや逆エビ固めで秋山を締め上げた鶴田は「根性がある。とにかく戦いに付いてきているんだから、それだけで凄いよ。気合だけは負けないようにっていうのがわかる。超世代軍に入られたら困るから、あんまり早く成長してほしくないけど（笑）、間違いなく大成するよ」と満面のジャンボ・スマイル。レスリングから入ってきて、いきなりメインクラスに起用されるという、若い頃の自分と同じような境遇の秋山への思い入れは強かったようだ。

たった3回だけだが、〝強い鶴田〟に触れることができた秋山はこう言う。

「元気な鶴田さんと試合をしたのは僕がギリギリですね。ギリギリ、鶴田さんと対戦できたっていうのは本当にラッキーだと思います。すでに体調は悪かったのかもしれないですけど、その時点でもメチャメチャ強くて〝凄い余裕だなあ〟って思ったのを憶えてますね。試合させてもらった時、僕は死にそうになってハアハア言ってるんですけど、鶴田さんはまったく息も切らさず〝ほら、頑張れ〟って言うんですよ。〝立ってこい！〟とかっていう激しい感じじゃなくて。完全に遊ばれているっていうか、教えてもらいながらの試合でしたね。お客さんには聞こえていないと思いますけど〝しっかりしろ〟とか〝頑張れ〟って言われながら試合をしてもらったっていう感じでしかないですね。バックドロップを食らったのは貴重ですね。ただ、三沢さんたちにやるのとは角度が全然違っていましたけどね。鶴田さんは相手のレベルを見て調節しますから。一番きつかったのはコブラツイスト。関節が痛いとかならわかるんですけど、鶴田さんのコブラツイストは息ができない。捻られすぎて肺がどうにかなって呼吸できなくなるって感じですね」

秋山が鶴田から譲り受けて、今も大切にしているのがジャンピング・ニーパットである。

▲秋山が「一番きつかった」と語るコブラツイスト。たしかに捻り方が尋常ではない

「教わったポイントはステップですね。ちょうどリングの中心で相手にヒットするステップ。あとは打ったあとに身体が流れずに、ヒットしたところから真下に着地できるようにということですね。ジャンピング・ニーは難しいんですよ。相手も衝撃を逃がそうとするから、打ったあとにフワッと身体が流れちゃう。鶴田さんはリング中央で相手に膝をヒットさせて、真下に着地するから、リングの真ん中で〝オーッ！〟をやっていましたよね。だから、あの一連の動作は絵になっていたんです。鶴田さんがカムバックして、ちょっと元気になられたぐらいの頃に道場でそのタイミングとか、ステップのやり方を教わりました」

唐突な鶴田時代の終焉

鶴田の第一線での最後の試合は、『ジャイアント・シリーズ』最終戦、10月21日の全日本プロレス創立20周年記念試合だ。馬場&ハンセン&ドリー・ファンク・ジュニアVS鶴田&アンドレ・ザ・ジャイアント&ゴディという、全日本プロレスの20年の歴史を彩った選手たちによるまさにドリームマッチである。

日本の師匠の馬場、アマリロ時代の師匠ドリー、アマリロ時代に苦楽を共にし、その後は全日本のトップ戦線で鎬を削った戦友ハンセンとの戦いは、今になって思えば、鶴田のプロレス人生の集大成のようでもあった。

夢のような時間は瞬く間に過ぎた。スピニング・トーホールドを仕掛けてきたドリーを首固めに丸め込んで勝利した鶴田は、「これは洒落で言うんじゃないけど、鶴の恩返しだね。早いね、20年は」と、感慨深げな表情を見せた。

そして、いよいよ田上との鶴明砲で92年を締め括る『世界最強タッグ決定リーグ戦』に出場のはずだったが、開幕前日の11月13日午後5時から馬場が緊急記者会見を開いた。

「ジャンボが内臓疾患により出場できないということで、秋山が代わりに田上のパートナーとして出場します。ジャンボは現在入院していて、今は治すのが先決ですので、まずは治療に専念させようと思い、こうなりました」と発表した馬場は、7月の欠場の時も左足首の負傷だけでなく、内臓疾患もあったことを明らかにした。

実は『ジャイアント・シリーズ』終了後、肝機能の数値が一般の健康な人に比べて30倍近くも跳ね上がったのだという。入院したのは10月31日。次男の出産日だった。

「鶴田さんがメインを張れなくても、超世代でお客さんが来るようになった。それで10月の時点で〝最強タッグは無理だから、田上のパートナーを秋山に〟って。三沢も若い時に

▲これが第一線でのラストファイトになるとは誰が予想しただろうか

肝臓を悪くしているから、どういう病気なのか聞いてみたら〝ちょっと長引くみたいです。けっこう深刻みたいですよ〟って言っていたのを憶えている」（渕）

「馬場さんに呼ばれて三沢さんと俺でキャピトル東急に行った時に〝ジャンボはもう無理みたいだから〟って。なんのことかわからなかったけど〝お前たちが頑張るしかない〟みたいに言われて。あれだけ元気だった人も病気には勝てないのかなって思ったよね」（川田）

「俺と馬場さんでゴルフから帰ってきたら、元子さんが泣きながら〝馬場さん、大変。ジャンボが死んじゃう！〟って。その時、俺はジャンボの肝炎のことをまったく知らなかったから、わけがわからなかった」（和田）

こうした証言を聞くと、当時の深刻な状況がわかる。

127kgあった体重は90kgにまで落ち込み、見舞いに訪れた馬場夫妻は「入団した頃のジャンボに戻ったようだ」と落胆したという。

かつての付き人・三沢も見舞った。90年春から2年半、リング上では対峙してきた三沢だが、やはり鶴田は大切な人だった。

本人の人生設計の45歳よりも3年5か月早い41歳7か月……ジャンボ鶴田の時代は唐突に終わりを迎えようとしていた――。

第11章 そして伝説へ

鶴田なきリング上での世代交代

ジャンボ鶴田の闘病中に全日本プロレスのリング上は大きく動いた。

1992年の掉尾を飾る『世界最強タッグ決定リーグ戦』は12月4日、日本武道館で三沢光晴&川田利明が田上明&秋山準を下して優勝。テリー・ゴディ&スティーブ・ウイリアムスの3連覇を阻止して、天龍源一郎が離脱後、初めて日本人タッグチームが優勝した。

鶴田の欠場によって、デビューしたばかりで田上のパートナーに大抜擢された秋山が予想以上の頑張りを見せたのも、全日本にとって大きな収穫だった。気付いてみたら大黒柱の鶴田不在でも92年のラストマッチを日本人選手だけで締めることができたのだ。

そして優勝と同時に、三沢&川田は第20代世界タッグ王者に認定され、三沢は三冠ヘビー級王座と合わせて5冠王に上り詰めた。名実共に全日本のエースになったのである。

すると明けた93年、川田が新たな行動を起こした。

「プロレスは3年周期で変わっていくと思うし、お客も新しいものを欲しがっているだろうから、超世代軍もそろそろ考える時期にきていると思う」と、4月12日の大阪府立体育会館で超世代軍を離脱。それまでライバル関係にあった田上との共闘を宣言して、5月には超世代軍と敵対する形で川田&田上を中心とする『聖鬼軍』が結成された。

それまで超世代軍が目標としてきた鶴田がいなくなったという現実の中で、「頂点に立った三沢の対角線に立ったほうが全日本マットは面白くなる」と川田は考えたのだ。

川田&田上は、5月20日の札幌中島体育センターにおいて、1・30千葉公園体育館で三沢&川田から世界タッグ王座を奪ったゴディ&ウイリアムスを撃破。第22代世界タッグ王者となり、早くも結果を出した。

翌21日の札幌2日目では、田上が喉輪落としでダニー・スパイビーに、小橋がムーンサルト・プレスでゴディに、川田がラリアットでウイリアムスに初勝利。メインイベントではスタン・ハンセンの挑戦を受けた三沢が渾身（こんしん）のエルボーバットで完璧な3カウントを奪って王座防衛に成功。4人が揃ってトップ外国人を制圧したことを機に、三沢、川田、田上、小橋は〝四天王〟と呼ばれるようになった。

そう、この日から〝四天王プロレス〟がスタートしたのである。全日本マットは鶴田の長期欠場によって、ごく自然な形で世代交代したのだ。

「入院中の鶴田さんから何回も電話がかかってきたよ。特にショックだったのは、92年の暮れ（12月27日）に大熊（元司）さんが急性腎不全で亡くなった時。まだ51歳の若さだったし、ハワイ旅行から帰ってきて急に亡くなっちゃったからね。〝あの大熊さんが……〟って1時間近く話したのを憶えてるよ。〝渕君、健康が一番だよ〟って言うから〝鶴田さん、どうなんですか？〟って聞いたら〝いやあ、すぐには退院できないんだよ。まあ、夏までには大丈夫だと思うけど〟って。川田が超世代軍を抜けて田上と聖鬼軍を結成した時も電話がかかってきて〝お客さん、入ってんの？〟って聞かれたから〝入ってますよ〟って答えたら、〝そうか……いいよなあ〟って。〝ハンセンが鶴田さんの代わりに若い人間の壁になって一生懸命やってますよ〟って言ったら〝ああ、そうか〟って」と、渕は鶴田の闘病中の様子を明かしてくれた。

本人が意図せぬ突然の引退報道

時代は鶴田軍VS超世代軍から、四天王プロレスに移行した。世代交代がなされた直後の5月28日、日刊スポーツに『鶴田引退　全日エース42歳　肝炎倒せず』というショッキングな見出しが躍った。

「純粋にプロレスのことを考えたらプロレスはやめたほうがいい。身体を動かすことによって出てくる老廃物を殺すのが肝臓ですから。一般人として生活できるようになるには、退院後2か月ほど自宅で静養してから。無理をして試合に出場するにしても、さらに半年後。シリーズに参加して遠征に帯同するのは無理。ボクシングのように試合の前後に十分な休養ができれば別ですが」という、昭和大学病院第一内科で鶴田の主治医を務める橋本幹生医師の見解が伝えられ、この橋本医師の言葉に対しての「プロレスと命のどちらを取ると言われたら、命を取りたい」という鶴田のコメントも掲載された。

さらに、入院した時には、B型肝炎ウイルスのために肝不全という最悪の状態だった、とも伝えている。それまで「内臓疾患」としか発表されておらず、この報道で初めて「B型肝炎」が明らかにされたのだ。

だが、同日の東京スポーツの遅刷りには『怒りの反論　鶴田　引退しない』という引退報道を否定する記事が載った。直撃インタビューに鶴田はこう答えている。

「先生はお医者さんだから〝無理なことはするな〟と言うに決まっています。でも自分の気持ちは、すぐにでも試合をやりたいし、また最後の最後までプロレスラーとして生きていきたい気持ちでいっぱいなんです。今後、最悪なことがない限り引退はあり得ません。

今42歳だけど、45まではどんなことがあってもプロレスはやるつもり」

日刊スポーツに掲載された「命を取りたい」も、東京スポーツに掲載された「最後の最後までプロレスラー」も、どちらも鶴田の本音だったと思う。

ただ、肝機能の各種の数値が正常値から正常値程度の間で落ち着き、退院に向けての検査を並行している段階に入っていただけに、まさか引退報道になるとは鶴田自身は思っていなかったのではないだろうか。

この引退報道合戦は、ジャイアント馬場の「ジャンボ自身が〝絶対に引退をしない〟と言ってるんだから、ゆっくり話し合ってみるつもりだ。今は無理をしないで身体を治すことが第一だからな。その具合を見て、どういう形で試合を続けていくか考えてみるよ。シリーズ全部に出場できなくても、1週間に1試合か2試合に出ることだって可能だからな。全日本プロレスとしては来月とか、いきなり復帰とか、そんなことは考えていない。ちゃんと治るまで、いつまでも待つ」という言葉で収まった。

鶴田は、引退報道から約3週間後の6月20日にようやく退院。退院に合わせて、木原文人リングアナウンサーが、病院の玄関で鶴田の入場テーマ曲『J』を流すという粋な計らいをしてくれたという。

受け入れた第一線からの撤退

退院から3か月後の9月24日、鶴田は後楽園ホールにおける『93ファン感謝祭』に来場して、11か月ぶりにリングに上がった。

この日は挨拶だけだったが、「オーッ！」の10連発で観客を喜ばせ、「僕はプロレスの世界に入ってきた時に〝就職します〟と言って、軽く取られたかもしれないけど、やっぱり僕はプロレスが大好きなんですね。本当に全日本プロレスのファンと、全日本プロレスが大好きなんですね。だからもう一回ね、このマットに帰ってきて試合がしたいと。いきなりメインとかは難しいですけど、もうちょっとですので、それまで……もし待っていただけるんでしたら、待っていてください」と、復帰を誓った。

自宅での療養生活に入った鶴田は、『B型肝炎　治った　驚いた　この方法』などの著書がある茅ヶ崎市立病院の野村喜重郎（現在は野村消化器内科院長）を訪ね、新たなライフスタイルを確立するためのアドバイスをもらい、また毎月一回、定期検査を受けるようになった。

体調は上向いたが、野村に「試合は疲れるほどやってはいけない。シングルマッチは駄目。タッグマッチのみ。肝臓と脾臓が破裂するおそれがあるので、キックなどの打撃技は徹底的に避けてほしい」と告げられたという。

入院していた昭和大学病院からも退院する時に、「長生きしたかったら、プロレスはやめてください」と言われていた。

復帰に向けての話し合いで馬場は鶴田にこう言った。

「自分が寂しくないなら、第一線を退いてもいい。命のほうが大事だからな。でも、どうしてもプロレスを続けたいなら、自分の出たい時に声を掛けてくれ。そうしたらカードを組むから。身体は正直だよ。ジャンボ、メインにこだわらないでゆっくりいこう」

鶴田は、〝楽しいプロレス〟へのシフトチェンジを受け入れた。

復帰戦は、10月23日の日本武道館の第4試合。馬場&鶴田&ラッシャー木村VS渕正信&永源遙&泉田竜角の6人タッグマッチ30分1本勝負。ファミリー軍団VS悪役商会の〝楽しいプロレス〟に組み入れられたのである。

ちなみに、この日のメインは三沢にハンセンが挑戦する三冠戦、セミは小橋VS川田の超世代軍VS聖鬼軍一騎打ち、セミ前は秋山VSテッド・デビアス。全日本は完全に新たな時代に突入していた。

たとえ第4試合でも、367日ぶりにリングに戻ってきた鶴田に超満員1万6300人の大観衆は、入場前から「ツルタ、オーッ！」の大合唱。リングインした鶴田は感慨深げに武道館全体をグルリと見回した。

木村を制して先発を買って出た鶴田は、まず盟友・渕と対峙。この日を待っていたとばかりに渕は鶴田の胸板に万感のチョップを連発。これに対して鶴田が初めて決めた技はカウンターのキチンシンク。そしてロープに飛ばしてジャンピング・ニーから「オーッ！」だ。

馬場にタッチし、馬場とのカウンターのダブル・ハイキックを久々に披露。その後は渕と永源にコブラツイスト、泉田にはラリアット、最後は泉田にラリアット、ハイブーツを叩き込んで木村につなぎ、木村がブルドッキング・ヘッドロックで試合を決めた。

そして観客に向かって、「オーッ！」の5連発を2回の大サービス。馬場が笑顔で一緒に「オーッ！」をやる姿が微笑ましかった。

試合タイムは14分18秒。鶴田の出番は計3回。127kgから117kgとスリムになっただけで、ブランクを感じさせない試合だったが、鶴田は「10分すぎから息が上がっちゃって。こんなのデビュー戦以来です」と苦笑していた。

「プロレスラーをやってて良かったと思いましたよ。お客の姿を見ているだけでもジーンとしましたし、ここにいること自体が奇跡です。完全復活できるように今後も努力したいです。これからが勝負ですね」と前向きな言葉も出た。

復帰戦の相手を務めた渕はこう振り返る。

「やっぱり身体が一回り小さくなっていたね。でもお客さんの反応が凄く良かった。打撃技は駄目？　そんなこともひとことも言われなかったよ。〝渕君、普通どおりでいいから来てよ〟って。あとで聞いたら大きくジャンプするのもよくないと。でもジャンピング・ニーもやっていたからね。考えてみれば、あの時の6人の中で生きているのは俺だけなんだよな……」

カムバック第2戦は、5か月後の94年3月2日の春日井市総合体育館で、復帰戦と同じカードだ。馬場とのダブル・ハイキック、ジャンピング・ニー、コブラツイスト、ラリアットと前回同様に元気なファイトを見せた。

敢えて地方の大会での試合になったのは、「今の肝機能の数値は人並みぐらいまで落ちたんですけど、やっぱり再発するのが怖いから、今回は地方にバスや電車を乗り継いで行ってみて、どんな数値になるのか確かめてみたかった」という鶴田本人の希望によるものだ。

8月には残暑が厳しい中で復帰後初の連戦にもトライした。

まず、8・27京都府立体育館で馬場&木村と組んで渕&永源&マイティ井上と対戦し、永源にラリアットを決めて23分16秒のロングマッチに勝利。この日の鶴田は計4度リングインして、計8分にわたって猛ファイトを展開した。

翌28日は、広島市東区スポーツセンターで木村&百田光雄とのトリオで永源&井上&泉田と対戦。19分11秒、復帰後初めてのバックドロップで泉田を沈めた。川田から「鶴田さん、もう1試合ぐらいどうスか？」と声を掛けられると、「冗談じゃないよ。僕は川田選手や田上選手のようなバケモノじゃないんだから。俺を殺す気か？」と笑顔を見せた。

復帰後の鶴田の前向きな姿勢を、レフェリーの和田京平はこう語る。

「馬場さんは〝カムバックしてもあんまりジャンボを使うなよ。疲れることが一番よくない〟って言ってたけど、でも、ジャンボは〝大丈夫です〟って。たしかに痩せて元気なかったけど、強かったね。やっぱり強い人は強いよね。俺らには弱さを見せなかった。逆により一層頑張ってたよね。〝昔、あれぐらいのことをやってくれれば、もっともっと全日本は面白かったのに〟って思ったよ。俺は、戻ってきた当時のジャンボのほうが以前のジャンボより好きだったな」

こうして地方での試合、連戦とひとつずつトライしていた鶴田だが、前述のように医師の勧告もあり、ついに第一線に戻ることはなかった。

「まだまだ鶴田さんが出ればお客さんは喜んだけど、鶴田さんの試合のスケジュールやマッチメークは馬場さんがやっていたね。鶴田さん本人も身体がだるい、疲れるというのもあったと思うんだけど〝俺はもういいんだよ。すべて任せるから〟と。四天王の試合を観て〝いやあ、凄い試合だな。俺はあの中じゃ無理だなあ〟〝ハンセンも大変だなあ〟って言っていたね」と渕は言う。

デビューしたばかりの92年10月に、3度だけ鶴田の胸を借りた秋山は、復帰後の鶴田とも何度か当たっているが、「やっぱり身体の張りがなくなってしまいましたし、リング上でも優しい感じになりましたよね。こっちも無理させちゃいけないっていう意識が働きましたしね」と言っている。

前向きな生き方

第一線からの撤退を受け入れた鶴田は、新たな道を見つける。

昭和大学病院に入院していた時に、「元女子プロゴルファーの桝井芙佐子(ますいふさこ)が筑波大学大学院体育研究科でコーチ学を学んでいる」という記事をゴルフ雑誌で読み、ずっと興味を持っていたが、プロレス活動がスポット参戦になったことで、自分も大学院に進んでコーチ学を勉強しようと思い立ったのである。

「鶴田さんは会社の負担になっていると感じていたみたいだし、世話になるんじゃなくて自立したかったんだと思うよ。で、大学院に行って新たな道を見つけて、側面から全日本をバックアップできればという計画があったと思う」（渕）

94年10月18日、筑波大学大学院修士課程体育研究科コーチ学の社会人特別選抜枠を受験し、10日後の28日に合否の発表。果たして鶴田の名前は掲示された合格者名簿にあった。そして翌95年4月6日に入学。鶴田は44歳にして大学院生になったのである。

鶴田は週2回、朝6時半に自宅を出て、たまプラーザから電車と高速バスを乗り継いで、約3時間かけて筑波学園都市まで通学。修士論文『現代レスリングが直面する課題──ジャンボ鶴田の理論と実際──』を完成させ、97年3月15日に卒業した。

その間には、94年8月4日に筑波大学で全日本女子柔道チームの臨時コーチを務めたり、96年9月26日には日本相撲協会の師匠会に呼ばれて両国国技館で約50人の親方を前に大学院で学んだコーチ学に基づいた若手力士の育成法、食生活について講演している。

96年4月から慶應義塾大学、桐蔭横浜大学で講師に就任し、大学院卒業後の97年4月からは母校・中央大学の講師にも就任した。

こうした鶴田の生き方について、「俺がもし鶴田さんみたいな状況になったら、落ち込んで凄く悩んで……ってなるだろうけど、でも自分がどうやって生きていこうかって前向きに考えて大学の教授になって、論文を書くために控室で俺なんかに〝アンケートを書いてくれ〟って持ってきたり。その切り替えの早さは凄いなと思ったよ」と語るのは川田。引退宣言はしていないものの、事実上リングを降り、現在は東京・世田谷区喜多見でラーメン居酒屋『麺ジャラスK』を経営し、自ら厨房に立つ川田はこうも言う。

「鶴田さんは横浜に豪邸を建てたじゃん。あれだけ広い土地でさ、普通は真ん中に家を建てるじゃん。それがきっちり後ろ半分に建てて〝何かがあった時には土地を切り売りできるように〟って。そこまで堅く考えていた人だからね。鶴田さんはサラリーマンだとか、なんだとか言われていたけど、でも結局は〝そっちのほうが正しいんだよな〟ってなる時が来ると思うんだよね、みんな年を取ったらね。俺は下手な生き方をしているから、鶴田さんの人生設計をした堅い生き方も、今となれば、ありじゃないかと思うしね。昔から豪快なのがプロレスラーであって、豪快なことがプロレスラーのイメージをアップしてきたんだけど、あの人はプロレスに入る時点で〝全日本プロレスに就職します〟って、プロレスラーのイメージを捨ててるわけだからさ。でも、今のレスラーには豪快にしている人はいないよね。俺とか三沢さんぐらいまでだもんね、そういうレスラー気質みたいなのがあったっていうのは。今のレスラーは、サラリーマンより堅いよね。酒飲まないし、お金は使わないし。当時のジャンボ鶴田の上を行くよね（笑）」

13年5月11日に引退し、現在は自身の体験を活かした講演活動、『エニタイムフィットネス等々力』の運営、プロレス・エクササイズのレッスン、尚美学園大学ライフマネジメント学科講師、プロレス中継の解説者など、さまざまな方面で第二の人生を邁進する小橋も、鶴田の生き方に共鳴するひとりだ。

「僕も引退を決めて〝じゃあ、何をやろうか？〟ってなった時に……なかったんですよ、進む道が。プロレスラーには次に進む道がないんです。だから鶴田さんが〝こういう道もあるんだよ〟っていう指針を見せてくれて、プロレス界のステータスを引き上げてくれたと思うし、自分が引退した今だから余計に鶴田さんの凄さを感じます。鶴田さんの生き方は今の僕にとって勉強になっていますね。僕は今、尚美学園大学で講師をやってますけど、鶴田さんは教授にまでなりましたからね。年齢を重ねてから、そこまで勉強をしようという思いが凄いですよ。普通はできないですよ。鶴田さんが今、もし御存命ならいろいろ話を聞いてみたいと思います。〝僕も今、大学でこういうことをやってるんですけど、どういう感じでやれば広がっていきますかね？〟とか、いろいろ聞けたかもしれないですね」

人生のライバルとも言える天龍はこう語っていた。

「ジャンボが横浜の自宅から電車で1時間も2時間もかけて筑波大学に飄々と通っていたって聞いた時に〝凄いな、俺にはできないな〟って感服させられたよ。その後、日本相撲協会で講演したって聞いた時に、〝ああ、ジャンボ鶴田には勝てないな〟と思ったよ。実社会では、ジャンボは俺のはるか先を行っていたよ」

後輩たちの目に晩年の姿は……

鶴田は新たな道に踏み出しながらも、プロレスをやめることはしなかった。

筑波大学大学院を卒業した97年には、10月21日の日本武道館における『旗揚げ25周年記念興行』で馬場&ハンセンとトリオを結成して1年ぶりにリングに復帰。本田多聞&ジャイアント・キマラ&渕と対戦して師匠・馬場とダブル・ハイキック、戦友ハンセンとはダブル・タックルを決め、最後は多聞にジャンピング・ニーを炸裂させて、ハンセンの勝利を強力にアシストした。

「久しぶりにいい汗をかきました。みんなの協力でいい試合ができたと思いますね。第一線で多くの技をやるのは無理になっていくだろうけど、できる限りリングに立ちたいですね」とコメントした鶴田だが、実は馬場に何回か引退を申し入れている。

そのたびに馬場は「俺の目の黒いうちはやめてくれるな」と言い、さらに「試合がない日は来なくていいぞ」とも言っていたという。

だが、試合が組まれていなくても、日本武道館や後楽園ホールなどの近郊の興行にはコスチューム、タイツ、シューズなどの試合道具一式を持って顔を見せていた。

「あの頃だと、試合を組むなら俺たちの悪役商会ぐらいしかいなかったよね。やっぱり三沢や小橋相手に試合というわけにはいかないしね。試合がなくても後楽園ホールでは〝ここでシャワーを浴びるのがいいんだよ〟って、シャワーを浴びてから帰っていたよ」(渕)

「ジャンボは、みんなの視線が気になったんじゃないかな。〝なんで休んでいる人間に給料を払わなきゃいけないんだよ〟っていう周りの目もあったけど、それで会場に来たら来たで〝何しに来たの？〟みたいな。〝試合をしない人はいてもしょうがないじゃん〟にな

っちゃうんだよね」(和田)

「鶴田さんは意外と周りのことを気にしないと俺は思っていたよ。後楽園に来て風呂だけ入って帰るから、みんなが〝なんなんだよ？〞って言ってたけど。それでもあの人は気にしなかったと思うな。それが、いいところであって、悪いところであって……どっちにでも取れるんだけど、それがジャンボ鶴田かなって、俺は思うよ」(川田)

「自分もがんから復帰してしばらくスポット参戦していたからわかるんですけど、いたたまれないというか……」(小橋)

「かわいそうだったよね。自分で歯痒い部分があったんじゃない？」(田上)

人によって感じ方はさまざまで、川田の見方も鶴田本来の性格からすると頷けるが、やはり肩身の狭い思いをしていたのではないだろうか。この頃になると、鶴田は会場にいても試合がない時にはマスコミのまえに極力姿を見せないようになっていたのだ。

そんな状況にあった鶴田が、さらなるステップに踏み出すのは、98年5月1日の全日本プロレスの東京ドーム初進出の試合に出場した以降のことだ。

東京ドームでは、木村&百田とのトリオで渕&永源&菊地毅と対戦。第3試合だったが「大きな会場だから、寝技より立ち技のほうがいいと思って」と、ジャンピング・ニー、ハイブーツ、バックドロップの大技を披露。フィニッシュこそ百田に譲ったものの、90年4月13日の『日米レスリング・サミット』以来8年ぶりの東京ドームを勝利で飾った鶴田はどこか満足気だった。

そして、中央大学の講師になった頃から温めていた「アメリカで研究活動をやる」という夢に向かっていよいよ動き出す。

橋渡し役になってくれたのは、新人時代に可愛がってくれ、その後も親交が続いていたオレゴン州在住のマティ鈴木だ。鈴木の知り合いのポートランド州立大学OBから大学に鶴田のことが伝わり、受け入れ受諾の回答がきたのである。

現地を下見した鶴田夫妻は、同年9月に馬場夫妻にアメリカ行きのプランを打ち明けている。同大学の研究交流プロフェッサーというシステムによって翌99年3月から教授待遇で赴き、運動生理学の研究とトレーニングの実践を2年間行うことになった。

引退、そして涙のセレモニー

しかし99年1月31日、馬場が急逝。取り巻く状況が何もかも変わってしまった。

当初、鶴田は全日本の役員だけ辞任をして、年に数えるほどしか試合に出場できなくてもプロレスラーのままでいようと考えていた。

しかし馬場亡きあとの全日本のことを思うと、アメリカ行きを断念するか、行くにしても向こうの夏休みを過ぎてからという考えも浮かんだという。

問題は、すでに発給されている研究者用のJ－1ビザは改めて簡単に取得できるものではなく、この機会を逃したら、いつ実現できるかわからないということだった。

最終的に鶴田が選択したのは役員の辞任と引退。つまり全日本を去ることだ。

2月20日、キャピトル東急ホテル（現ザ・キャピトルホテル東急）において、馬場から初めてプレゼントされたという赤いネクタイを着用して記者会見に臨んだ鶴田は「ジャイアント馬場社長逝去の際、渡米の延期とかよくよく考えたんですけど、生前ジャイアント馬場氏は〝チャンスは絶対にモノにしろ。人生はチャンスとチャレンジだ〟と言われていて、それを信じ、こういう大変な時期なんですけれども、渡米させていただくことになりました。また、それに伴いプロレスラーとしての引退を決意しました」と笑顔で引退発表。

しかし、その裏ではさまざまなことがあったようだ。

鶴田が馬場元子夫人に相談に行ったところ、そこである選手に「今度は全日本の金でア

「チャンスは絶対にモノにしろ。人生はチャンスとチャレンジだ」との名言を残す

メリカに行くの?」と言われたというのだ。その選手は、大学院にも全日本に学費を出してもらって通っていたと誤解していたという。

馬場との約束で、スポット参戦でもリングに上がり続け、今回のアメリカ行きも悩んでいた鶴田の中で、何かが弾けた。帰宅した鶴田は、全日本の選手に次々と電話をかけて退団を告げたのだった。

「ファン感謝デー（2月13日、後楽園ホール）の前の日の昼と夜、当日に電話で話したけど〝悪いけど、辞めます〟って。〝いいんですか?〟って聞いたら〝俺が決めたから〟って言われたから。だったら、もう何も言わないで……。リングに上がり続けている現役の人だったら〝まだ、できますよ〟って止めたと思うけど、今の鶴田さんはそうじゃないわけだからさ。素直に送り出す気持ちかと言えば、そうじゃない部分もあるけどね。ここ何年間かはゆっくり話もできなかったから、今となってはそれが心残りだよね……」と、その当時、三沢は複雑な胸中を語っている。

引退発表のニュースを聞いた天龍は、9年ぶりに鶴田に電話を入れた。

「ジャンボの引退を知った時には〝なんでだよ、俺を置いてってくれるなよ〟っていう気持ちとね、あの慎重なジャンボが決断したなら〝お疲れさん〟っていう気持ちだったね。

全日本を辞めた時以来、久しぶりに電話して〝なんで辞めちゃうの？　なんでジャンボが全日本の社長にならないんだよ？〟って言ったら〝源ちゃん、そんな野暮なこと聞くなよ。全日本なんだからわかってるでしょ〟って、たしなめられたのを憶えてるよ。ジャンボは鷹揚なようだけど、自分の怒りのポイントに触れることがあると、ちょっと俺とは違う偏屈なところがあったんだよね。でも、もう吹っ切れていたというか、肩の荷が下りたというか、そんな印象だったから〝お疲れさんでした〟ってね」

　さらに天龍はこうも言っていた。

「俺たちの時代ってあったのかな？　確実にあったよな!?　そりゃあ何時間か、何分か何秒か知らないけど、確実にあったよねえ……。こっちでは俺とジャンボが戦って、向こう側では長州と藤波が戦っていたんだからねえ。そういう時、あったよね……」

　そして、こう打ち明けるのは和田だ。

「馬場さんが亡くなって、元子さんが次の社長に考えていたのはジャンボだったんだよね。俺らとしては社長になってほしかったけどね。でも、それをしなかったっていうのも凄いな、ある意味で。〝馬場さんいないなら、俺も〟って退いたわけでしょ」

　結果的に鶴田のラストマッチになったのは前年9月11日の日本武道館。

馬場＆木村と組んでのVS渕＆永源＆菊地で、菊地にバックドロップを炸裂させて木村の勝利をアシストした。

引退セレモニーは3月6日、日本武道館。この日、私は早めに会場入りして超世代軍の控室で三沢の取材をしていた。そこに鶴田がやってくると「鶴田さん、よかったらずっとこっちの控室にいてくださいよ」と三沢が声を掛けた。

当時、私は鶴田引退の裏事情を知らなかったが、さり気ない三沢の心遣いに複雑な背景を感じ取ったことを憶えている。

この時の記憶を渕に話すと、「そうか……何かあったのかな、やっぱり。奥さんからはちょっと聞いたけど、鶴田さん本人の口からは聞いていないんだよ」とのことだった。

引退セレモニーが行われたのは第3試合終了後。

全日本の選手がリングサイドに集合するや、早くも日本武道館を埋め尽くした1万6300人の大観衆は「ツルタ、オーッ！」の大コールだ。

初代テーマ曲の『チャイニーズ・カンフー』が流れる中、鶴田は笑顔で入場。やがて曲は『J』に変わり、マスコミ各社が鶴田の激闘の歴史を追った写真パネルを贈呈。続いて大峡正男営業部長、選手会長の三沢からの記念品の贈呈が行われた。

徳光和夫アナウンサーによる鶴田の歴史のナレーションから、明るいムードで進んでいたセレモニーの空気が変わった。

それまで笑顔だったのが、鶴田の目がみるみるうちに潤み、両眼から涙が溢れたのだ。

全日本プロレスでは、10ゴングは亡くなった時の弔鐘（ちょうしょう）とされていたから、引退セレモニーではゴングは鳴らされない。

いよいよセレモニーもラスト……努めて明るく振る舞って笑顔を見せていた鶴田だが、最後の挨拶でも、こみ上げてくるものを抑えきれなかった。

「昭和47年10月31日、全日本プロレスに〝就職します〟と言って入ってきて、早いもので27年が経ちました。その間、いろんなことがありました。ですけど、ファンの皆様、多大なご声援をジャンボ鶴田にもらいまして非常にありがとうございました。約6年前に病気をしまして、それ以来、慶應大学、桐蔭横浜大学、中央大学にて教鞭を執ってきましたけど、今回、大学交流システムのプロフェッサーとして3月12日、米国のポートランド州立大学に就任することが決まりました。この話は生前、ジャイアント馬場選手にもゆっくりと……（言葉を詰まらせる）……話をしましたが〝ぜひ、チャンスだから行ってこい〟と、そういう風に言われました。えーと……（再び言葉を詰まらせると、客席から「鶴田、頑張れ！」の声が）……ちょうど時期的にですね、ジャイアント馬場選手の御逝去ということになり、時期の延期とか中止も考えましたが、馬場選手がいつも僕に言ってくれた〝人生はチャレンジだ！〟と。〝チャンスは掴め！〟と。その言葉を信じ、今日の決断になりました。長い間、本当にジャンボ鶴田、全日本プロレスをご声援くださいまして、ファンの皆様、ありがとうございました。私はここに……引退はしますけど、全日本プロレスには有望な若手がたくさんおります。三沢、川田、小橋、田上、いい選手がいっぱいいます。ですからファンの皆様、ぜひ、これからも全日本プロレスに熱きご指導とご支援を、切に、切に、よろしくお願いいたします。今日はどうもありがとうございました」（完全再現）

いつも柔和で温厚な鶴田だが、こうと思ったら意地でも曲げない頑固な一面もある。きっと、この引退セレモニーという最後の舞台でも明るいキャラクターを貫こうと思っていたに違いない。常に飄々と「プロレスは仕事ですから」と装うのが鶴田のダンディズムなのだ。

だが、最後の最後に〝素の鶴田〟が出てしまった。10カウント・ゴングもなく、非常に簡素なセレモニーだったが、それだからこそファンの熱い思いが鶴田の心にダイレクトに響いたのかもしれない。

リング上で涙を流したのは、73年10月9日に蔵前国技館で馬場のパートナーに大抜擢さ

▲素の鶴田がファンの前で涙を見せたのはこの時だけかもしれない

れてザ・ファンクスのインターナショナル・タッグ王座に挑み、テリー・ファンクからジャーマン・スープレックスで1本目を先制して以来、25年5か月ぶりのことだった。

それでも最後は赤コーナーと青コーナーに上がって、それぞれ5回の「オーッ！」。最高のジャンボ・スマイルでプロレスラー人生を締め括った鶴田は、控室に戻るとハンカチで涙を拭いながらこう語った。

「何か、自分が思った以上にファンの温かさを感じて……。泣くまいと思って、今日は清々しい感じでファンの皆さんに挨拶しようと思ったんですけど、27年間というか、いろんな試合とかそういうものが走馬灯のように出てきてね。涙ですね……。でも、これは悔し涙でもなんでもないです。嬉し涙です！　何か皆さんは、僕のことを非常にクールな人間だと捉えているみたいですけど、僕も馬場さんと一緒で内心はプロレスが大好きだったし、プロレスのために一生……プロレスと関わって生きていきたいなって思っている人間なんです。本当に長かったようで短かったですよね。人生ってそういうものかもしれませんけど。だけど僕はプロレス界に生きられて非常に幸せだったと思いますし、全日本プロレスに就職しましてよかったと思います」

私事だが、この99年の1月5日に、私は週刊ゴングの編集長から日本スポーツ出版社編集企画室長になった。そこで最初に手掛けた本はジャイアント馬場追悼号『さよなら王道16文』で、馬場元子夫人に「あら、馬場さんはあなたに大きな仕事をあげちゃったのね」と言われてしまったが、その次がジャンボ鶴田引退記念号『ありがとうジャンボ』になった。なんという運命の巡り合わせだろうか。私は、全日本担当記者時代にお世話になった恩返しのつもりでこの本を作った。まだ幼い3人の息子たちが大きくなった時に、「お父さんは偉大なレスラーだったんだ」と理解し、尊敬してくれることを祈りながら作った。

本の発売日は、ちょうど鶴田一家が渡米する3月10日。私は仕事の都合で届けられなかったが、週刊ゴングの全日本担当記者に刷り上がったばかりの本を成田空港まで持っていってもらい、鶴田に直接手渡してもらうことができた。

そして3月10日午後6時35分、三沢に見送られた鶴田はデルタ航空52便で第二の人生に旅立っていった。

最終的な馬場と鶴田の関係は

99年1月31日に馬場が亡くなり、3月6日に鶴田が引退。確実に全日本プロレスはひとつの時代の終わりを告げた。全日本旗揚げ時のメンバーはもちろん、鶴田が日本デビューを果たした73年10月時点のメンバーでさえ、現役はひとりもいなくなってしまったのだ。

その当時も、そして今現在も、私には大きな疑問がある。果たして馬場と鶴田は最終的にどういう関係だったのかということだ。

私は取材をしていて、鶴田は常に馬場と一定の距離を取っていることを感じていた。社長の馬場は、選手たちにとっては近寄りがたい存在だったのはたしかだが、鶴田の場合は、全日本の黎明期からの師弟関係にもかかわらず、何か他人行儀なのだ。

馬場にしても鶴田に一目置きつつも、明らかに天龍のほうを信頼して、大事なことは天龍に相談していたし、天龍もまた自然体で馬場に接していた。

飲んでいる天龍に、「馬場さんからお米（相撲用語でお金のこと）引っ張ってこい！」と言われた小橋が、馬場に命じられて本物の米を入れた袋を天龍に持って行ったことがある。巡業中の山形だったと記憶している。

小橋に米が入った袋を渡された天龍は、「馬鹿野郎、本物の米じゃないか！」と怒ったが、よくよく見ると米の下にはお札が隠れていた。馬場流のいたずらである。そして小橋の後ろから馬場がのっそりと登場。そのまま天龍同盟と馬場の宴会になった。馬場はそうやって親しみを持って接してくる天龍が好きだったようだ。

よく話題になるのは、「馬場は天龍、三沢にはピンフォールを許したが、鶴田にはついに一度も負けなかった」という事実である。

天龍は89年11月29日、札幌中島体育センターにおける『89世界最強タッグ決定リーグ戦』公式戦の天龍&ハンセンVS馬場&木村で、馬場をパワーボムで叩きつけてフォール。この時点で、馬場がトップレスラーになってから初めてフォールした日本人レスラーになり、さらに94年1月4日の東京ドームにおける一騎打ちでアントニオ猪木にもパワーボムで勝利して、「馬場と猪木をピンフォールした唯一の日本人レスラー」になった。

三沢は、鶴田が第一線を退いたあとの94年3月5日の日本武道館で小橋と組んで馬場&ハンセンと対戦し、馬場をダイビング・ネックブリーカーでフォール。当時、三沢は三冠ヘビー級&世界タッグ（パートナーは小橋）の5冠王。馬場をフォールしたことで全日本のエースの座を不動のものにし、馬場の後継者になったのである。

馬場をピンフォールした天龍がこんなことを言っていた。

「馬場さんをフォールした時は、垂直に馬場さんが頭から落ちて、その上から俺が押さえて馬場さんの首に体重がかかっていたから綺麗にパワーボムが決まったよね。でも〝馬場さんは返せたんじゃないか？〟っていう、その時に感じた疑問は払拭できないでいるよ。馬場さんが俺にフォールされて返さなかった時に〝馬場さん、俺に全日本をどういうふうに舵取りさせたいの？〟って自問自答したよ。〝ジャンボじゃないの？〟って。試合が終わったあとに4割は〝ああ、馬場さんに勝ったんだ！〟って嬉しかったけど、あとの6割は、大きな団体の看板を背負ってきた馬場さんが俺に負けたんだから、〝俺は全日本をおっつけられるのかよ……〟っていう複雑な気持ちだよね。プロレスって〝こいつにだけは負けてたまるか！〟って思ったら、そう簡単に負けないもんなんだよ。だって一番楽なのは負けることだから。起きないでワンツースリーを聞いちゃえば終わるわけだから。当然、何回戦っても勝つまでに至らなかったジャンボが観ているわけだし、あるいは〝鶴田さん、天龍が馬場さんに勝っちゃいましたね〟って言う奴もいて、それを聞いていなきゃいけないジャンボもいたわけだから、それを思ったら複雑だったよ。ジャンボはどう思っていたのか……」

はたして馬場と鶴田の間には、最後まで埋められない溝があったのか？

第6章でも触れたが、77年暮れのクーデター事件、あるいは鶴田自身は政治的なことには関与しなかったものの、日本テレビが鶴田体制にしようとした時期があったことがずっと影響していたのだろうか？

根強く囁かれている馬場と鶴田の不仲説に異議を唱えるのは渕だ。

「ずっと一緒にいれば、それはいろいろあるよ。それこそ轡田（友継＝サムソン・クツワダ）さんの一件とか、途中で馬場さんに代わって社長になった松根（光雄）さんが鶴田さんを中心に据えようとしたことでお互いに疑心暗鬼になったこともあるだろうし、変なところで警戒したかもしれない。でも最終的にそんなことを乗り越えて、20周年を迎えた92年には信頼関係があったんじゃないかな。あの頃は馬場さん自身が言っていたけど、社長業人生の中で最高の時期だったと」

そして、こんなプランがあったことも明かしてくれた。

「鶴田さんがあと1年元気だったらと思うんだよね。92年10月21日の日本武道館で全日本プロレスの創立20周年記念大会をやっただろ？　あの時はメインが三沢VS川田の三冠戦、セミは馬場&ハンセン&ドリーVS鶴田&アンドレ&ゴディの特別試合だったけど、鶴田さんが元気だったら、鶴田&田上の世界タッグ王座に馬場&小橋の師弟コンビが挑戦するっていうカードを考えていたんだよ。20周年記念でこの2大タイトルマッチが実現できていれば、素晴らしい世代交代が起きた可能性があるよね。当時の状況からすれば、鶴田さんにとっては馬場さんを超える最後のチャンスで、メインは若い三沢と川田で締める。その試合は本当にファンに見せたかったね」

もし、このプランが実現していたら、きっと鶴田は師匠・馬場超えを達成し、三沢と川田が新しい全日本を見せるという20周年の区切りにふさわしい大会になっていただろう。

あと1年、いや、あと半年でも鶴田が元気だったらとつくづく思う。プロレスの神様は時としていじわるなものだ。

結果的に、鶴田が病気で第一線を退いたことで世代交代がスムーズに行われたわけだが、その一方では、誰もその強さと存在を超えることはできなかった。

「リング上に関しては最強と思わせる説得力はあったよね。関節技がどうだとか、そうしたものを超越していたと思うよ。誰もが納得するパワー、スタミナ、スピード……期間は短かったかもしれないけど、全盛期の鶴田さんには誰も太刀打ちできなかったんじゃないかな。本人もノリノリでやってたしね。天龍さんがいなくなった90年春から2年半は誰も付いていけなかった。世代交代したけど、実際には三沢が鶴田さんを超えたかっていうのは微妙だったよね。あの頃の鶴田さんは基本的な技のボディスラム、そして背中をパシーンと叩く。超世代軍が凄い技を4つ、5つ出しても、鶴田さんが1発の蹴り、1発のニーで返すだけでお客さんが沸いていたよね。たとえば菊地毅が必死に下から何発もエルボーで向かっていっても、鶴田さんの助走をつけたハイブーツ1発でお客さんが沸くんだから。あのシンプルな説得力が鶴田最強説の大きなポイントだろうな」（渕）

逝去

「ジャンボは日本に帰ってきてるの？」

天龍からそんな電話がかかってきたのは、鶴田の渡米から1年……00年3月22日のことだった。鶴田が引退を発表したあと、天龍は労（ねぎら）いの電話をかけている。その時に「今度帰国したら、源ちゃんの店（当時、東京・世田谷区桜新町で経営していた『鮨處　しま田』）に行くよ」と言っていた鶴田から電話があったというのだ。

「店に電話がかかってきたんだけど、あいにく俺は外出中で〝また連絡します〟って言ってたっていうんだけど」とのことだった。

私は前年の11月3日に鶴田から、「ポートランド州立大学が休学中（夏季、冬季など）の時は、プロレス生活26年間の経験を活かして（レポート、取材など）貴社のお役に立つことができれば幸いです」というファックスをもらっていただけに、帰国しているとは思わなかったが、念のために三沢に電話で聞いてみると、やはり「鶴田さん？　アメリカでしょ」との返事。しかし鶴田は日本にいた。前年12月から岐阜県の松波総合病院に入院したのである。

オレゴン州ポートランドに移り住んで半年した前年秋、鶴田は現地の大学病院で診察を受けた。診断の結果は肝硬変。生体肝移植を勧められたという。

その後、ロサンゼルスの病院でも同じ結果だったことで、鶴田は昭和大学病院退院後からお世話になっている医師の野村に相談。そして松波病院を紹介され、帰国して入院。ドナーを待っていたのである。

「ジャンボ鶴田がオーストラリアで亡くなったらしい」という未確認情報がプロレス・マスコミ間にバーッと広がったのは、それから2か月弱後の5月14日の有明コロシアムだ。

この日、同所では長与千種(ながよちぐさ)とライオネス飛鳥が11年ぶりにクラッシュ・ギャルズを復活させる大会があって、私も取材に出向いていたが、記者控室はこの話題で騒然となった。

この日は事実確認が取れずに、新聞各社は記事にすることを見送ったものの、「今年に入ってから体調が悪くて日本にいたようだ」とか「岐阜の病院で見かけたという目撃情報がウチの社に寄せられていた」などのさまざまな情報が記者控室で飛び交った。

3月の時点で何も知らされていなかった三沢が、「検査で日本に帰ってきている」と、鶴田から電話をもらったのは4月上旬だったという。

「鶴田さんと最後に会ったのは、日本テレビの馬場さん追悼番組に出た時かな。休憩室で話をして〝渕君、アメリカに行ったら連絡するから〟って。その時、元気なかったんだよ。みんなと距離を置いている感じだった。で、俺がマッチメーカーを降りた後……寒い時だったから、たぶん2000年の2月か3月だったと思うなあ。2回ぐらい〝渕君、元気にしてるかね。鶴田だけど。渕君は元気でいいねえ。また電話するよ〟って留守電入っていたの。時期的にはアメリカじゃなくて岐阜の病院から電話をくれたんだろうな。でも連絡先もわからないし……結局、馬場さんの追悼番組で会ったのが最後だったね」と、証言するのは渕だ。

事実確認は困難を極めて翌15日も確認が取れず、全日本プロレスもマスコミへの応対に困惑。週刊ゴングが事実を確認したのは同日深夜のことだった。

鶴田と親しいアメリカ在住のジミー鈴木通信員から、「夫人から電話があり、昨日亡くなったそうです」という報告が入ったのである。

実は鈴木通信員は鶴田が岐阜にいたことを前年暮れから知っていて、何回も見舞っているが、夫人との約束を守って、ずっと内緒にしていたのだ。

鶴田の急死が公になったのは16日。朝刊紙のスポーツ報知が未確認情報のまま『ジャンボ鶴田、豪州で治療か』という記事を掲載。昼前には『ジャンボ鶴田さん、マニラで急死』というスクープ記事を一面にした東京スポーツが出回り、全日本は午前11時すぎに正式発表した。亡くなったのはオーストラリアではなくフィリピン・ケソン市の病院。死因は肝臓移植手術中のハイポボレミック・ショック（大量出血によるショック死）だった。

鶴田は我々の知らないところで生きるための壮絶な戦いをしていた。

移植の第一候補は韓国だったが、松波病院経由で移植手術にこぎ着けた患者はすべて在日韓国人。「日本人には順番がこない」と判断した鶴田は、4月中旬に退院してオーストラリアへ向かった。オーストラリアのブリスベンに2週間滞在した鶴田は最後のカードを切る。それがフィリピン行きだ。

松波病院に入院中、フィリピンで肝臓移植手術を受けたという大病院の医師と知り合い、フィリピンでの移植を勧められていたのである。

5月1日、鶴田はフィリピンのマニラに向かった。

12日にドナーが見つかり、手術は13日午前0時からケソン市内の国立腎臓研究所で行われたが、手術の最終段階になって大量出血が続き、手術開始から16時間経過した現地時間13日午後4時に息を引き取った。享年49。

圧倒的な強さを誇りながら、唐突だった第一線からの撤退。あまりにも若すぎる死。そしてジャンボ鶴田最強伝説が残った——。

おわりに

この本の話をいただいて、3年近い月日が経った。その間、他の仕事もこなしながら「ジャンボ鶴田は何者だったのか?」をずっと探ってきた。

あの天賦(てんぷ)の才の源を探るべく、兄・恒良氏、日川高校バスケットボール部の同級生・池田実氏、中央大学の同級生でレスリング部の主将だった鎌田誠氏、早稲田大学レスリング部の選手として鶴田と鎬を削った磯貝頼秀氏に話を伺いに行った。

すると、これまで語られていた鶴田友美ストーリーとは違う顔が見えてきた。

期待の新人時代、売り出し中の若大将時代、善戦マンの時代、長州力らのジャパン・プロレスと日本人抗争に突入した時代、鶴龍時代、超世代軍に胸を貸していた時代……と変化していく中で、それぞれの時代に関わりを持ったレスラー、関係者にも取材した。

関わった時代によって評価がまったく違うというのも新たな発見だった。

かつての映像も何回も観たが、今観ても、鶴田の試合は新鮮だ。そして、改めてリング上では日本最強だったと思う。天龍源一郎との相撲の立ち合いのようなタイアップ（ロックアップ）、相手がキャンバスにめり込みそうな超世代軍相手のボディスラムといった基本的な動きや技が特に印象に残った。

「超世代軍の若い選手とは身体の大きさも違うから、ハイブーツはブロディの超獣キック、全盛期の馬場さんの16文キックのようだったし、ラリアットだってハンセンに負けない威力があったしね。いきなりドロップキックをやったりもする。あの頃の鶴田さんはハンセンとかブロディが、日本人選手相手にやっていたファイトと同じだったよ」と渕正信は言うが、全盛期196cm、127kgの大きな身体を自在にコントロールし、超世代軍の動きに翻弄されずに動き回るスタミナ、運動神経、体幹の強さ、そして技の威力と迫力は、まさに規格外。今現在のプロレス界に全盛期の鶴田が出現したら、やはり無敵だろう。

ただし、最強だったかもしれないが、ベストなプロレスラーとは言い難い。そこがジャンボ鶴田の面白いところであり、今となっては魅力でもあるように感じる。

あまりにも才能に恵まれているからファンが感情移入しにくいというのもあっただろうが、野心のなさと常識人ぶりが物足りなさにつながっていたのは間違いない。

昔の真のトップレスラーの条件は、力道山に始まり、ジャイアント馬場、アントニオ猪木がそうであったように、自分で団体を興して、なおかつトップレスラーに君臨することだった。しかし、鶴田はそうした権威、天下獲りに背を向けた。

望んだのはリング上のトップだけで、リングを降りたらプロレスを忘れて、家族と人生を謳歌する普通の人でいたかったのだ。

川田が言うように、豪快さが売りだった当時のプロレス界では、堅実な鶴田はサラリーマンと揶揄（やゆ）された。しかし鶴田の世代、四天王、闘魂三銃士、さらに下の第三世代が引退を迎えつつある今、しっかりと人生設計をしていた鶴田の堅実な生き方は、今になって評価されている。そのあたりは私が担当記者時代に取材したプロレス観、人生観についてのインタビューの箇所を読んでいただきたい。

だが、計画どおりにはいかないのが人生。図らずも波瀾（はらん）万丈になってしまった鶴田の後半の人生はドラマチックだ。結局、ジャンボ鶴田は「普通の人」にはなれなかった。その生き様は紛れもなくプロレスラーだった。

亡くなって20年。普通の人でいたかった最強怪物王者に敬意を表して献杯！

２０２０年４月吉日　小佐野景浩

Special Thanks

秋山準
アニマル浜口
池田実（山梨県立日川高校バスケットボール部同級生）
磯貝頼秀（ミュンヘン五輪フリースタイル100kg以上級代表）
梅垣進（日本テレビ・全日本プロレス中継ディレクター）
鎌田誠（中央大学レスリング部主将・同期生）
川田利明
菊地毅
ケンドー・ナガサキ（故人）
小橋建太
ザ・グレート・カブキ
佐藤昭雄
ジャイアント馬場
新間寿（新日本プロレス取締役営業本部長）
スタン・ハンセン
タイガー戸口
タイガー服部
田上明
長州力
鶴田恒良（実兄）
テリー・ファンク
天龍源一郎
ドリー・ファンク・ジュニア
原章（日本テレビ・全日本プロレス中継プロデューサー）
渕正信
森岡理右（筑波大学教授＝故人）
谷津嘉章
和田京平
※50音順。肩書は当時。

参考文献

『リングより愛をこめて』（ジャンボ鶴田／講談社／1981年）
『ジャンボ鶴田のナチュラルパワー強化バイブル』（ジャンボ鶴田／ナツメ社／1999年）
『ジャンボ鶴田第二のゴング』（黒瀬悦成／朝日ソノラマ／1999年）
『つぅさん、またね。』（鶴田保子／ベースボール・マガジン社／2000年）
『Do Sports Series レスリング』（一橋出版／2000年）
『中央大学広報誌』（2000年7月号）
月刊ゴング（日本スポーツ出版社）
別冊ゴング（日本スポーツ出版社）
週刊ゴング（日本スポーツ出版社）
月刊プロレス（ベースボール・マガジン社）
週刊プロレス（ベースボール・マガジン社）
Gスピリッツ（辰巳出版）
日刊スポーツ
東京スポーツ

ジャンボ鶴田

（鶴田友美／つるた・ともみ）

1951年3月25日、山梨県東山梨郡牧丘町生まれ。日川高等学校時代にはバスケットボール部で活躍し、インターハイに出場。69年4月に中央大学法学部政治学科に入学してレスリングを始め、72年のミュンヘン五輪にグレコローマン100kg以上級代表として出場。同年10月31日に全日本プロレスに入団した。73年3月24日にテキサス州アマリロでデビューし、ジャイアント馬場の後継者として躍進。インターナショナルのシングル、タッグ、UNヘビー級、日本人初のAWA世界ヘビー級、初代三冠ヘビー級、初代世界タッグ王者に君臨している。87年～92年には天龍源一郎、三沢光晴らの超世代軍と抗争を展開して一時代を築いた。92年11月にB型肝炎を発症して第一線を退き、筑波大学大学院の体育研究科でコーチ学を学んで教授レスラーに。99年3月6日に引退してオレゴン州のポートランド州立大学の客員教授に就任したが、2000年5月13日午後4時、フィリピン・マニラにおける肝臓移植手術中にハイポボレミック・ショック（大量出血）により急逝。49歳の若さでこの世を去るも、“最強王者”としてプロレスファンの記憶の中で生き続けている。

小佐野景浩

（おさの・かげひろ）

1961年9月5日、神奈川県横浜市鶴見区生まれ。幼少期からプロレスに興味を持ち、高校1年生の時に新日本プロレス・ファンクラブ『炎のファイター』を結成。『全国ファンクラブ連盟』の初代会長も務めた。80年4月、中央大学法学部法律学科入学と同時に㈱日本スポーツの『月刊ゴング』『別冊ゴング』の編集取材スタッフとなる。83年3月に大学を中退して同社に正式入社。84年5月の『週刊ゴング』創刊からは全日本プロレス、ジャパン・プロレス、FMW、SWS、WARの担当記者を歴任し、94年8月に編集長に就任。99年1月に同社編集企画室長となり、2002年11月からは同社編集担当執行役員を務めていたが、04年9月に退社して個人事務所『Office Maikai』を設立。フリーランスの立場で雑誌、新聞、携帯サイトで執筆。コメンテーターとしてテレビでも活動している。06年からはプロレス大賞選考委員も務めている。

永遠の最強王者　ジャンボ鶴田

小佐野景浩（おさの かげひろ）
令和２年　５月30日　初版発行
令和２年　７月１日　３版発行

装丁　　金井久幸（TwoThree）
写真　　平工幸雄／小佐野景浩
校正　　玄冬書林
編集　　岩尾雅彦（ワニブックス）

発行者　横内正昭
編集人　青柳有紀
発行所　株式会社ワニブックス
〒150-8482
東京都渋谷区恵比寿4-4-9えびす大黒ビル
電話　03-5449-2711（代表）
03-5449-2716（編集部）
ワニブックスHP　http://www.wani.co.jp/
WANI BOOKOUT　http://www.wanibookout.com/
WANI BOOKS NewsCrunch　https://wanibooks-newscrunch.com

印刷所　大日本印刷株式会社
ＤＴＰ　株式会社 三協美術
製本所　ナショナル製本

定価はカバーに表示してあります。
落丁本・乱丁本は小社管理部宛にお送りください。送料は小社負担にてお取替えいたします。ただし、古書店等で購入したものに関してはお取替えできません。

ISBN 978-4-8470-9919-9